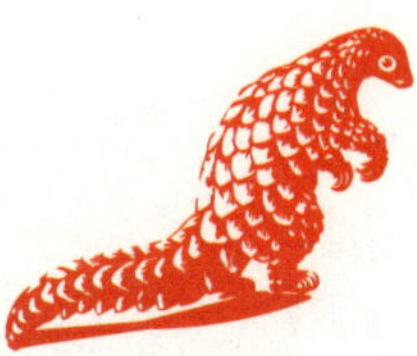

Philipp Laage

Gipfel rausch

Warum ich auf Berge steige

REISEDEPESCHEN

Originalausgabe
Erste Auflage, September 2021

Reisedepeschen ist ein klimaneutraler Verlag:
climatepartner.com/15175-2010-1001

ISBN 978-3-96348-019-5

Die Gestaltung, die Illustrationen sowie die Herstellung lagen in den Händen von Johannes Klaus. Das Lektorat übernahm Katharina Wulffius. Druck und Bindung nahmen Beltz Grafische Betriebe in Bad Langensalza vor. Gedruckt wurde auf Werkdruck holzfrei hochweiß, klimaneutral hergestellt in Bad Dürkheim von Cordier Schleipen, sowie auf Surbalin von Peyer Graphic in Leonberg. Dieses Buch wurde klimaneutral produziert.

Die Deutsche Nationalbibliothek verzeichnet diese Publikation in der Deutschen Nationalbibliografie; detaillierte bibliografische Daten sind im Internet über http://dnb.dnb.de abrufbar.

reisedepeschen.de

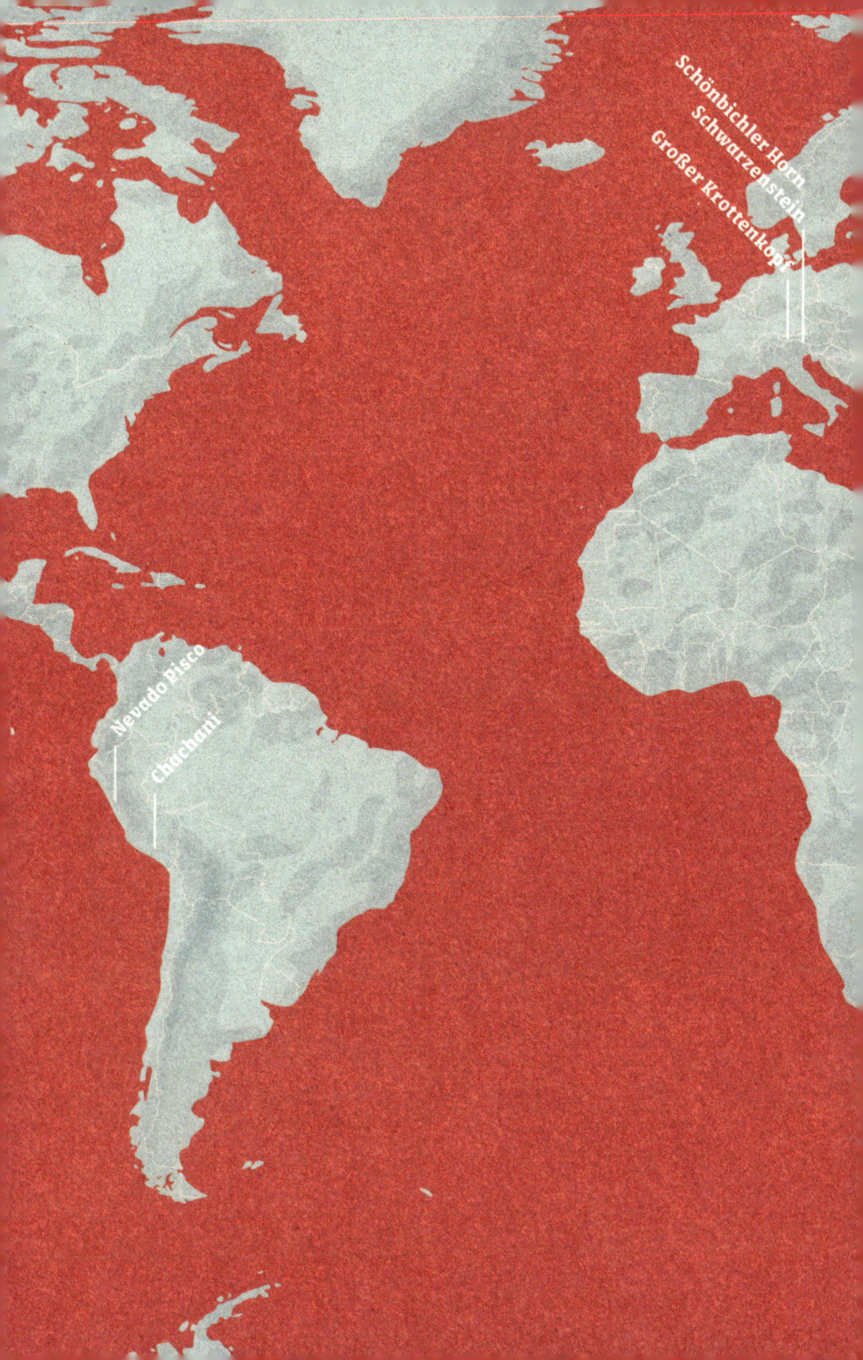

Schönbichler Horn
Schwarzenstein
Großer Krottenkopf
Nevado Pisco
Chachani

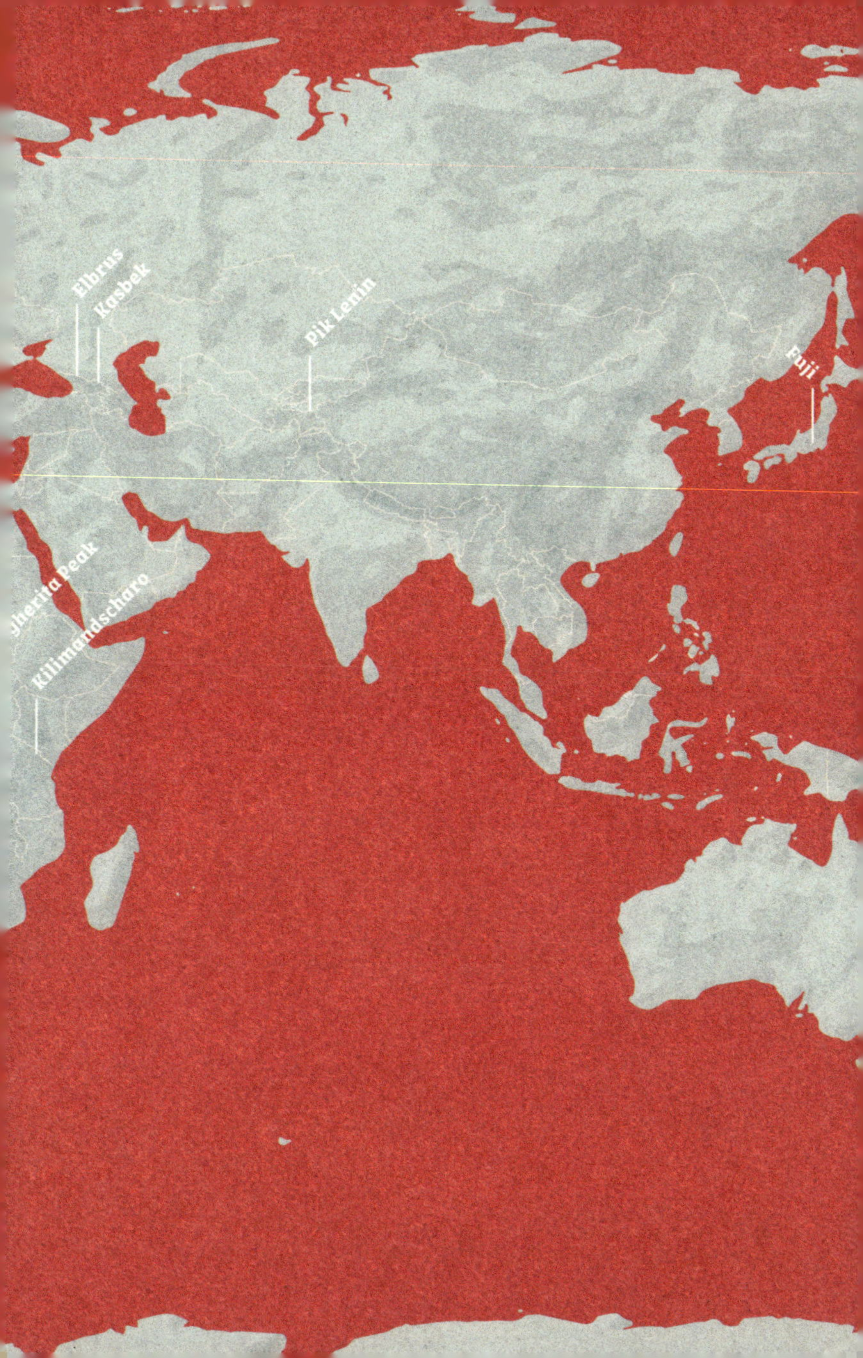

Elbrus
Kasbek
Pik Lenin
Fuji
gherita Peak
Kilimandscharo

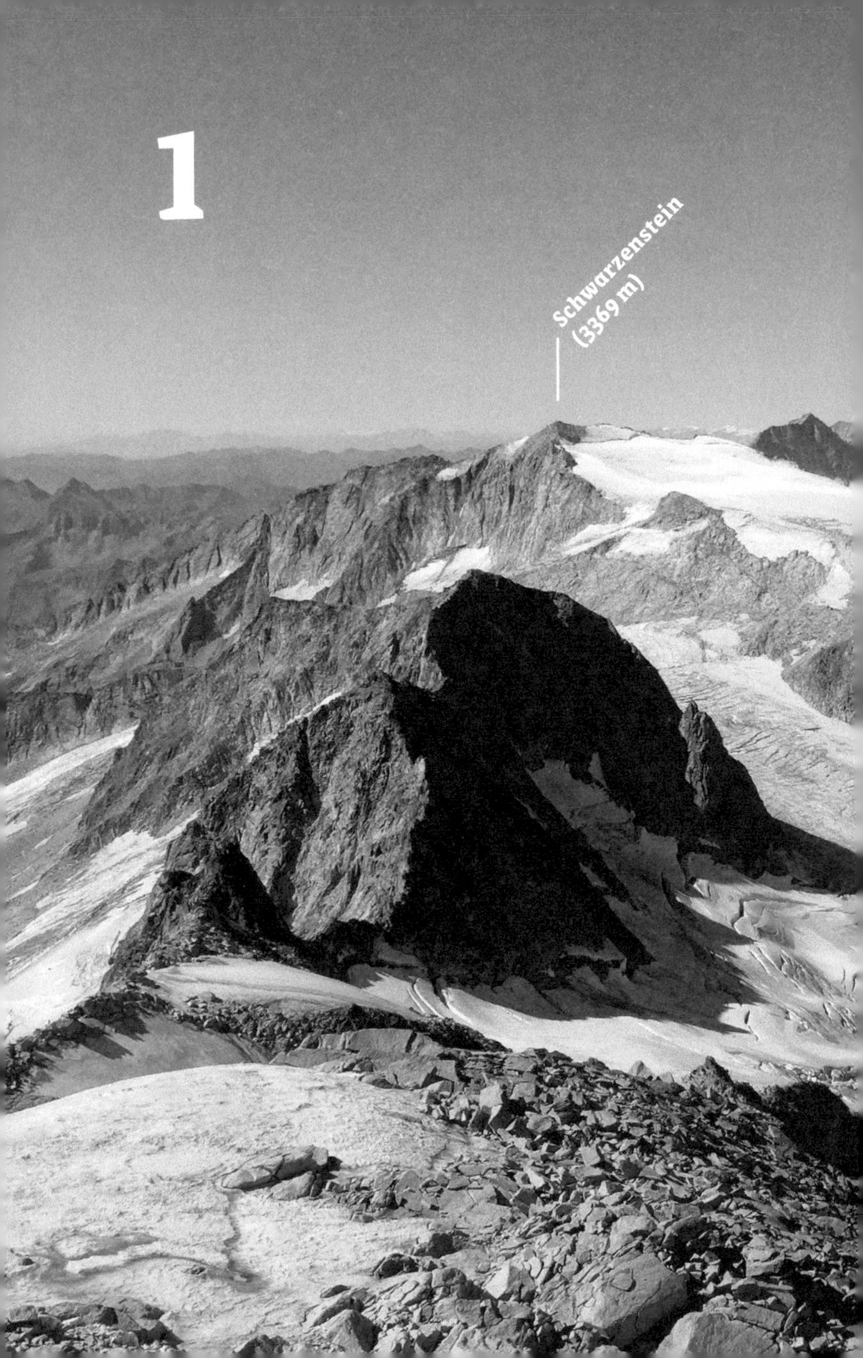
1
Schwarzenstein
(3369 m)

Platten boten Griffe und Tritte, aber wir befanden uns im Absturzgelände und durften den Halt auf keinen Fall verlieren, was Basti und Jan sofort begriffen, aber vielleicht nicht hatten kommen sehen. Das fühlte sich plötzlich doch wie Bergsteigen an. An einer Stelle zögerte Jan, wusste nicht, wie er weiterkam. Ich zeigte ihm Steine, auf die er die Füße setzen konnte. Nach einer Viertelstunde hatten wir das Steilstück überwunden. Vielleicht waren es auch nur fünf Minuten gewesen. Zur rechten Seite blieb das Gelände abschüssig. Fußspuren im Schnee zeigten den Weg, der den Gratrücken hinabführte. Noch immer hatten wir schlechte Sicht, standen mitten in der dicken Suppe, die im Hang festhing und nicht abziehen konnte. Langsam und vorsichtig gingen wir weiter. Dann hörten wir eine Stimme aus dem Nebel. Jemand rief: »Haaaallo, braucht ihr Hilfe?« Wir kniffen die Augen zusammen. Rechts der Gratschulter erkannten wir unter uns Personen im Schnee, die sich scheinbar hingesetzt hatten und eine Pause einlegten. Mit unseren provisorischen Kopfbedeckungen und den großen Rucksäcken erkannte man in uns sofort die Anfänger, die wir waren. Aber sahen wir wirklich so unerfahren aus, dass wir Hilfe benötigten? Das Gelände war doch wieder halbwegs sicher. Wir brüllten zurück: »Neiiiin!« Und liefen weiter. Der Pfad musste bald nach rechts abbiegen und den Grat verlassen, um uns hinab zum Rastplatz der anderen Gruppe zu bringen. Das bot Orientierung. Doch dann merkten wir, dass etwas nicht zusammenpasste. Der Pfad verließ den Grat nicht. Wir blieben wieder stehen und überlegten. Wenn der Weg überhaupt nicht dort unten entlang führte, wo wir die Leute gesehen hatten, was machten die dann dort? Was, wenn sie gar nicht »Braucht ihr Hilfe?« gerufen hatten, sondern… uns fröstelte. Wenig später trafen wir auf einen Mann, der unsere Befürchtung bestätigte. Ja, ein Kollege sei gestolpert und abgestürzt, rechts den Grat hinab, ungefähr fünfzig Meter über mehrere Felsstufen. Der Schnee habe den Aufprall abgefedert. Seine Freunde hatten den Weg verlassen und waren zu dem Verunglückten abgestiegen. Wir händigten eine unserer Rettungsdecken aus und erklärten, dass wir das Rufen missverstanden hatten. Die Bergwacht sei alarmiert, sagte der Mann. Wir könnten nichts weiter tun. Also liefen wir weiter und hörten bald den Rotor des Hubschraubers. Kurz darauf kam uns schon ein Rettungssanitäter entgegen, der abgelassen worden war, um den Verunglückten zu lokalisieren. Bei den Wolken könne der Heli nirgendwo landen, hieß es. Wir schilderten die Lage des Gestürzten. Der Schnee wich zurück, der Nebel lichtete sich. Die Route machte einen scharfen Rechtsknick, verließ den Grat und führte durch ein steiles Kar auf die Seitenmoräne des Waxegg-Kees. Noch fanden wir keine Worte. Ob der Mann durchkommen würde? In mir arbeitete es. Das hätte genauso gut Jan sein können. Oder Basti. Ein falscher Schritt, ein Ausrutscher, Ende Gelände. So schnell ging das. Was hatte ich mir dabei gedacht, die beiden bei diesem Wetter über das Schönbichler Horn zu führen? Ausgerechnet bei Schnee. Ich hätte sagen müssen: Nein, das machen wir nicht, das ist zu riskant. Das ist kein Abenteuer, sondern dumm. Aber Basti und Jan machten mir keine Vorwürfe. Wir hatten uns gemeinsam dazu entschieden, über den Berg zu gehen, wir hätten jederzeit umkehren können. Aber wir hatten es nicht getan.

Vom Gipfel des Schönbichler Horns zur Alpenrosenhütte waren es 1256 Höhenmeter bergab. Das ging an die Reserven. Als wir uns dem Talgrund näherten, kam die Sonne hervor. Der vernebelte Gipfel, der keine zwei Stunden zurücklag, kam mir wie eine falsch abgespeicherte Erinnerung vor. Auf der anderen Talseite konnten wir sehen, dass es bis in die Wiesen hinunter geschneit hatte. Weiter oben entdeckten wir auch die Berliner Hütte, eine der größten Schutzhütten der Ostalpen, deren frühester Bau aus der Zeit des Kaiserreichs stammt. Die letzte halbe Stunde liefen wir durch duftende Büsche, wildromantisch rauschte der Fluss durchs Tal. Basti und Jan kauften frische Kuhmilch bei einer kleinen Alm. Vor der Alpenrose setzten wir uns auf eine Bank in die Sonne und streckten die Beine aus: das wohlige Gefühl, keinen Meter mehr gehen zu müssen. Hier unten war es weder kalt noch feucht, das waren wir nicht mehr gewohnt. Die Lieblichkeit des Zemmgrunds passte nicht zu den Ereignissen des Tages, aber wir erfreuten uns daran. In der Hütte hörten wir, dass der Abgestürzte schwer, aber nicht lebensgefährlich verletzt in die Innsbrucker Unfallklinik geflogen worden war. Wir brachten den Tag zügig zu Ende, mit einem seltsamen Gefühl der Beklemmung, aber auch wahnsinnig erleichtert.

Der Morgen brachte zum ersten Mal heiteres Wetter. Wir liefen in T-Shirts los, der Weg führte durch Büsche und passierte bald die Berliner Hütte. Von dort zog er durch Wiesen hinauf bis ins Feldkar und dann über die Karschwelle hinaus zum Schwarzsee, in dessen Wasser sich der Hauptkamm spiegelte. Wolken waren aufgezogen, doch die vergletscherten Gipfel lagen frei, der Schwarzenstein, die Hornspitzen, der Turnerkamp. Schneereste säumten den Pfad, dazwischen blühte der Enzian. Auf den letzten Metern zur Mörchnerscharte gewann der Pfad durchs Blockgestein an Steilheit. Auf der anderen Seite waren abermals Drahtseile angebracht, die den Abstieg durchs immer noch eingeschneite Gelände entschärften. Bald flachte der Aufschwung ab und führte zurück in reines Wandergelände. Unbarmherzige Serpentinen schlängelten sich hinab ins Floitental. Jan und ich banden uns wieder T-Shirts um den Kopf, um den Nacken vor der Sonne zu schützen. Im unteren Teil des Abstiegs mussten wir eine Leiter benutzen, die über eine Steilstufe führte. Als wir Rast machten, setzte sich ein bläulich schimmernder Falter auf meine Schulter und blieb dort sitzen, bis wir ihn fotografiert hatten. Dann flatterte er davon, so heiter und luftig wie der Tag, der uns mit Wärme beschenkte, aber langsam in die Knochen ging.

Die Greizer Hütte befand sich nicht am Grund des Tals, sondern gegenüber des Hangs, den wir hinabgestiegen waren, oberhalb des Talschlusses. Die vierhundert Höhenmeter Gegenanstieg hatten wir nicht einkalkuliert, obwohl sie eindeutig aus der Karte hervorgingen. Nach drei Kehren blieb Jan stehen und erklärte, dass es nicht mehr gehe. Wir beratschlagten. Über das Floitental in Richtung Mayrhofen abzusteigen und die Tour damit vorzeitig abzubrechen, war keine

Option. Also schlugen Basti und ich vor, Jan den Rucksack abzunehmen. Keiner von uns konnte das Gewicht zusätzlich tragen, darum schleppten wir erst unsere eigenen Rucksäcke zwei Serpentinen hinauf und liefen die Strecke dann abwechselnd wieder zurück, um Jans Rucksack zu holen. Und wieder von vorne, bis ganz nach oben.

Auf der Panoramaterrasse spürte ich, dass meine Beine einerseits stärker und sehniger geworden waren, andererseits fühlte sich die Erschöpfung satter und tiefer an. Als habe sich der Körper von all den Stunden des Marschierens nie vollständig regenerieren können. Wir zogen die Bergstiefel und Wandersocken aus, zogen trockene Sachen über. Rund um die Hütte grasten Pferde, auf der Wiese war eine Wäscheleine aufgespannt. Ich sah, dass ich an einem Zeh blutete, der Nagel schnitt ins Fleisch, aber es störte mich nicht. Die Sonne stand noch so hoch, dass sie über den Kamm fiel und warm auf der Haut lag, wohltuend, jetzt da wir nicht mehr liefen. Mein Mund verzehrte sich nach Flüssigkeit. Tagsüber tranken wir Bachwasser, aber meist zu wenig. Wir ließen uns drei große Radler bringen. Gierig griffen wir nach den Gläsern und leerten sie in langen Zügen. Das großartigste Gefühl stellte sich kurz nach dem Absetzen ein, als das Gehirn den Geschmack auf der Zunge und das Prickeln im Hals in Serotonin umwandelte. Basti war der Meinung, dies sei das beste Radler, das er jemals getrunken habe. Jeder von uns hatte in seinem Leben natürlich schon unzählige Radler gestürzt, als leichte Munition vor schweren Gefechten oder schlicht, weil einem weder nach Bier noch nach Limonade war. Ein in jeder

Hinsicht banales Getränk. Doch der erste Schluck auf der Greizer Hütte veränderte für immer, was ein Radler auch sein konnte: himmlische Erlösung. Daran würde man sich erinnern, wenn das Leben fad und trostlos schmeckte. Vielleicht lag das ganze Geheimnis darin, den alltäglichen Dingen eine große Bedeutung zu geben, ja, sich ganz grundsätzlich die Deutungshoheit über die Dinge zu bewahren.

Die Etappe zur Kasseler Hütte nahm sich im Vergleich zu den vorherigen Überschreitungen harmlos aus, die Wegzeit war mit fünf Stunden moderat. Wir beschlossen, die frühmorgendliche Betriebsamkeit im Matratzenlager zu ignorieren, auszuschlafen und draußen auf der Terrasse zu frühstücken. Es war immer ratsam, nicht zu spät loszukommen, um Gewitter am Nachmittag zu vermeiden, aber hin und wieder musste man den Tag erst ein bisschen ziehen lassen, um dann in seinem Windschatten umso vergnügter dahinzuschreiten. Vor dem Friesenberghaus der Regen, der zu Schnee wurde, die winterliche Überschreitung des Horns, der Parcours hinauf zur Greizer Hütte: Uns konnte nur noch wenig schrecken. Auch die Rucksäcke trugen sich leichter, weil wir – mit wachsendem Widerwillen – unsere Fressalien aufzehrten. Bei der Zubereitung des Frühstücks half die Morgensonne. Wir brachen die verbliebene Tafel Schokolade auseinander und legten die Stücke auf das Pumpernickel, bis sie schmolzen. Ich konnte die Scheiben nicht mehr sehen, aber als Süßspeise ging es noch einmal. Eine Bande Ziegen kam auf die Terrasse und ließ sich von uns streicheln. Am Himmel zogen

Flöckchenwolken vorbei. Wir hätten leichterhand bis zum Mittag hier sitzen bleiben können, aber bald schlugen die ersten Tagesgäste auf und riefen in Erinnerung, dass noch die vorletzte Etappe vor uns lag.

Der Gigalitz, ein schroffer Felsturm, überragte den Anstieg zur Lappenscharte, der nicht allzu steil hinaufführte und uns keine Mühe abverlangte. Auch die Scharte selbst wies keine Schwierigkeiten auf. Der Steig auf der anderen Seite umrundete den gesamten Kessel des Stillupgrunds, und da die Kasseler Hütte auf der anderen Seite des Tals lag, konnten wir sie vom Übergang aus sehen. Die längste Zeit verlief die Route am Hang entlang und machte nur wenige Höhenmeter. In der Elsenklamm querte der Weg fußbreit eine Felswand, Drahtseile halfen die Balance zu halten. Dahinter folgte wieder einfaches Blockgelände, in dem wir lediglich darauf achten mussten, wohin wir die Füße setzten. Aber das geschieht im Gebirge nach wenigen Minuten unterbewusst. Die Augen lesen den Weg, das Gehirn führt jede Bewegung aus, ohne sie zu reflektieren. Irgendwann kommt es einem vor, als schaue man auf fremde Füße, die von einer anderen Person gesteuert werden. Man sieht nur das Resultat der fortwährenden Abwägung, welcher Stein für den nächsten Schritt der geeignetste ist, und wundert sich darüber. Je länger man das tut, umso mehr lösen sich die Gedanken von der Beschaffenheit des Weges, dehnen sich aus und beginnen zu fliegen, weil sie endlich Raum und Ruhe haben. Sie befreien sich aus der Effizienzlogik produktiven Schaffens und von der permanenten Zerstreuung, die sich sonst in jede freie Minute des

Lebens frisst und keinen Platz mehr lässt für die Gedanken. Wie merkwürdig sieht das aus, auf dem Sofa zu sitzen und die Wand anzustarren, weil man über etwas nachdenkt? Es kommt im Sitzen auch nicht recht in Gang, das Denken, viel besser klappt es in der Bewegung, im Schritttempo, am allerbesten in der Natur, da wird es groß und kühn. Jeder Schritt spannt eine weitere Assoziation auf, bis plötzlich ein Gedanke denkbar wird, der vielleicht – wer weiß das schon – alles verändert. In die Berge zu gehen ist so gesehen die perfekte Tarnung. Man sagt, man gehe wandern, das ist eine Tätigkeit, die sich auch Menschen erschließt, die lieber am Strand liegen. Die können dann sagen, na gut, der macht Wanderurlaub, das ist nicht meins, aber das kann man schon machen. Und man selber denkt sich: Pass auf, ich gehe in die Berge, um zu denken, um im Denken zu versinken, aber nicht auf diese angestrengte Weise, die immer schon ein konkretes Ziel hat oder unbedingt ein Problem lösen muss, sondern uneingeschränkt und souverän wie ein Vöglein, das sich überall dort niedersetzt, wo es ihm beliebt. Weil aber niemand allein von geistiger Nahrung leben kann, gönnte ich mir nach der Ankunft auf der Kasseler Hütte einen Kaiserschmarrn.

Später, als es schon fast dunkel war, kochten wir vor der Hütte ein richtiges Abendessen, warfen noch einmal die Gaskocher an. Wir schlürften heiße Suppe aus unseren extraleichten Emailletellern, brachten Nudelwasser auf Temperatur. Das letzte Licht des Tages schimmerte am Horizont über dem pechschwarzen Bergkamm. Wir schauten über ein Wolkenkissen im Floitental hinweg und machten Fotos mit

Langzeitbelichtung, um die Abendstimmung einzufangen. Noch einmal inhalierten wir die klare Luft. Beruhigend zu wissen, dass es morgen nur noch abwärts ging, das Tal hinab zur Bushaltestelle eines Ausflugslokals am Stillup-Speicher. Wir hätten stattdessen noch den Sieben-Schneiden-Weg zur Edelhütte dranhängen können, jenen angeblich so gefahrvollen Steig aus den Geschichten meiner Kindheit, aber vielleicht war es besser, diesen Mythos nicht anzutasten. Ein letztes Mal hüllten wir uns in kratzige Decken und schliefen wie Steine.

Die Berge hatten uns geschliffen. Im Nacken löste sich verbrannte Haut, an den Zehen wuchsen Blasen, am Körper und in den Haaren klebte der Schweiß von sieben Tagen ohne Warmwasser. Aber die Berge hatten uns auch gestärkt. Unsere Tritte waren fester, die Oberschenkel kräftiger, die Waden sehniger, die Schultermuskeln traten hervor. Die stundenlange Bewegung hatte die Fettschicht über dem Bauch schmelzen lassen wie die Schokolade in der Mittagssonne. Der Puls blieb nun ruhig, auch wenn es ein Stück bergauf ging. Unsere Thermoregulation hatte sich verbessert, wir froren seltener. Wir fühlten uns nicht mehr wie drei kleine Hobbits, sondern wie Aragorn der Waldläufer, wie Männer, die in der Wildnis zu Hause sind.

Auf die Entbehrung des Gebirges folgte die Völlerei. Zurück in Mayrhofen holten wir uns Pizza und Wein im örtlichen Billa, außerdem Milch und Säfte, Joghurts und Puddings, Schokoriegel aus dem Kühlregal; all das leckere Zeug, auf das wir hatten verzichten mussten, weil wir es nicht ungekühlt im Rucksack tragen konnten. Vor den gefüllten Regalen des Supermarkts fühlte ich mich euphorisiert wie ein Kind im Spielzeugladen. In der Pension legten wir uns in die Betten und fielen über die Einkäufe her, bis wir uns nicht mehr bewegen konnten. Es war getan. Wir waren durch, kaputt, fertig, auf beglückende Weise zerstört und erledigt. Wir wussten noch immer nicht, warum wir uns das eigentlich angetan hatten, nur eines war sicher: Nie wieder Pumpernickel, nie wieder Schinkenbrot.

Als Basti sich vierzehn Jahre später an die Tour zurückerinnert, kommt er zu dem Schluss, dass der Fressrausch in der Pension nicht so befriedigend gewesen sei wie das Radler auf der Greizer Hütte. Das sei ein wahrer Moment der Erfüllung gewesen. Mayrhofen habe sich nicht wie der Höhepunkt angefühlt, weil es nicht darum gegangen sei, ein Ziel zu erreichen, sondern um das unterwegs Erlebte. Und das hatte uns doch ziemlich überrascht. Basti mag die Natur gerade dort, wo sie den Menschen in die Schranken weist. Trotzdem blieb unsere Bergtour für ihn eine einmalige Sache, etwas Extremes, das man einmal tut, aber nicht wiederholen muss. Sportlich verlegte er sich in den Jahren danach auf andere Disziplinen wie Brazilian Jiu-Jitsu und Freitauchen. Natürlich ist er ein erfolgreicher Unternehmer geworden.

Jan kam noch zweimal mit in die Alpen. Er habe das Hochgebirge eher als Bedrohung empfunden, sagt er im Rückblick, nicht als Bereicherung. Der morgendliche Blick in den Nebel inmitten karger Gipfel löse nicht das gleiche in ihm aus wie der Wald, den er riechen und spüren könne. Wenn überhaupt sitze er lieber auf einer Alm und genieße die Aussicht. Die Tour sei aber keineswegs schrecklich gewesen, eher ein Erweckungserlebnis. Uns habe es doch damals an allem gefehlt – Frauen, Bestätigung, Selbstwerdung. Auf den Fotos sehe er den Wunsch nach Abgrenzung, auch ein Spiel mit Gegensätzen: Schaut mal, wir können saufen wie die Löcher, aber jetzt gerade sind wir darüber erhaben und weit weg von euch und dem bohrenden Zweifel, nicht zu genügen, der in jeder Nacht hochkocht, wenn alle zu viel getrunken haben und das eine Mädchen, das man will, in uns wieder nicht den Menschen erkennt, der wir gerne wären – wofür wir aber nicht uns selbst, sondern die Oberflächlichkeit der Welt verantwortlich machen. Im Grunde, sagt Jan, stecke da viel Unsicherheit in unseren Gesichtern. Auch Basti erzählt, dass er damals in einer unsicheren Lebensphase gesteckt habe. Auf der Tour selbst habe er sich aber überhaupt nicht unsicher gefühlt. Das sei wohl eine Form der Kompensation gewesen. Das sportliche Ziel habe ihm Vertrauen und Sicherheit gegeben. Ich hatte es ebenfalls so empfunden, dass in den Bergen vieles möglich wurde, das in anderen Bereichen nachwirkte. Dafür reichte es aus, an einem heiteren Tag ein paar Stunden über schmale Pfade zu laufen. An einem verregneten Tag funktionierte es manchmal sogar noch besser.

Ich ging fortan jeden Sommer ins Gebirge, mit Freunden, mit meinem Bruder. Wir liefen von Hütte zu Hütte, trotzten dem Wetter, genossen die Luft. Ich merkte aber, dass mir das nicht reichte. Wo auch immer ich mich in den Bergen befand und in die Ferne schaute – immer sah ich einen Gipfel.

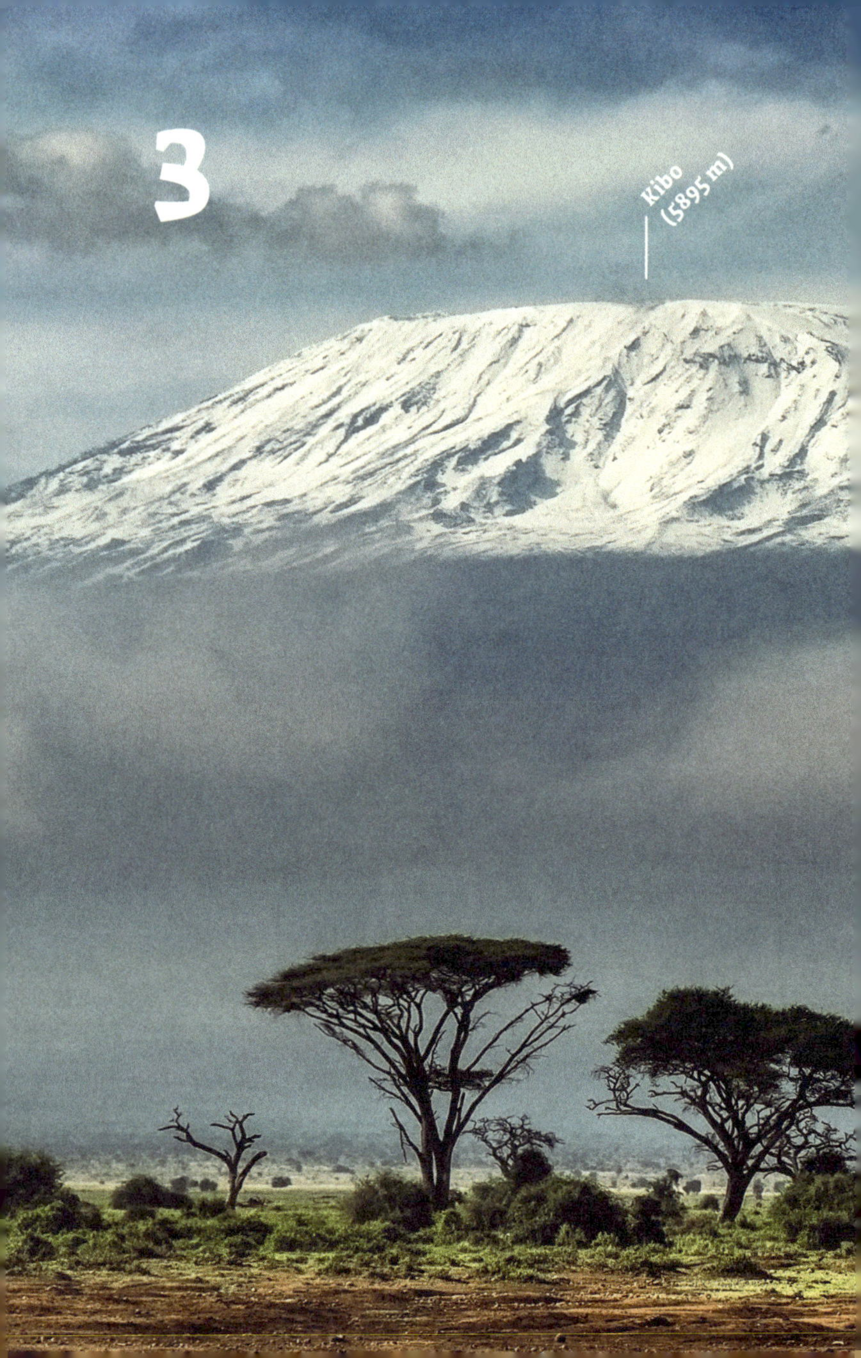
3
Kibo
(5895 m)

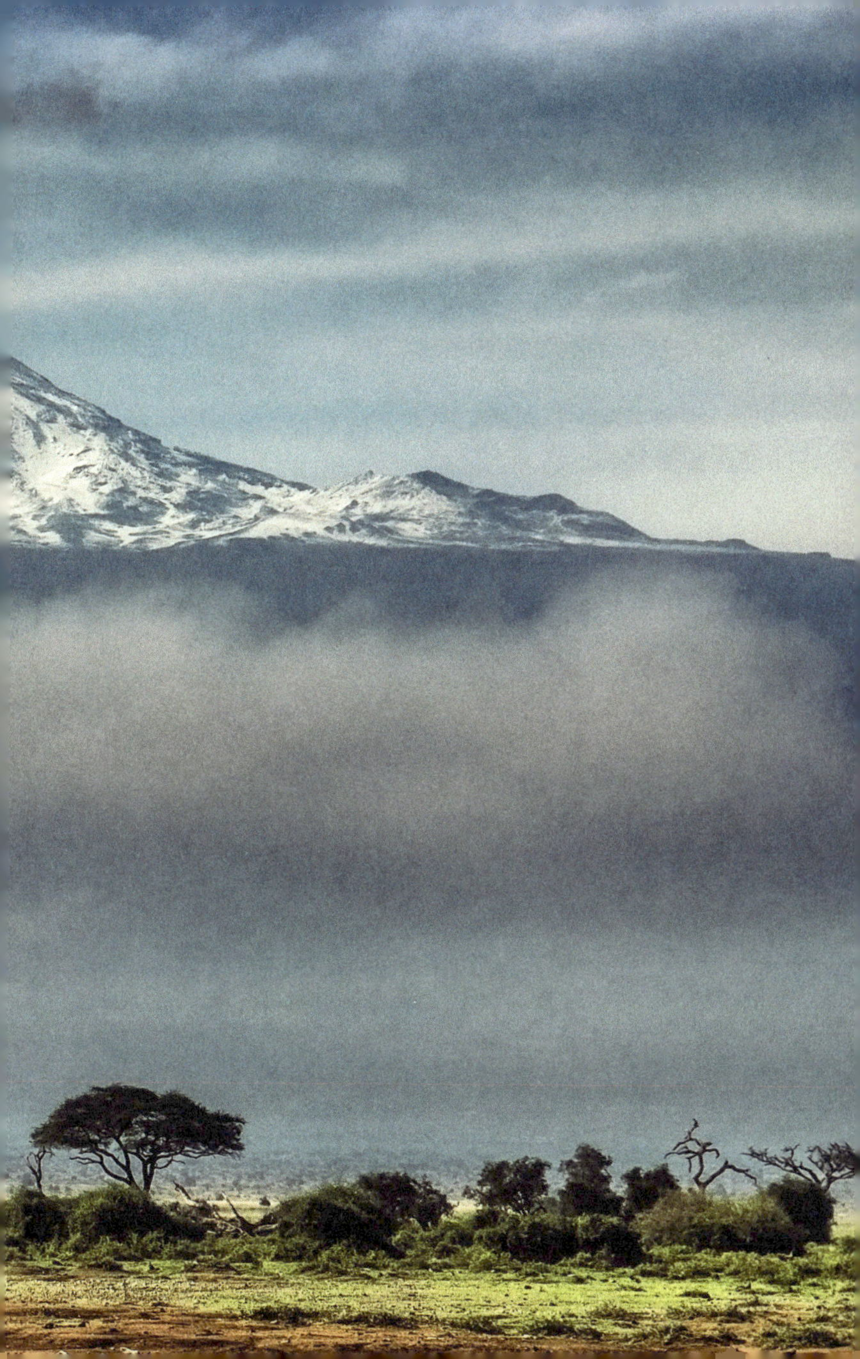

Lang-
sam,

Kilimandscharo

Tansania

lang-
sam

2010

Der Mann mit der Maschinenpistole saß etwas abseits auf einem Plastikstuhl und tat nichts, außer jeden Neuankömmling gelangweilt zu mustern. Das reichte, um mich nervös zu machen. Ich versuchte, selbstbewusst zu schauen und seinem Blick auszuweichen, obwohl ich weder unverzollt Devisen ins Land schmuggeln wollte noch sonst etwas zu verbergen hatte. Der blasierte Beamte mit seiner beigen Uniform und dem Gewehr erinnerte mich an einen Milizionär aus den Fernsehnachrichten, wenn diese irgendwelchen Bürgerkriegswirren drei Minuten Sendezeit widmeten. Ich war machtlos gegen die Assoziation und außerdem ziemlich müde. Zuhause lag neun Stunden Flugzeit entfernt auf einem anderen Kontinent.

Ich hätte dieses fremde Land gerne noch ein wenig auf Abstand gehalten, weil ich daran zweifelte, schon bereit dafür zu sein. Im Terminal hatte es mindestens 25 Grad Celsius, was ungefähr der Außentemperatur entsprach und nicht jenem sterilen, heruntergekühlten Mikroklima, das in meiner Vorstellung an jedem internationalen Flughafen herrschte. Die Tropen krochen durch jede Fuge und breiteten sich in der gedrungenen Ankunftshalle aus wie ein Fieber, das meine Glieder beschwerte. Unter Leuchtstoffröhren wirbelten Moskitos und andere Insekten im Kreis, aufgeputscht vom fahlen Licht. Ich wollte mich nicht gleich zerstechen lassen, obwohl ich Malaria-Tabletten schluckte, darum zog ich den Reißverschluss meines Pullis unter das Kinn und krempelte die Ärmel herunter. Ich schwitzte, aber es war kein nasser, strömender Schweiß. Die Hitze legte sich auf meine Haut wie ein permanenter, klebriger Film. Nicht wenige andere, meist ältere Touristinnen und

Touristen zeigten zu meinem Erstaunen möglichst viel ihrer sonnengegerbten Haut und trugen luftige Safaribekleidung, was wahrscheinlich Weltläufigkeit und Reiseerfahrung signalisieren sollte. Ein Herr ließ mit verschränkten Armen entschlossene Blicke über das Gepäckband wandern, als könnte er dort Gnus oder Büffel erspähen, und wäre wohl am liebsten direkt zu einem Game Drive aufgebrochen. Die Minuten krochen voran, meine Uhr zeigte fast Mitternacht. Ich wollte ins Hotel und von keiner Notwendigkeit mehr behelligt werden.

Jenny und Mathias hatte ich am Flughafen in Amsterdam getroffen. Die beiden hatten sich über ein Internetforum kennengelernt und wollten zusammen durch Tansania reisen. Wir plauderten ein wenig, wobei meist Jenny sprach. Ihre langen, blonden Haare waren mir am Gate in Schiphol zuerst aufgefallen. Mathias war älter als sie und noch schweigsamer als die meisten Männer, die man als ruhige Typen bezeichnen würde. Nach wenigen Minuten war ich sicher, dass ihre Reisegemeinschaft keine amourösen Tendenzen entwickeln würde, was mich überraschenderweise sogleich erleichterte. Für mich war es nicht selbstverständlich, einfach so mit einer schönen Frau ins Gespräch zu kommen, die mir obendrein ihre Handynummer gab. Aber auf Reisen – also auf den richtigen Reisen mit Rucksack durch ferne Länder, von denen ich bisher noch keine unternommen hatte – da liefen die Dinge offensichtlich anders.

Jennys Rucksack kam nicht. Als das letzte Safari-Paar ihre Koffer hatte, ahnten wir, dass das fehlende Gepäckstück in Amsterdam geblieben war, ein Fall für den Lost-and-found-

Schalter. Der Fahrer meines Reiseveranstalters wartete auf mich, also gab mir Jenny ihre Nummer, und wir tauschten die Namen unserer Hotels. Wir sähen uns dann morgen in Moshi, erklärte sie. Ach, taten wir das? Das wäre wirklich großartig, dachte ich. Und sagte: Alles klar.

Im nächsten Moment saß ich in einem Van, den der Fahrer durch die silbrige Nacht trieb, als wollte auch er den Tag ohne Rücksicht auf Verluste möglichst schnell zu Ende bringen. Offenbar konnte er genau abschätzen, mit welcher Geschwindigkeit er über die Bodenwellen rasen durfte, die in regelmäßigen Abständen über den Asphalt gezogen waren, ohne dass der Wagen nachhaltig Schaden nahm. Der Vollmond erleuchtete die Savanne. Kaum ein anderes Auto war unterwegs. Gemäuer, Büsche, Holzkarren und Laternenbeleuchtung rauschten vorbei. Ab und zu überholten wir einen einsamen Fußgänger, der noch einen unendlich weiten Weg vor sich haben musste. Dann sah ich am Horizont die Silhouette des Kilimandscharo-Massivs. Ich bekam den Eindruck, als gleite die Straße unter uns hinweg, so als wäre die Erde eine rotierende Kugel und als lägen der Berg und das Fahrzeug auf einer unsichtbaren Ummantelung darüber und bewegten sich keinen Meter von der Stelle. Schweigend starrte ich aus dem Van hinaus in die Nacht. Was tun, wenn der Fahrer mich hier aussetzen würde? Wie ein Gespräch beginnen? Auf welche Weise sagten die Menschen hier das, was sie zu sagen gedachten? Wie wirkte ich auf die Leute? Wer war ich in ihren Augen, wo ich doch dort, wo ich herkam, einfach nur der war, der ich eben war? Mir fehlte es also plötzlich an allem.

Aus Verlegenheit fragte ich den Fahrer, wie viele Einwohner Moshi habe. »Around one million.« Ob die Zahl zutraf, war mir gleichgültig, aber sie verortete mich wieder, setzte mich ins Verhältnis zur Umgebung. Ich fuhr vom Kilimanjaro Airport in die Stadt Moshi, die ungefähr eine Million Einwohner hatte. Damit ließ sich arbeiten. Ich war gekommen, um den höchsten Berg Afrikas zu besteigen, um mich steilen Pfaden, bitterer Kälte und dünner Luft zu stellen, doch vorher musste ich ganz wesentliche Schritte noch einmal lernen.

Die Nacht lag schon Stunden über dem Land, als wir endlich das Parkview Inn erreichten. Ich checkte ein und ging auf mein Zimmer. Als die Tür hinter mir zufiel, wartete ich darauf, dass sich meine Muskeln und Gedanken entspannten. Doch das Hotelzimmer – ein paar Quadratmeter Privatsphäre, auf denen man seine Sachen zurechtlegt, um wieder eine Ordnung herzustellen, vor allem im Kopf, und die sonst alles Befremdliche auszusperren vermögen – dieser schützende Raum ließ mich hängen. Sicher lag es an dem Sirren, das sich meinem Ohr näherte. Der Feind war bereits im Zimmer und entschlossen, wenn nicht die Malaria in meine Adern zu pumpen, so doch zumindest Dengue, Chikungunya und was nicht noch alles. Schnell ging ich ins Bad und putzte die Zähne. Bald bildete ich mir das Sirren ein, bekam es nicht mehr aus dem Kopf. Verfluchtes Getier. Ich suchte den einzigen Ort auf, der sicher war. Das Moskitonetz fiel von der Aufhängung an der Decke aufs Bett wie ein riesiges Spinnennetz. Akribisch prüfte ich, ob es auch überall lückenlos auflag. Dann wurde ich ruhig.

Spätestens um halb neun war es zu heiß zum Schlafen. Daher stand ich trotz Reiseerschöpfung auf, um ein Frühstück zu mir zu nehmen: Rührei, Weißbrot und aromatische Minibananen. An der Rezeption wartete schon mein Guide für die kommenden Tage. Theodory, kurz Tito, war kaum älter als ich. Er trug ein schwarz-rot gestreiftes Polohemd, eine Kappe mit der Aufschrift »Beauty Hunter« und schaute aufgeweckt und leicht amüsiert.

Wir spazierten zu den Räumlichkeiten von Mauly Tours, der Trekkingagentur gleich um die Ecke. Ich nahm auf einem durchgesessenen Sofa Platz, um mich über die bevorstehende Besteigung des Kilimandscharo unterrichten zu lassen. Der eigentliche Gipfel heißt Kibo, lernte ich, Kilimandscharo das gesamte Massiv. Tito fasste die Eckdaten der Tour zusammen, erläuterte die zu durchschreitenden Vegetationsstufen und erfragte die vorhandene Ausrüstung. Für zehn Dollar lieh ich mir ein Paar Gamaschen, an die ich nicht gedacht hatte. Es gab mehrere Wege auf den Gipfel, ich hatte mich für die Machame-Route entschieden, weil es die landschaftlich schönste sein sollte. Nach dem Briefing unterbreitete ich Tito meinen Plan, nun in die Stadt gehen zu wollen, weil ich den übrigen Tag zur freien Verfügung hatte. Der junge Mann lächelte, nuschelte etwas, das in meinen Ohren klang wie »You can get robbed« und gab mir mit einem vieldeutigen Achselzucken zu verstehen, dass es wohl an mir lag, was daraus wurde.

Im Hotel traf ich auf einen jungen Kerl aus Deutschland, der sich als Oliver vorstellte und die Kilimandscharo-Tour am nächsten Tag gemeinsam mit mir beginnen würde. Oliver erzählte, dass er seit Weihnachten durch Afrika reiste, an einer Rallye von Marokko über Mauretanien in den Senegal teilgenommen hatte, dabei im abendlichen Stadtverkehr von Fès beinahe ohne Benzin liegen geblieben war und schließlich doch Dakar erreicht hatte, um danach nach Johannesburg zu fliegen und einige Wochen in Südafrika zu verbringen. Nun war er in Moshi, um den Berg zu erklimmen, genau wie ich, den schon die Fahrt vom Flughafen ins Hotel aus der Ruhe gebracht hatte. Man müsse sich bei Tage in Moshi keine Sorgen machen, sagte Oliver, das überzeugte mich. Also spazierte ich in mittlerweile gleißender Sonne die Aga Khan Road hinab in Richtung Mawenzi Road. Die Luft war heiß, der Straßenrand holprig und ich sehr weiß in diesem äquatornahen Licht.

Meine Kamera hatte ich im Rucksack, um ein paar Schnappschüsse einzufangen. Hin und wieder kam ich mit Leuten ins Gespräch, die alle sehr freundlich waren, aber die beiläufig fallengelassenen Verweise auf diese oder jene »art gallery« eines Cousins oder Bekannten ließen erahnen, dass ich in erster Linie ein kleines Geschäft versprach. Auf dem vollen Marktplatz von Moshi traute ich mich nicht, die Kamera hervorzuholen. Wahrscheinlich war ich etwas paranoid. Auf jeden Fall sah man mir die Ortsunkenntnis und Unsicherheit aus hundert Metern Entfernung an. Jonathan bot an, mich zum Hotel »Buffalo« zu begleiten, wo ich Jenny und Mathias treffen wollte. Ich kannte den Weg nicht, also folgte ich dem Mann, der sich ebenfalls als »local artist« bezeichnete und mir alsbald seine angeblich handgemalten Bilder für zwei Dollar das Stück anbot. Entweder war es um die Vielseitigkeit der tansanischen Handwerkskunst schlecht bestellt oder die vermeintlich handgefertigten Drucke, die an jeder Ecke verkauft wurden, stammten aus derselben Maschine, die sich möglicherweise in Fernost befand.

Im Hotel war niemand anzutreffen, ich hinterließ eine Notiz an der Rezeption. Jonathan verlangte eine Aufwandsentschädigung. Sichtlich unentspannt feilschte ich um den Preis und ließ ihn mit 2000 tansanischen Schilling ziehen. Wieder auf der Straße, sprachen mich andere Männer an, um mich in harmlose Gespräche zu verwickeln. Ich wurde souveräner und machte das Spiel mit. Hakuna matata, das ging immer. Bald bekam ich Appetit, setzte mich in ein Straßenrestaurant und beobachtete den Koch, wie er ein Huhn mit einem Beil in Stücke hackte. In diesem Moment kam ich mir sehr einsam vor. Was für eine unnötig sentimentale Gefühlsregung. Es lag nur daran, dass Jenny und Mathias nicht im Hotel gewesen waren. Im Grunde war ich sehr vergnügt darüber, in einem unbekannten Land zu sitzen und eine Cola zu trinken.

Die Anspannung löste sich. Ständig hatte ich entscheiden müssen, ob ich links oder rechts abbiegen oder doch weiter geradeaus gehen sollte, wem ich meine Aufmerksamkeit widmete und wen ich besser ignorierte – Abwägungen, die daheim automatisch erfolgten, aber hier schnell an die Substanz gingen, weil ich in allem, das ich tat, so unheimlich sichtbar war. Ständig folgten mir interessierte und manchmal skeptische Blicke. In den Straßen von Moshi bewegte ich mich nicht wie durch eine multikulturelle Metropole, also selbstgewiss den Weltgeist atmend, hier war ich kein Teil eines großen, kosmopolitischen Ganzen. Ich war verunsichert. Nicht, weil die Menschen eine schlechte Meinung von mir hatten, im Gegenteil wurde ich meist hofiert oder zumindest betont höflich übers Ohr gehauen. Sondern, weil ich dort war, wie ich dort war. Ich konnte nicht raus aus meiner Haut, ob ich nun die Straße entlang spazierte, mir einen Brocken Reis in den Mund schob oder gar nichts tat. So fühlte sich das also an, dachte ich, das Fremdsein. Und ahnte im gleichen Moment, dass sich die Verhältnisse nicht einfach umgedreht hatten. Denn die Leute meines Kontinents waren hergekommen und hatten die Menschen beraubt, um ihr Leben, ihre Freiheit, ihre Würde. Nicht andersherum.

Ich machte mich auf den Weg zurück ins Hotel, wo ich mich mit einem Buch in den Innenhof setzte. In der Ferne ragte der schneebedeckte Kilimandscharo aus den Wolken, scheinbar überhaupt nicht hoch. Unerwartet tauchten Mathias und Jenny auf und es gab ein mittelgroßes Hallo. Wir tranken zwei, drei Kilimanjaro Lager und trugen die Geschichten vor, die wir uns selbst über unser Leben erzählten, während die Dunkelheit näher rückte. Jennys Gepäck war noch nicht angekommen, außerdem akzeptierte keine der ortsansässigen Banken ihre Kreditkarte. Ich wäre mit meinen Nerven längst am Ende gewesen. Aber Jenny schien keine Frau zu sein, die sich durch so etwas aus der Ruhe bringen ließ.

Als der Abend hereinbrach, spazierten wir zu einem nahen Hotel mit einem Restaurant. Auf der Veranda trafen wir Oliver vom Vormittag wieder, der schon an einem gedeckten Tisch saß, zusammen mit zwei relativ beleibten Herren aus Sachsen, die ebenfalls zu unserer Gruppe gehörten. Wir setzten uns dazu. Es gab Chicken-Curry, süßsaures Gemüse auf Reis, noch mehr Kilimanjaro Lager, und jeder berichtete, was ihn zu diesem klangvollen Berg verschlagen hatte, der da so prominent aus der Savanne ragte. Einer der Sachsen wollte seinen sechzigsten Geburtstag auf dem Gipfel feiern, das war mal was anderes. Ab und zu fiel der Strom aus, und die Terrasse wurde in Dunkelheit getaucht. Es dauerte immer einige Augenblicke, bis der Generator ansprang, und solange war es still, eine dröhnende Stille, als könnte man nun, da die Musik und alle Gespräche verstummt waren, kurz den Abend selbst hören.

Es ging immer nur so leicht bergauf, dass man es kaum merkte. Kaffee- und Kakaoplantagen zogen vorbei, Kinder in adretten Schuluniformen, letzte Supermärkte für die Einheimischen und durstige Bergtouristen. Die Sachsen und Oliver stiegen aus dem Van, um Wasser zu kaufen, und wurden von Händlern umringt. Dann wieder das ratternde Geräusch des Motors. Hinter mir saß Tito neben Roy, dem fast zahnlosen Guide meiner drei deutschen Begleiter. Auf den letzten asphaltierten Kilometern zum Machame Gate stieg die Straße nun doch steiler an, die Vegetation sprießte üppiger. Am Gate wurde die Nationalparkgebühr fällig. Männer legten jeden Sack und jede Tasche auf eine Waage und berechneten die Gepäckgebühren. Bevor die Sonne im Zenit stand, traten wir unter das Dach des tropischen Waldes, der die unteren Hänge des Berges bedeckte.

Die ersten Meter durch den Dschungel führten ganz profan über einen breiten Forstweg. Affen verständigten sich im undurchdringlichen Grün durch lautes Brüllen von Baum zu Baum, es kam mir vor, als spotteten sie über uns: eine weitere Truppe mäßig fitter, tapsiger Touristen, von denen dieser Berg schon manche hatte scheitern sehen. Noch aber sahen alle frisch und sauber aus, hatten morgens erst geduscht und die Trekkingkleidung noch einmal glatt gestrichen. Auf der ersten Tagesetappe der Machame-Route warteten keine Hindernisse, nur eine Ameisenstraße kreuzte den Weg. Die Tiere hatten prächtige Kiefer, ungefähr so groß wie der gesamte übrige Körper. Tito riet mir eindringlich, von diesen Ameisen Abstand zu nehmen. Das Gehtempo war mit gemütlich treffend umschrieben, was nicht unbedingt an den wohlgeformten Bäuchen der Sachsen lag. Vielmehr bekommt der Bergtourist am Kilimandscharo bei jeder Gelegenheit einen Ratschlag ans Herz gelegt: pole, pole, langsam, langsam. Auf dem 5895 Meter hohen Kibo ist die atmosphärische Sauerstoffdichte nur noch halb so groß wie auf Meereshöhe. Dadurch gelangt weniger Sauerstoff durch die Lungenbläschen. Um dies zu kompensieren, muss der Körper die Konzentration an roten Blutkörperchen erhöhen und andere Anpassungen vornehmen, Akklimatisierung nennt man das. Ein Prozess, der seine Zeit braucht. Ich hatte Geschichten von Turnschuh-Urlaubern gehört, die am Tenzing-Hillary-Airport im nepalesischen Lukla aus der klapprigen Propellermaschine gestiegen und sofort umgekippt waren. Ohnmacht war auf jeden Fall ein klares Zeichen für mangelnde

Höhenanpassung. Wie gut ich zurecht käme, wusste ich nicht, man konnte das vorher nicht trainieren wie die Ausdauer oder Muskelkraft. Mein bisher höchster Gipfel, der Großglockner, war im Vergleich zum Kilimandscharo ein Hügel. Also dem Ratschlag der Guides folgen und langsam aufsteigen. Ich hatte es nicht eilig.

Der Kopf brauchte ohnehin Zeit, um zu begreifen, wo der Körper sich gerade befand. Bemooste Stämme und verworrene Lianen nahmen nach wenigen Metern jede Sicht, die feuchte Luft verdichtete sich zu Nebelschwaden, und alles war grün, grün, grün. Es kam mir vor, als habe mir jemand eine Leinwand mit Bildern einer fremden Welt vor die Augen geschoben, die ich wie ein unbeteiligter Betrachter studierte. Das Bewusstsein, so viel stand fest, war noch nicht akklimatisiert. Pole, pole.

Als Tito und ich um die schwülwarme Mittagszeit herum eine Pause einlegten, überholten uns schwerbeladene Träger, die weiter oben das Lager errichteten. Ich erklärte meinem Guide, dass ich nicht einmal dazu in der Lage sei, eine Wasserflasche fünf Meter geradeaus auf dem Kopf zu tragen, verzichtete aber auf den Versuch, meine Unfähigkeit unter Beweis zu stellen. Tito grinste und stellte fest: »In Africa head is for carrying, in Germany head is for thinking.« Moment, was war das? Eine Anspielung auf das globale Nord-Süd-Gefälle? Kritik an der ineffizienten Bildungspolitik in seinem Heimatland? Ein spitzer Verweis auf koloniale Zuschreibungen? Oder ein einstudierter Spruch, um die zahlende Kundschaft zu erheitern? Es blieb offen.

Wir ließen den dichten Bergwald langsam hinter uns. Weit war es nicht mehr zum Machame Camp, das ziemlich chaotisch aussah: Die Zelte standen kreuz und quer, überall lagen Ausrüstungsgegenstände herum. Rund um das Lager wuchsen Zedern, Erika-Sträucher und Akazien. Die Vegetation hier auf 3000 Metern hatte nichts Alpines, was auf mich befremdlich wirkte. In den Zillertaler Alpen wächst in der gleichen Höhe kein Grashalm mehr, hier stand ich halb im Wald. Es war Zeit für den Afternoon-Tee, der mit Popcorn und Erdnüssen aufgetragen wurde. Ich setzte mich auf einen Klappstuhl und plauderte mit Tito.

Wir saßen zusammen bis zum Anbruch der Dämmerung, die in Tansania schnell kommt und immer zur gleichen Tageszeit, als werfe jemand ein Tuch über das Land. Das Abendessen wurde serviert, eine Suppe, ein Hauptgericht aus Nudeln, Hülsenfrüchten und Karotten in pikanter Soße, schließlich Früchte zum Nachtisch. Ich hockte mit meiner Gruppe im Gemeinschafts- und Essenszelt. Die Sachsen wischten sich mit Stofftüchern den Schweiß von der Stirn. Ihr Reisegepäck bestand tatsächlich aus zwei handelsüblichen Koffern, aus denen die beiden sorgfältig gefaltete Hemden hervorzogen. Von den Einheimischen wurden sie »the papas« genannt. Sie sprachen kaum Englisch, was die Verständigungsversuche mit ihrem Bergführer sehenswert machte, aber konnten einiges aus Mexiko, Burma und Indien berichten – Länder, die sie nach dem Fall des Eisernen Vorhangs bereist hatten. Weil der Berg kein Ort für lange, zünftige Abende ist, gingen wir bald in unsere Zelte. Die Hitze des Tages hatte sich zurückgezogen, Kühle war ins Lager eingekehrt. In meinem Schlafsack schlief ich fast so tief wie in meinem eigenen Bett.

Die Feuchtigkeit hing morgens in allen Sachen, doch vor dem Abmarsch blieb Zeit, um die Isomatte und das Reisehandtuch in der Morgensonne zu trocknen. Dann regte Tito zum Aufbruch an, er wollte das Schritttempo heute erhöhen, um vor dem allmittäglichen Regen das Shira Camp zu erreichen. An diesem zweiten Tag veränderte sich die Vegetation deutlich. Baumheide, Erika-Sträucher und mannshohe Farne gaben hin und wieder den Blick auf die Savanne frei. Erst jetzt bekamen wir ein Gefühl für die beachtliche Höhe, in der wir uns bereits befanden, wobei der Gipfel über uns immer noch ziemlich weit weg schien. In der Sonne blitzte ein Gletscherrest auf, der aussah, als habe er sich in den falschen Breitengrad verirrt. Nach zwei Stunden hüllte uns Nebel ein, die Moorlandschaft erinnerte nun an die Kulisse eines Geisterfilms. Mit zunehmender Höhe schrumpften die Pflanzen, auch das Nahrungsangebot wurde spärlicher. Während einer Snackpause versammelten sich Raben um uns, die es auf die Knochen der Hühnerschenkel abgesehen hatten. Tito setzte sich auf einen Felsen und telefonierte mit seiner Familie. Das Gelände wurde steiler und felsiger, der Pfad schmaler und schlüpfriger. Den Trägern, die uns leichten Schrittes überholten, bereitete das keine Mühe.

Zur Mittagszeit erreichten wir das Shira Camp, über dem ein grauer Regen niederging. Ich setzte mich ins Gemeinschaftszelt. Es blieb nichts anderes zu tun, als abzuwarten und Tee zu trinken, was man auch gar nicht oft genug tun konnte, da der Körper in dieser Höhe wegen der schnelleren Atmung viel mehr Flüssigkeit verlor. Als Oliver und die Sachsen das Camp erreichten, war der Himmel wieder aufgerissen, das Sonnenlicht fiel wie gezeichnet durch die Wolken. In der Ferne erhob sich der Mount Meru. Die heutige Etappe hatte den »papas« zugesetzt. Ich zweifelte mittlerweile, dass ihre Kondition für den Gipfel reichen würde. Und um den Gipfel ging es doch, oder etwa nicht?

Der Schweiß und Staub des Tages klebte uns im Nacken. Wenn ich über meine Haut rieb, hatte ich kleine Dreckröllchen zwischen den Fingern. Um den gröbsten Schmutz aus dem Gesicht waschen zu können, wurde uns zweimal am Tag eine Schale mit warmem Wasser gereicht, erhitzt auf einem Feuer oder Gaskocher. Nicht einmal der hartgesottenste Alpinist sagte dazu Nein. Ich war leicht beschämt, als ich mich abends in meinem Einzelzelt einrichtete, das ich nicht einmal selbst getragen hatte, während die tansanische Mannschaft dicht gedrängt in einem einzigen Zelt schlief. Jeden Tag schleppten die Männer Ausrüstung und Lebensmittel, bauten die Lager auf und bereiteten das Essen zu. Wir Touristen mussten eigentlich gar nichts tun, wurden von vorne bis hinten bedient. Vielleicht war eine Besteigung des Kilimandscharo nichts anderes als betreutes Reisen für verwöhnte Ausländer, die sich einmal wie große Abenteurer fühlen wollten. Andererseits war Tansania eines der ärmsten Länder der Welt, der Großteil der Menschen lebte von etwas Landwirtschaft. Für die Menschen in Moshi bedeutete es zweifellos kein Unglück, diesen Berg vor der Haustür zu haben, für dessen Erklimmung so viele Frauen und Männer einen nach Landesverhältnissen exorbitanten Geldbetrag zu zahlen bereit waren. Viele Einheimische erhielten dadurch ein solides Einkommen, im Gegenzug entfloh so mancher Mitteleuropäer für kurze Zeit seinen Annehmlichkeiten, seiner Alltagsroutine und dem Überfluss, einem Leben, das schon immer alles bereithielt, was es brauchte zum Glück, aber offenbar nie genug, und für diese Flucht, diesen scheinbaren Ausbruch legte er einen ordentlichen Batzen Geld auf den Tisch. Ein wenig pervers war das schon. Und manchmal etwas unbedacht. Es konnte passieren, dass ein reicher, vom Gipfelerfolg euphorisierter Amerikaner seiner Truppe das Fünffache des üblichen Trinkgeldes oder mehr zusteckte. So etwas führte unter den Männern, die im Bergtourismus beschäftigt waren, schnell zu Auseinandersetzungen – spätestens, wenn jemand in der nächsten Kneipe mit dem unerwarteten Geldsegen prahlte. Weshalb sollte ihm für die gleiche Arbeit ein Vielfaches an Bezahlung zustehen? Das war nicht einzusehen und brachte alles durcheinander.

Im Shira Camp wurde es kühl. Die Sonne strahlte noch die höher liegenden Wolkenschichten an, der Meru lag schon im Schatten. Ich setzte mich auf einen Stein, schaute über die Ebene und beobachtete die wechselnden Lichtverhältnisse. Die Wolken sahen plastisch aus, als habe sie jemand aus Knete oder Watte geformt und in der Landschaft abgestellt. Im Camp hatte jemand Geburtstag, ein Lied wurde angestimmt. In meinen Ohren klang es wie die alte Melodie von Aufbrechen und Ankommen, Heimat und Ferne, Sehnsucht und Einkehr.

Die kalte Stunde vor Morgengrauen lag hinter uns. An der Innenseite des Zeltes hatten sich Eiskristalle gebildet, draußen überzogen sie das Gras. Ich kroch aus dem Schlafsack – der unangenehmste Moment des Tages, der immerhin gleich zu Beginn anstand. Von jetzt an ging es nur noch aufwärts. Ich putzte meine Zähne und wusch mir das Gesicht, danach gab es Frühstück und Tee. Die Träger hatten bald alles zusammengepackt, und in dem Moment, als die Morgensonne über den Hang fiel, setzten Tito und ich wieder einen Fuß vor den anderen. Die heutige Etappe führte hinauf zum Lava Tower, einem Felsobelisken auf rund 4600 Metern, und danach wieder auf Ausgangshöhe, zum Barranco Camp. Das war keine Schikane, sondern diente selbstverständlich der Akklimatisierung: Climb high, sleep low. In den nächsten Stunden ging es erst einmal stetig bergauf.

Nach kurzer Zeit verschwanden die Pflanzen. Überall lagen Felsbrocken aus Vulkangestein, aschgrau bis schwarz. Ich konnte nicht sagen, ob die Erosion oder ein Auswurf des Kraters die Felsen in der extraterrestrisch anmutenden Landschaft verstreut hatte. Weil ich unachtsam sowohl den Polfilter als auch den UV-Filter auf das Objektiv meiner Kamera geschraubt hatte, bekam jedes Bild eine dunkle Vignette, was einen stimmigen Effekt erzeugte: Die Aufnahmen sahen aus, als hätte ich durch das Bullauge eines Weltraumfahrzeugs in eine lebensfeindliche Atmosphäre hinaus fotografiert. Bald wurden auch die Felsen kleiner wie zuvor die Pflanzen, mit zunehmender Höhe schrumpfte offenbar alles, sogar die eigene Grübelei. Mit einem deutlich reduzierten Tempo schritten Tito und ich durch die Alpinwüste auf knapp viereinhalbtausend Metern. In einer solchen Höhe war ich noch nie gewesen. Ich dachte darüber nach, dass ich nach Tansania geflogen war, um den Kilimandscharo zu besteigen, eben auch wegen dieser Zahl: 5895 Meter, höchster Berg Afrikas, höchster freistehender Berg der Erde. Doch in der Monotonie des Laufens wurde mir bewusst, dass ich in den vergangenen Tagen die ganze Zeit auf der Suche nach einem Gefühl gewesen war, das durch all die Eindrücke hätte ausgelöst werden müssen. Da war nichts passiert. Hier oben aber – etwas unterhalb des vereisten Gipfelaufbaus und weit oberhalb der Ebene, die sich irgendwo am Horizont verlor – geschah dann doch etwas: Überschwängliche Euphorie stieg in mir auf. In meinem Kopfhörer legte ein melancholischer Kanadier seine Verse über eine schleppende Melodie. »I went looking for magic in a city of soil and plastic, grey days and a clean efficient mass transportation system.« Ich hatte keine Ahnung, warum ich voller Freude weinte, wie damals im Krankenhaus, als ein Arzt mir erklärt hatte, dass mit hoher Wahrscheinlichkeit alles wieder werde. Vielleicht war es Erleichterung oder ein Loslassen – es hatte auch eine Frau gegeben, die ich lange für mich gewinnen wollte – oder Vorfreude auf alles, was vor mir lag, eine fundamentale Zuversicht. »And it's enough to drive any sober man crazy.« Oder all diese Gefühlsregungen vermischten sich, bedingten sich. Das eigene Leben ist nun einmal die einzige epische Realität, die man jemals erleben wird, und vielleicht muss man sich dieser Tatsache des Daseins etwas häufiger ohne Scham hingeben. Vielleicht erklärte sich mein seltsamer Zustand aber schlicht dadurch, dass die dünne Höhenluft meine Gedankenprozesse drosselte und auf das Wesentliche reduzierte. Ich bildete mir plötzlich ein, genau zu wissen, was von jetzt an zu tun war. Der Kopf arbeitete zwar langsamer, aber kam zu klareren Ergebnissen.

Objektiv passierte auf dieser Tagesetappe natürlich sehr viel weniger. Wolken waren aufgezogen, irgendwann gaben sie den Lava Tower preis. Während unserer Rast setzte sich Tito zu den anderen Guides und Trägern. Der stille Aufstieg musste ihm ziemlich lang geworden sein. Gut eine Stunde blieben wir hier oben hocken, aber Oliver, die Sachsen und Roy tauchten nicht auf. Über brüchigen Fels führte der Weg in den Barranco Canyon und hinunter zum Barranco Camp. In der Schlucht sprudelte ein Bach, riesige Senezien säumten seinen Lauf, die Pflanzen mussten mindestens drei Meter hoch sein. Die Machame-Route umrundete südlich den Gipfelaufbau und vereinigte sich schlussendlich mit der Marangu-Route, die auch Coca-Cola-Route genannt wurde. Auf diesem Weg habe es einmal auch der Oligarch Roman Abramowitsch auf den Gipfel versucht, erzählte Tito, mit einer unglaublichen Entourage, die allerdings nicht verhindern konnte, dass der Russe wegen »air problems« abbrechen musste. Der Kibo ist nicht käuflich.

Im Barranco Camp übergaben sich die Leute regelmäßig. Tito hielt das nicht für ungewöhnlich. Der Lava Tower war die Bewährungsprobe vor der Gipfelnacht, auf dieser Etappe sahen die Guides, ob jemand mit der Höhe klarkam oder nicht. Tito erkundigte sich, wie es um die »papas« stand, die irgendwann nach uns das Camp erreichten. Sie waren stiller als sonst und zogen sich nach dem Essen sofort ins Zelt zurück. Ich hatte weder über Kopfschmerzen noch über Appetitlosigkeit zu klagen, und solange ich essen und klar denken konnte, war alles in Ordnung. Das Dinner schmeckte wie immer ausgezeichnet. Kaum ein Wind ging, während die Sonne erst langsam und dann sehr rasch in der Ebene versank. Erst als ich im Zelt lag, merkte ich, wie mein Herz in der Brust hämmerte.

Am nächsten Morgen folgte auf das erste Frühstück gleich noch ein zweites. »Breakfast« nannten die Guides die rund zweihundert Meter hohe Felswand, die kurz nach dem Aufbruch zu überwinden war, zum Leidwesen der konditionell etwas schwächeren Bergsteiger. Die Great Barranco Wall oder auch Breach Wall wies aber keine klettertechnischen Schwierigkeiten auf, ab und zu griff man in den Fels, um etwas mehr Halt zu haben. Die Träger schleppten noch mehr Gewicht als sonst, sie trugen gefüllte Kanister auf dem Kopf, weil die letzte Trinkwasserquelle der Route im Barranco-Tal lag. Tito und ich ließen das zweite Frühstück hinter uns und erreichten ein staubiges Hochplateau, auf dem nichts mehr wuchs außer ruppiges Gras. Von hier aus hatten wir einen guten Blick auf die südlichen Gletscher des Kibo, die jetzt nicht mehr so entrückt wirkten wie noch vor zwei Tagen.

Auf dem Pfad zum Karanga Camp herrschte Betriebsamkeit. Hin und wieder kam ich mit anderen Bergsteigern ins Gespräch, die nach dem Kilimandscharo noch hierhin und dorthin wollten. Je länger ich ihren Ausführungen lauschte, umso weniger Lust hatte ich, schon bald wieder nach Hause zu fliegen. Warum brachte ich meine zehn Tage in Tansania damit zu, an diesem Berg herumzulaufen? Mir stand der Sinn danach, einfach ohne Ziel weiter zu reisen, kurzerhand einen Inlandsflug in der Zweigstelle einer örtlichen Fluggesellschaft zu buchen und mit dem Anbruch des nächsten Tages schon wieder woanders sein. Sonnenuntergänge auf entlegenen Inseln, Lodges ohne Strom, die Gesellschaft lässiger Weltenbummlerinnen, Essen aus Garküchen, eine Woche oder auch drei ohne Unrast vorbeiziehen lassen und langsam vergessen, sich zu rasieren – das war es, wonach ich mich sehnte.

Tito und ich erreichten das Karanga Camp. Wer eine Tour von sieben Tagen gebucht hatte, legte hier eine weitere Nacht zur Akklimatisierung ein, was in jedem Reiseführer unbedingt empfohlen wurde. Die Sachsen und Oliver folgten dem Rat. Ich dagegen hatte mich aus sportlichen Ambitionen für die Sechs-Tage-Variante entschieden und sparte somit einen Tag, den ich wiederum dazu nutzte, einen Tag früher abzureisen. Aus welcher Notwendigkeit heraus? In der hohen Kunst der Welterkundung war ich offensichtlich ein blutiger Anfänger. Andererseits hatte ich vergessen, wie viele Tage ich schon am Berg war, was ich als ein positives Zeichen deutete. Unwichtig auch, ob nun Mittwoch oder Sonntag war, marschiert wurde an jedem Tag der Woche. Im Camp aßen Tito und ich unsere

Sandwiches, dazu den Hühnerschenkel, den Kuchen und etwas Obst – fast ein bisschen zu viel für den Aufstieg ins Barafu Camp auf 4640 Metern. Tito taxierte die Gehzeit auf rund drei Stunden. Die Sonne brannte auf die Steinwüste herunter, aber jeder Windstoß blies unangenehm kalt. Ich schwitzte und war dennoch bemüht, in Bewegung zu bleiben. Die Bergsteiger liefen dahin, als hingen ihnen Gewichte an den Beinen. Langsam, langsam, hatten die Tansanier gesagt. Hier ging es nicht mehr anders. In einigen Metern Entfernung kniete ein Mann am Wegrand und kotzte einen milchigen Schwall in den Staub. Heute Nacht geht es auf den Gipfel, dachte ich.

Im Barafu Camp tanzte mein Ruhepuls im Brustkorb. Dabei saß ich seit einer halben Stunde auf einem Stein und beobachtete den benachbarten, leicht verschneiten Mount Mawenzi im Nachmittagslicht. Noch immer pochte die Halsschlagader, vielleicht auch vor Aufregung. Der Kibo lag die meiste Zeit in Wolken, aber wir konnten den Rebman-Gletscher am südöstlichen Gipfelplateau sehen. Nun stand also das Finale bevor, viel Zeit zur Erholung blieb nicht. Tito erklärte, dass wir kurz nach Mitternacht aufbrechen würden.

Ich kroch in meinen Schlafsack, drehte mich hin und her, der Wind raschelte am Zelt wie ein Dieb. Ich steckte meine Kopfhörer in die Ohren und hörte Musik, was das Einschlafen aber nicht erleichterte, und eigentlich war klar, dass es auf eine ruhelose Nacht hinauslief. Als Tito mich weckte, konnte ich nicht mit Sicherheit sagen, wie lange ich geschlafen hatte. Wahrscheinlich war es egal. Ich würgte ein paar

Kekse herunter und füllte die Wasserflasche. Tito trug nach eigener Aussage drei Hosen und drei Paar Socken und erkundigte sich, ob auch ich warm genug angezogen sei. Ich trug zwei Funktionsshirts, meinen Fleece und die Hardshelljacke. Die Nacht war nicht so kalt wie befürchtet.

Je weiter wir uns vom Lager entfernten, umso deutlicher traten die Sterne hervor. Oben am Berg flackerten schon andere Stirnlampen, 4000 Höhenmeter tiefer die Lichter Moshis. Es war nicht das einzige Lichtspiel in der Dunkelheit. Nach einer halben Stunde schaute ich rüber zum Mawenzi, wo der Mond exakt hinter dem Gipfel stand und orange durch die blassen Wolken hindurch schien. Es sah aus, als steige Rauch aus einem glühenden Krater. Ich wusste um das Trugbild. Mein Gehirn fand aber keine andere Erklärung für das, was ich sah: einen aktiven Vulkan. Der Widerspruch in meinem Kopf machte mich ein bisschen fertig. War das endgültig ein Symptom der dünnen Luft? Ich sah davon ab, meine Befürchtung mit Tito zu teilen, weil ich nicht unzurechnungsfähig erscheinen wollte. Am besten einfach weiterlaufen und nicht mehr darüber nachdenken. Im spärlichen Licht der Stirnlampe sah ich nichts als Steine. Uns kam ein breit gebauter Mann entgegen, der mit seinem Guide abstieg. Nur eine Sekunde sah ich ihm in die Augen, lange genug, um zu erkennen, dass er die richtige Entscheidung getroffen hatte. Oder der Bergführer für ihn. Wie genau alles abgelaufen war, konnte der Mann daheim schildern, wie er mochte.

Irgendwann sah ich keine Sterne mehr. Ich konnte nicht sagen, wie lange wir schon unterwegs waren, als es zu schneien begann. Erst fielen einzelne, zarte Flocken, doch mit der Zeit füllten sich die Spalten zwischen den Steinen mit Schnee. Kein Problem, auf der Gipfeletappe lagen keine Kletterpassagen oder heiklen Stellen. Das Schneegestöber hatte sogar seinen Reiz. Irgendwann frischte aber der Wind auf und fegte immer kräftiger über den Berg. Kopfschmerzen setzten ein, hinter den Schläfen drückte es, meine Schritte verloren an Kraft. Andere Bergsteiger, die wir zuvor überholt hatten, schlossen wieder zu uns auf. Ich ging langsamer und atmete schneller. Das zeitweilige Schielen bekam ich in den Griff, indem ich immer eine Minute lang abwechselnd ein Auge zusammen kniff. Als ich Tito um eine Rast bat, schaute er etwas verdrießlich in die Nacht, weil der Wind uns sofort auskühlte. Der Pfad war jetzt komplett weiß. Die Flocken fegten ohne Unterlass durch den Lichtkegel der Stirnlampe, wie ein konstantes Bildrauschen auf der Pupille. Manchmal schloss ich kurz die Augen, um bei Verstand zu bleiben. Hielt ich mein Gesicht in den Wind, fror das heranfliegende Eis im Bart und in den Augenbrauen fest. Im Gelände war kein Orientierungspunkt auszumachen, der verriet, wo wir uns befanden. Tito kannte den Weg, ich folgte ihm stoisch. Die Stunden verwischten.

Trotz meines leichten Deliriums erreichten wir irgendwann den Stella Point auf 5735 Metern, wo die Machame- auf die Marangu-Route traf und sich einige Bergsteiger versammelt hatten. Der Kibo gilt an diesem Punkt offiziell als bestiegen. Ein Mann reichte mir einen Becher mit heißem Tee aus seiner Thermoskanne, sein Begleiter übergab sich in den Schnee. Ich registrierte, dass meine Kopfschmerzen sich gelegt hatten. Nach einer Pause liefen Tito und ich weiter zum Uhuru Peak. Ich war nicht angetreten, um vorher umzukehren. Die Aussicht von dort oben sollte fantastisch sein. Wir würden passend zum Anbruch des neuen Tages den höchsten Punkt des Kontinents erreichen, die Sonne über der Savanne aufsteigen sehen und uns beseelt von diesem magischen Augenblick in den Armen liegen. Soweit die Theorie. Tatsächlich waren wir eine halbe Stunde zu früh, und auf dem Gipfelplateau tobte der Schneesturm. Wir hatten keine Hoffnung, dass der Himmel aufriss und die Sicht auf die Northern Icefields und den Rebmann-Gletscher freigab. Wir konnten uns aber auch nicht in die Kälte hocken und abwarten. Also fotografierte ich rasch das Gipfelschild, mit Blitz, sodass die Schneeflocken wie Schmutz auf der Linse aussahen. Weil wir sonst nichts tun konnten, stiegen wir wieder ab.

Es war seltsam. Zurück am Stella Point hatte ich den Drang, umzukehren und den Gipfelmoment, den der Sturm verschluckt hatte, noch einmal zu wiederholen. Aber das ging nicht. Als der Morgen dämmerte, sahen wir, dass der Berg bis auf 4500 Meter hinab eingeschneit war. Manchmal konnten wir auf den Hacken über den Schnee rutschen. An einer Stelle blieb ich jedoch mit dem rechten Fuß an einem Stein hängen, der komplett unter der Schneedecke verborgen lag. Der Sturz nach vorne presste Oberschenkel und Wade so stark gegeneinander, dass der plötzliche Schmerz im Knie mich noch in der Fallbewegung aufschreien ließ. Tito rannte herbei und begann sofort, das Knie mit besorgter Miene zu massieren, was aber überhaupt nichts brachte. Ich gab ihm zu verstehen, dass ich das Bein vorsichtig belasten wolle. Tatsächlich konnte ich auftreten, ohne wieder einzuknicken. Das Innenband des Knies war offensichtlich überdehnt, aber wahrscheinlich nicht gerissen. Tito musste nicht die Parkranger anfunken. Mir war es allerdings nur noch unter starken Schmerzen möglich, das Bein durchzustrecken, was sich beim Übersteigen höherer Felsstufen kaum vermeiden ließ. So brauchten wir für den Abstieg viel Zeit. Tito drehte sich jedes Mal besorgt zu mir um, wenn ich einen Fluch ausstieß. Unten im Barafu Camp schien schon wieder die Sonne. Mir wurde eine warme Mahlzeit gereicht, die ich nicht herunter bekam. Das konnte passieren in der Höhe, war aber trotzdem ungünstig, weil wir bis ins Mweka Camp absteigen wollten, das noch einmal 2000 Höhenmeter tiefer lag.

Die Bänderdehnung zwang mich dazu, volle Konzentration in jeden Schritt zu legen, um das Durchstrecken des Beins zu vermeiden. Gelang mir das nicht, stach sofort der Schmerz. Dafür ließen wir die Kälte hinter uns. Bald wuchsen wieder Gräser und Sträucher, schließlich kehrten die Bäume zurück. Erstaunlich, wie schnell man bergab all die Höhenmeter bewältigt, die im Aufstieg so viele Mühe gekostet haben. Wir waren seit mehr als zwölf Stunden auf den Beinen. Ich fragte Tito, wie weit es noch sei, weil ich wirklich nicht mehr konnte, und als ich die Antwort vernahm – ungefähr eine Dreiviertelstunde – da wollte ich mich auf einen Stein setzen und heulen. Aber das ging natürlich nicht. Als wir endlich das Lager erreichten, setzte ich den Rucksack ab und fiel ins Zelt, ohne meine Stiefel auszuziehen. Zehn Minuten blieb ich liegen, ohne mich zu rühren.

Im Mweka Camp lernte ich Christopher kennen, zu meinem Glück, denn der Australier war Arzt und bandagierte mir das Knie. Mit dem Verband konnte ich viel besser laufen. Wir verabredeten uns zum Essen in Moshi. Vorher stand die allerletzte Etappe an. Der Weg zum Mweka Gate führte durch den Bergwald, noch einmal hörte ich die Affen schreien, noch einmal drehte die Hitze auf. Ich dachte häufiger an eine Dusche, saubere Kleidung und das Bett im Parkview Inn. Vor der Fahrt nach Moshi stand noch die Trinkgeld-Zeremonie an. Da gab es feste Beträge, an denen man sich orientierte. Jeder Träger, Koch und Guide bekam seinen Anteil.

Im Büro von Mauly Tours machte ich ein Abschiedsfoto mit Tito, der mich bat, ihm von zu Hause ein Wörterbuch Deutsch-Suaheli nach Tansania zu schicken. Er gab mir die Adresse einer Poststation in Moshi. Tito wollte Deutsch lernen, um noch mehr deutsche Kunden zu bekommen. Ich erfuhr nie, ob das Buch ankam. Mit Sicherheit konnte sich Tito aber darauf verlassen, dass weiterhin Menschen aus aller Welt nach Tansania kamen, um sich auf den Kilimandscharo führen zu lassen, der wie eine Verheißung aus der heißen Savanne ragt.

Was hatte ich mir eigentlich von der Besteigung versprochen? Ich wollte sagen können, dass ich den Berg bezwungen hatte. Völlig klar. Aber auch etwas dürftig. Der Kilimandscharo hatte mir gezeigt, dass es nichts brachte, am Ende eines Weges ein bestimmtes Gefühl zu erwarten. Womöglich war es nie darum gegangen, eine Unternehmung zum Abschluss zu bringen, sondern etwas in Gang zu setzen, einen Stein ins Rollen zu bringen, mich zu öffnen und aufzubrechen. Hinaus in die Ferne, in die Fremde! Sich das Unbekannte aneignen und doch immer wieder vor ihm kapitulieren, aber was machte das schon? Ich war angefixt von der Welt und wollte auch ein Globetrotter sein oder wenigstens jemand, der sich nicht ins Hemd machte, wenn er alleine durch eine Stadt wie Moshi lief. Ich hatte herausfinden wollen, ob ich dazu in der Lage war, auf einen hohen Berg zu steigen, trotz Hitze, Kälte und dünner Luft, also schwitzend, frierend und nach Sauerstoff japsend. Warum hatte ich diese Strapazen auf mich genommen? Was hatte ich davon? Was brachte mir das? Mag sein, dass ich neue Antworten bei der Hand hatte. Vor allem aber wusste ich nun: Das sind alles falsche Fragen. Kein Vorhaben, das aus Begeisterung erwächst, verlangt nach einer Rechtfertigung. Was sich daraus ergibt, weiß man nie, doch selten sind die Auswirkungen grundverkehrt. Es braucht nur etwas Vertrauen. Und vielleicht wächst dieses Vertrauen, je häufiger man einem solchen Impuls folgt. Man könnte es das Prinzip der tatkräftigen Neugier nennen.

Als ich das nächste Mal nach Daressalam fliegen sollte, blieb ich länger als ein paar Tage, um auf einen Berg zu steigen. Ich fuhr über Malawi bis runter zu den Victoriafällen und von dort weiter nach Simbabwe, zusammen mit der Frau, deren blonde Haare mir am Amsterdamer Flughafen sofort aufgefallen waren.

Auf dieser Reise sah ich Jenny nicht wieder, sie kam zusammen mit Mathias ein oder zwei Tage nach mir vom Berg. Dafür stieß ich in Moshi wieder auf meine Reisegruppe. Die beiden Sachsen hatten es nicht auf den Gipfel geschafft, wirkten aber nicht unglücklich darüber. Auf der Terrasse der Bristol Cottages traf ich Christopher wieder. Er sei in kleinen Verhältnissen aufgewachsen, erzählte er, und arbeite für eine Hilfsorganisation, mal hier, mal dort. Seine Freunde in Australien hätten alle schon Kinder, ihm stehe noch nicht der Sinn danach. Christopher wusste die verrücktesten Geschichten zu erzählen, von seiner Zeit bei den Aborigines, von Überfällen durch saudische Wüstenbanden und abgelegenen Bergdörfern in Papua-Neuguinea. Am Kilimandscharo hatte er zum ersten Mal Schnee gesehen. Darauf stießen wir an. Wieder fiel der Strom aus, wieder war es kurz ganz still.

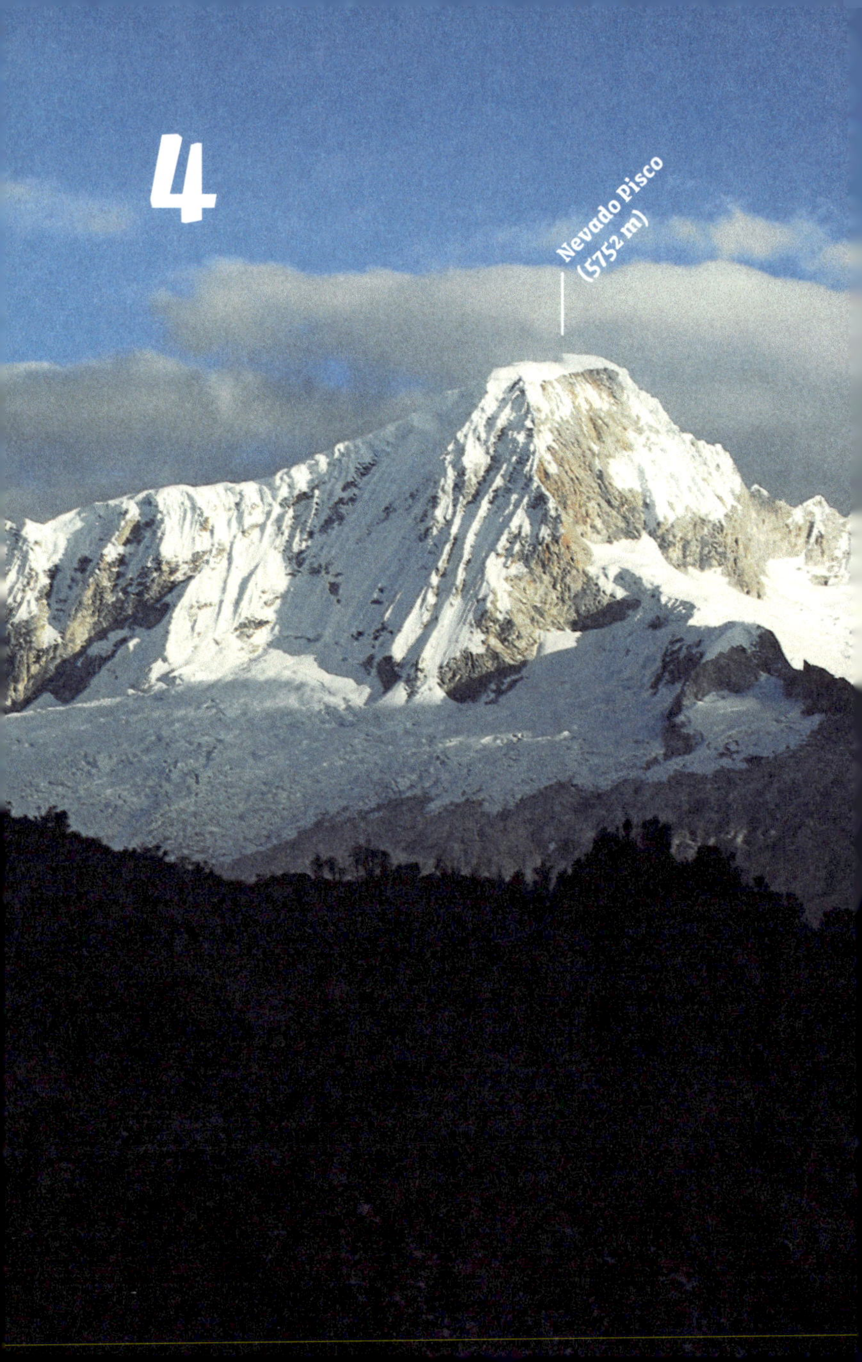
4
Nevado Pisco
(5752 m)

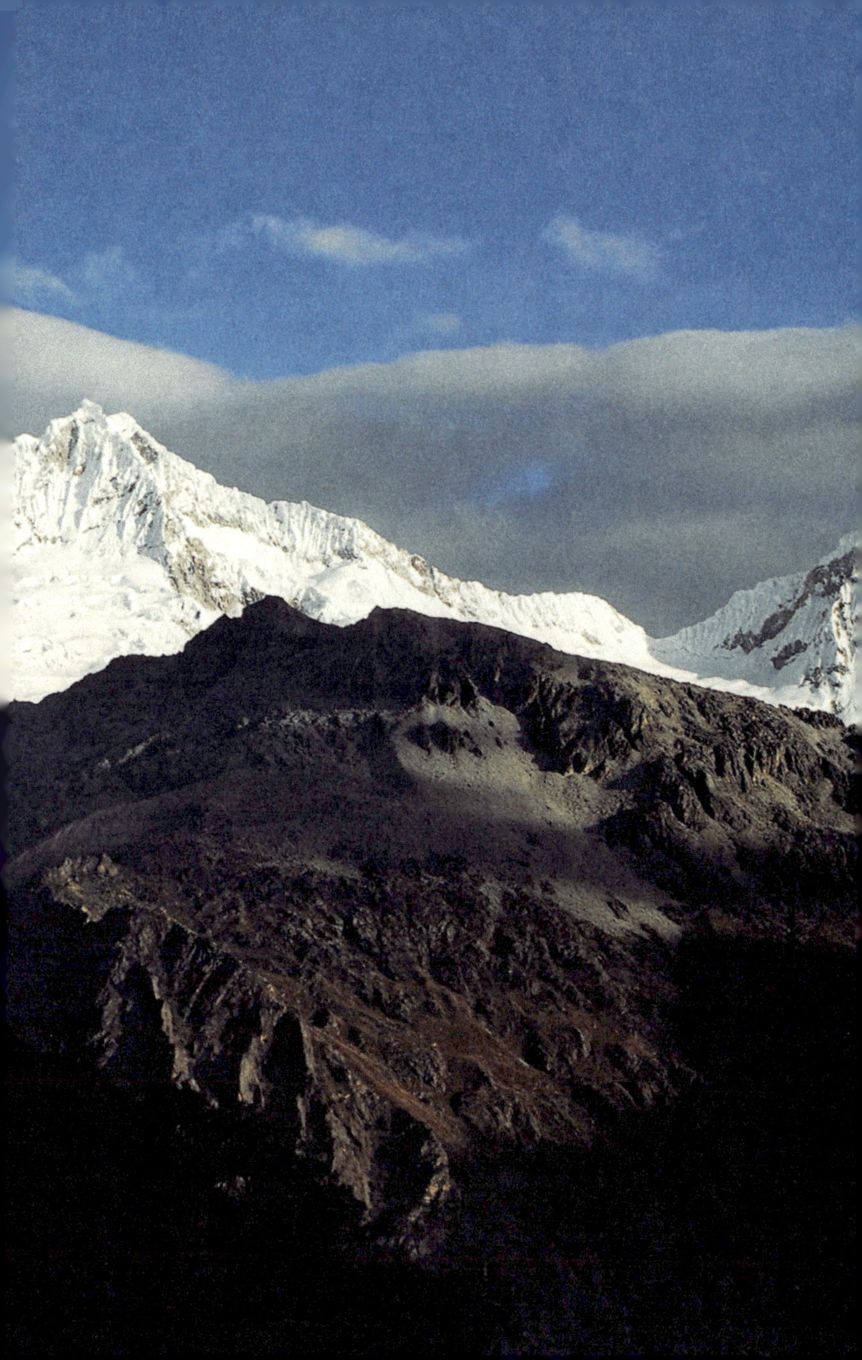

An den

anden

Rändern

peru

der Tage

2012

Rauls Worte waren ein Affront gegen den Berg. Der Geländewagen werde uns auf 4900 Meter fahren, von dort sei es ein kurzer Fußmarsch zum Basislager, in dem wir die Nacht verbringen würden, erklärte der Inhaber der kleinen Trekkingagentur in Arequipa. Fast 5000 Meter! Allein technisch erschien mir das undenkbar. Solche Höhen bestanden meines Wissens aus nacktem Fels und Eis. Und selbst wenn es möglich war, sich mit einem motorisierten Fahrzeug dorthin zu mogeln, kam dies einer Entweihung des Berges gleich. Wo sich das Ringen des Menschen mit den Urkräften der Natur vollführte, dort konnte, dort durfte niemand durch die Landschaft pflügen, womöglich den Ellenbogen lässig aus dem Fenster haltend und eine Zigarette rauchend. Dieses Bild untergrub den Nimbus der Berge als Ort der Widrigkeiten und Gefahren, die sich mit keinem noch so ausgeklügelten Equipment vollständig kontrollieren ließen – ein Faktor, der für alle Zeiten dazu gehörte, sonst konnte man gleich zu Hause bleiben und Sportler werden, Endstation Marathon als Leistungsträger im mittleren Management, letzter Fetisch Pulsuhr.

Ein Auto war also dazu in der Lage, in eine solche Höhe zu fahren. Das war zu akzeptieren. Wir befanden uns eben nicht mehr im Stubai oder Ötztal, sondern am Rande des Altiplano, eines kargen Hochplateaus, das sich zwischen den östlichen und westlichen Anden-Kordilleren ausdehnt, 1800 Kilometer lang von Peru über Bolivien bis in den Norden Argentiniens und Chiles. Übertragen auf Europa: ungefähr die Entfernung zwischen Hamburg und Rom. Diese meist nur von widerstandsfähigem Ichugras bewachsene Ebene erstreckt sich in einer Höhenlage, in die sich daheim nur Bergsteiger und konditionsstarke Skifahrer trauen. Doch auf der Altiplano wurden Großstädte errichtet, in denen sich das ganze Leben abspielt, das meist ein bescheidenes und allzu oft ein kärgliches ist: La Paz und El Alto, das legendäre Cusco, einstige Hauptstadt des Inkareichs, und Puno am Titicacasee. Arequipa, die weiße Stadt mit ihren glitzernden Prunkbauten aus Sillargestein, liegt gerade auf der Schwelle, oberhalb der pazifischen Küstenwüste, aber noch unterhalb der Hochlandsteppe.

Dort standen mein guter Freund Björn und ich im Büro von Rauls Agentur in der Calle Santa Catalina und außerdem zum ersten Mal in Südamerika, auf diesem Kontinent, der alle Dimensionen sprengte. Die Vulkane waren höher und massiger, die Schluchten tiefer, die Nächte eisiger, die Tage dafür umso greller und klarer, ein Licht von eigentümlicher Schärfe. Vom hochalpinen La-Cumbre-Pass oberhalb von La Paz konnte man an einem Tag mit dem Mountainbike in die feuchtwarmen Yungas bis nach Coroico abfahren, 3500 Höhenmeter hinab über die Camino de la muerte, die Straße des Todes, die ihren Namen zahlreichen folgenschweren Unfällen verdankte. Wenn man den Rand des Amazonasbeckens erreichte, hatte man vom ständigen, weil überlebenswichtigen Bremsen Schwielen an den Händen und obendrein fast alle Klimazonen Südamerikas durchquert. Und weil so etwas möglich war auf diesem Kontinent, mussten wir gar nicht so blöde schauen, als Raul erklärte, dass man mit dem Geländewagen auf 4900 Meter fahre, um von dort am nächsten Morgen auf den Gipfel des Chachani zu steigen, also mal eben einen Sechstausender mitzunehmen. Den letzten Teil formulierte Raul etwas glanzvoller, doch genau dies war das Angebot: ein Zweitagesausflug. Komplett vermessen, wie gesagt, ein bisschen Wahnsinn auch. Aber letztlich natürlich absolut verlockend. Wir sagten zu.

Von der Dachterrasse unseres Hostels hatten wir den Chachani immer im Blick gehabt. Einerseits war der Berg kaum zu übersehen, andererseits wirkte er trotz seiner stattlichen Höhe eher zahm, weil er nur minimal vergletschert war. Björn und ich hatten nicht vorgehabt, auf dieser Reise gemeinsam auf einen Berg zu gehen, was aber kein Grund war, es dann nicht doch zu tun, zumal wir nichts vorreserviert und keine festen Plänen gefasst hatten. Wir genossen die Freiheit von Individualreisenden, um es einmal idealistisch auszudrücken. Aber letztlich waren auch wir nur zwei Backpacker auf dem Gringo Trail, den man überall dort, wo er entlang führte, sofort erkannte – zum Beispiel, wenn das Gästehaus ein Oktoberfest veranstaltete, wie unseres in Arequipa. Bis auf einen verhängnisvollen Happy-Hour-Abend in Cusco hielten wir uns von penetrant organisierter guter Laune aber fern. Wir waren losgefahren ohne eine große Idee, ohne konkrete Erwartungen, was auf dieser Reise stattzufinden hatte: das Wesen der Einheimischen ergründen, den Touristen hinter sich lassen, etwas Verrücktes tun wie halluzinogenes Ayahuasca im Dschungel trinken. Ich wollte mich nicht mit der Frage beschäftigen, warum ich reiste, was ich mir davon eigentlich erhoffte, aber es passierte natürlich schon, weil die Sehnsucht, noch einmal alles besser anzustellen als bisher, gerade dort eine besondere Dringlichkeit entwickelt, wo einen niemand kennt und keiner etwas erwartet, was zugleich der Grund ist, warum der Wunsch unerfüllt bleibt.

In Arequipa folgten wir dem Bonmot des tragisch verunglückten, britischen Bergsteigers George Mallory, der auf die Frage eines Reporters, warum er auf den Everest wolle, die denkbar lakonischste Antwort gegeben hatte: »Because it's there.« Der Chachani war nicht der Everest, aber er war hier und jetzt schlicht und ergreifend da. Deshalb wollten wir hinauf. So einfach konnten die Dinge sein.

Wobei, ganz so leicht war das nicht. Wir konnten wohl kaum von der Pazifikküste nach Arequipa fahren und zwei Tage später auf 6000 Metern herumlaufen, wir mussten uns an die Höhe gewöhnen. Also buchten wir die Tour in einer Woche, 385 Soles pro Kopf inklusive Transport, Guide, Mahlzeiten, Zelten und Schlafsäcken. Steigeisen bräuchten wir um diese Jahreszeit nicht, erklärte Raul, was uns wieder überraschte. Björn und ich hatten nun ein paar Tage Zeit, um uns zu akklimatisieren, was auf unserer Reise über den Altiplano bis nach Copacabana in Bolivien ganz von selbst passierte. Mehrere Nächte schliefen wir auf 3500 bis 4000 Metern Höhe, das gab dem Körper genug Zeit, um zusätzliche rote Blutkörperchen zu bilden. Unterdessen beschauten wir das Land. In Puno zum Beispiel liefen wir in eine farbenfrohe Parade hinein, Männer spielten Instrumente, Männer tranken, enthemmte Stimmung, aber beim Nationalgericht Ceviche verbrannte ich mir den Mund an einer teuflischen Schote, die ich für Paprika gehalten hatte. Die Kellner kamen besorgt herbei geeilt und brachten Milch. Am Titicacasee wanderten wir über die Isla del Sol und hatten ständig das Gefühl, über eine Mittelmeerinsel zu spazieren, dabei liegt der See im Hochgebirge. Die Einladung eines selig grinsenden Franzosen zu einem »moonlight rave« schlugen wir aus, das roch schon wieder nach zwanghafter Ausgelassenheit. Uns reichte der spektakuläre Sonnenuntergang.

Zurück in Arequipa wartete unser Mann für den Chachani, ein nicht mehr junger Peruaner namens Jésus, der uns mit seinem ungesund scheppernden Husten in Erinnerung bleiben sollte. Er sprach kein Englisch, wir konnten leider nur ein paar Worte Spanisch, doch allzu viel gab es nicht zu bereden. Am späten Vormittag brachen wir in Arequipa auf, um erst einmal festzustellen, welche Dimensionen der Chachani hatte. Der Vulkan lag entgegen unseres bisherigen Eindrucks keineswegs direkt neben der Stadt, das sah nur von unten so aus. Wir mussten den Berg erst zur Hälfte umrunden, bevor wir uns dem Gipfel von Norden nähern konnten. Die Route folgte zunächst einer öffentlichen Straße, dann einer unmarkierten Schotterpiste. Rechts zog der Misti vorbei, der zweite große Vulkan, der Arequipa überragte, ein imposanter, nahezu symmetrischer Kegel, der aber nicht die entscheidende 6000-Meter-Marke erreichte. Wir wollten vorne die Sechs stehen haben und rumpelten zu diesem Zweck zunächst ohne eigenes Zutun durch die staubtrockene Wüstenlandschaft. Ein Guanako, die wilde Version des Lamas, sprang vor unserem Toyota Land Cruiser über die Piste, das dürre Gras reicht ihm zum Überleben. Zäh zog der Mittag vorüber. Unser Fahrer manövrierte den Wagen in mühsamen Kehren die Nordostflanke des Vulkans hinauf, durch beängstigende Schlaglöcher. Der Chachani war um einiges größer, als das Gehirn begriff, daher dauerte das Fortkommen länger, als wir angenommen hatten. Aber irgendwann ging es nicht mehr weiter.

Wir stiegen aus, verteilten das Übernachtungsgepäck auf die Rucksäcke und merkten sofort, dass jeder Windstoß die Sonnenwärme auf der Haut augenblicklich vertrieb. Zum Glück hatten wir ein paar Kilo zu tragen und kamen rasch ins Schwitzen. Das Licht stach nicht mehr, sondern floss hinein in den Berg und färbte die Erde schlammbeige, rostorange, kaffeebraun. Eine Stunde dauerte der Marsch zum Lagerplatz, nicht länger, wie Raul versprochen hatte. Die Zelte errichteten wir in vollkommener Windstille, die dünne Luft schien den Schall zu verschlucken. Die Abwesenheit der Umgebungsgeräusche kam mir unwirklich vor und jeder meiner Laute wie Lärm. Alle Bewegungen vollzogen sich langsamer. Wir befanden uns gerade noch in einer Höhe, in der Menschen dauerhaft siedeln konnten. In welch begrenztem Lebensraum all ihre Begierden und Ängste Platz fanden, so viel Frohsinn und Kummer für die paar Kilometer Atmosphäre, die ihnen zum Atmen blieb. Ich hatte noch Platz in den Lungen und spürte das dringende Bedürfnis, höher zu steigen, weiter hinauf, auf dass sich der Tag noch etwas größer anfühlte.

Zum Gipfel des Chachani führte ein gut ausgetretener Trampelpfad, der sich die längste Zeit einen ausgedehnten, mäßig steilen Grat hinaufarbeitete, der an keiner Stelle ausgesetzt war. Ich steckte die Wasserflasche und meine Kamera in den Rucksack und machte mich auf, Björn folgte mir nach, aber wir gingen beide in unserem eigenen Rhythmus. Spät am Nachmittag erreichte ich ungefähr 5700 Meter, das ließ sich recht sicher sagen, weil die Höhe der gegenüberliegenden Erhebung in Karten zu finden war. Der Stein, auf den ich mich hockte, warf schon einen langen Schatten, der Blick fiel Dutzende Kilometer über die Ebene. Ich sah ferne Gletscher im Dunst und suchte nach einer angemessenen emotionalen Reaktion auf diesen Ausblick. Ohne mich bewusst dafür entschieden zu haben, jauchzte ich, klischeehaft wie in einem Film, aber es fühlte sich schon richtig an: »Wohooooo!«

Der Weg zurück ins Lager gestaltete sich bequem, man konnte einfach die Geröllmoräne neben der Gratschulter hinabrutschen. Jésus, Björn und ich bereiteten auf dem Gaskocher ein Abendessen zu – Nudeln mit Tomatensoße und Dosenthunfisch – und verspeisten es angesichts der Kälte mit der gebotenen Eile. Die Sonne war schon hinter dem Bergkamm verschwunden. Spazierte man aber bis zum Scheitelpunkt des Grats, dann musste sich eine unverdeckte Aussicht nach Nordwesten auftun. Ich ging los, um nachzusehen. Die Bergketten des Altiplano-Hochlands lagen im sanften Licht der untergehenden Sonne wie fein gezogene Striche übereinander, vorne rechts der Ampato, auch ein Sechstausender, und mindestens einhundert Kilometer entfernt der noch höhere Coropuna. Die Luft zwischen den Gratlinien war von einem matten Blauschimmer erfüllt, dann von glühendem Orange, so als würden Flammen in den Tälern lodern. Die Szenerie hatte die überzogene Dramatik eines kitschigen

Gemäldes, bloß übertraf das Bild die Fantasie jedes noch so schwärmerischen Landschaftsmalers. Es war die Art von unverbrauchter Schönheit, die einen ergriff, ohne dass man sich dagegen wehren konnte, und die sprachlos machte, weil sie noch nicht zu einem Abziehbild verkommen war, das man längst vor Augen hatte, während man noch danach suchte. Wenn es einen allmächtigen Schöpfer gab, dann prahlte er gerade ordentlich und veranschaulichte überzeugend, dass nichts von Menschenhand Geschaffenes unser ästhetisches Empfinden so sehr berührt wie die Natur. Als das Schauspiel nach ein paar Minuten endete, wurde mir bitterkalt – die Erinnerung ebenjener Natur, dass die Berge zuweilen ein unfreundlicher Ort sein können, dem nur mit einem hinreichend warmen Schlafsack beizukommen ist.

Sicherlich wäre es nett gewesen, wenn der Anbruch des neuen Tages auf dem Gipfel des Chachani dem Sonnenuntergang in nichts nachgestanden hätte. Aber so war es nicht. Die blaue Stunde vor Morgengrauen entfaltete zwar ihre stille Poesie, doch uns fehlte die Muße. Das menschliche Gehirn zieht bekanntlich ständig falsche Schlüsse aus der hochkomplexen Umwelt, so auch am Chachani: Nur, weil auf dem Berg kaum Schnee lag, hieß das nicht, dass dort keine beißende Kälte herrschte.

Beim Aufstieg in der Nacht dachten Björn und ich nicht daran, weil wir in moderater Höhe aufbrachen und den Körper ständig in Bewegung hielten. Jésus hustete fürchterlich, aber das hatte er auch schon in Arequipa getan. Bald fiel er zurück und ließ uns vorlaufen. Wahrscheinlich war er schon

Dutzende Male diesen Weg gegangen, im Gegensatz zu diesen zwei aufgedrehten Amigos, die offenbar ohne seine Aufsicht klarkamen. Mit den Stirnlampen war der Pfad nicht schwer zu finden. Abgemacht war, dass wir vor einem letzten Eisfeld auf Jésus warten sollten, bevor es gemeinsam zum höchsten Punkt ging. Björn und ich trugen jeweils einen Eispickel außen am Rucksack, aber mehr pro forma, als Symbol des Respekts vor dem Berg, notwendig waren die Geräte nicht. Stattdessen hätten wir gerne Daunenjacken angelegt, die wir wiederum nicht dabei hatten. Zwar trugen wir dicke Pullover unter den Hardshells, deren Membran wenigstens den pfeifenden Wind abhielt, aber die Wärmeleistung unserer Outfits hatten wir deutlich überschätzt. Die ersten Sonnenstrahlen erwärmten die eisige Luft überhaupt nicht. Dafür warf die Gipfelpyramide des Chachani ein Dreieck über das Land, dessen Spitze bis zum Horizont reichte. Wir würdigten den Ausblick nur unzureichend. Das Foto, das Jésus von uns neben dem Gipfelkreuz schoss, zeigte ernste Gesichter. Aus nicht nachvollziehbaren Gründen hatten wir nur dünne Handschuhe dabei, wie sie Jogger im Winter bei zwei Grad plus für eine Runde im Stadtpark tragen. Wir standen hier aber – kurze, schmerzvolle Erinnerung – auf einem Anden-Sechstausender. Die Temperatur lag unter dem Gefrierpunkt, und durch die große Höhe spürten wir die Kälte noch stärker. Ich steckte mir die tauben Finger in den Mund, eine Akutmaßnahme, die sich natürlich nicht auf die Zehen anwenden ließ. Zitternd standen wir auf dem Gipfel, so hoch wie nie zuvor, und wollten nur schnell wieder runter.

Der direkteste Weg zurück ins Lager führte über eine Schuttmoräne hinab. Auf den von der Erosion fein gemahlenen Steinen rutschten Björn und ich wie auf sulzigem Schnee, angetrieben von der Schwerkraft. Der Balanceakt trieb das Blut zurück in die Füße. Über der Hochebene, durch deren Senken und Täler sich letzte Nachtschatten schlängelten, erhob sich der Ampato im milchigen Morgenlicht wie ein einsamer Wachturm der Altvorderen. Je höher die Sonne stieg, umso mehr Farbe saugte sie aus der Landschaft, die langsam ausbleichte und an Sättigung verlor. Den edelsten Glanz hatten die Dinge doch immer an den Rändern der Tage, in den Phasen des Übergangs.

Wir erreichten das Camp nach zwei Stunden und packten zusammen, der Fahrer wartete. Schon am Nachmittag saßen wir wieder auf der Dachterrasse in Arequipa, als wäre nichts gewesen. Die Agentur hatte nicht untertrieben, als sie den Chachani als sportlichen Ausflug angepriesen hatte, eine Sache von ein paar kalten Stunden in Bewegung. Die 6000-Meter-Marke war damit nachhaltig entzaubert. Wäre es nicht besser gewesen, sie unangetastet zu lassen, sie im Raum der vagen Vorstellung einzusperren und die Faszination, die von ihr ausging, auf ewig zu strecken? Dieses Gefühl hatte ich nicht, im Gegenteil. Wir schritten jetzt um einiges leichtfüßiger dahin und vielleicht auch etwas selbstgewisser. Manches Ziel erscheint das halbe Leben unerreichbar, bis man eines Morgens dorthin aufbricht.

Für mich gibt es zwei Arten von Bergen: Die einen tragen Gletscher und die anderen nicht. Vergletscherte Erhebungen, das sind die richtigen Berge. Sie strahlen eine andere Ernsthaftigkeit aus. An dieser Stelle würde sofort jeder ambitionierte Felskletterer widersprechen, vom Heiligkreuzkofel und den Drei Zinnen schwärmen und auf imposante Berggestalten wie den Watzmann verweisen, dessen Ostwand den »ganzen Bergsteiger« fordert, wie es so herrlich nebulös in der Alpenvereinssprache heißt. Doch viele Berge ohne permanente Vereisung formen keine anmutigen Felsnadeln oder abschreckende Wandmassive, sondern kariöse Schutthaufen aus bröseligem, tückischem Blockgestein. Gletscherbergen dagegen wohnt eine Aura des Ewigen inne, obwohl ihr nobles Gewand aufgrund der Erderwärmung immer mehr Löcher bekommt. Noch lauern an ihren Flanken besondere Gefahren, die von der ständigen Bewegung des Eises und den wechselnden Niederschlagsverhältnissen herrühren. Das Risiko durch Spalten, Séracs und Lawinen lässt sich mit der richtigen Technik, vorausschauender Tourenplanung, ausreichend Erfahrung und gesunder Selbsteinschätzung zwar auf ein vertretbares, weil kalkulierbares Maß reduzieren, sofern man nicht ungesichert in Nordwände einsteigt oder ausgerechnet den Makalu im Winter besteigen will. Und doch führt die Durchsteigung solcher Gefilde in eine entrückte Welt mit eigenen Gesetzen, die der wohltemperierten Gemächlichkeit des reinen Wanderns verbindlich den Rücken kehrt. Hinzu kommt natürlich die optische Wucht. Vergletscherte Gipfel sind die juwelenbesetzten Königinnen der Gebirgszüge, Blickfang eines jeden alpinen Panoramas.

Der wüstenhafte Chachani fällt nicht in diese Kategorie. Seine trockene Lage am sechszehnten Breitengrad geht auf Kosten der Eleganz. In Peru gibt es aber eine Region weiter im Norden, in der sich richtige Berge erheben: die Cordillera Blanca, die weißen Kordilleren, das höchste Gebirge des Tropengürtels. Dort überzieht das Eis die Bergstöcke nicht wie Puderzucker oder eine feine Glasur, sondern wie dicke, fette Sahnecreme, die ein nimmersatter Gott auf das Gestein gespachtelt hat. Die starke Vergletscherung kommt daher, dass die Cordillera Blanca eine Wetterscheide bildet, an der die feuchten Luftmassen des Amazonasbeckens hängen bleiben. In diesem Gebirge erheben sich Bergformen, so puristisch und bildhaft wie von Kinderhand gemalt, zum Beispiel der Artesonraju, Vorbild für das Logo von Paramount Pictures, und der Alpamayo, den manche den schönsten Berg der Welt nennen, eine nahezu perfekt geschnittene Eispyramide. Und weil ich auf meiner Reise durch Südamerika vom Gipfelfieber befallen wurde, reichte es nicht, aus der Ferne auf diese Berge zu schauen und dabei saturiert einen Café con leche zu trinken, irgendwie musste ich dann doch auf einen oder zwei hinauf, eine Obsession, die Björn in dieser Ausprägung nicht teilte, weshalb er später von Lima aus zurück nach Hause flog. Wir hatten zwar schon einmal sieben Dreitausender der Ötztaler Alpen in sieben Tagen bestiegen wie im Rausch. Aber – wie sagten sie im fernen Österreich – es ging sich auf dieser Reise zeitlich nicht aus, dass er noch länger blieb.

Zunächst fuhren wir noch mit dem Bus nach Cusco und stellten fest, dass wir uns Flöhe eingefangen hatten, wahrscheinlich über die Leihschlafsäcke am Chachani. Auf dem Handy übersetzten wir und hielten dem Apotheker das Wort »pulpos« hin, worauf dieser uns ein Medikament aushändigte, das gegen alles Mögliche zu helfen versprach, aber nicht gegen Flöhe. Das fanden wir heraus, als wir im Hotel den Wirkstoff googleten. Letztlich halfen Zitronenscheiben. In irgendeinem Hostelbett hüpften die Parasiten von unseren Beinen in die Decken, um sich neue Wirte zu suchen.

Selbstverständlich schauten wir uns Machu Picchu an, weil man nicht nach Peru reisen konnte, ohne die Inkastadt mit eigenen Augen zu sehen, auch wenn die Besichtigung zu einem überlaufenen Massenspektakel geworden war. Da durfte man nicht sentimental sein. Wir flogen spontan nach Iquitos in den Regenwald, ins immergrüne, immerfeuchte Amazonasbecken, dessen erdrückende Allgewalt die eigene Existenz in Frage stellte, wenn man dort abends in einem winzigen Dorf am Fluss auf einer Holzpritsche lag und dem Dschungel zuhörte, fast körperlich greifbar plötzlich die Gewissheit, wie zwangsläufig fatal es wäre, fünf Kilometer in eine Richtung zu laufen, sich unachtsam im Kreis zu drehen und die Orientierung zu verlieren, um wenig später, nach vielleicht zwei oder drei Wochen, im Kreislauf des Lebens als Nahrung für Vögel und Ameisen zu enden. Im Gebirge fühlt sich der Mensch groß und tatkräftig, im Regenwald winzig und hilflos, bereits in Auflösung begriffen.

In Lima nahm ich den Nachtbus nach Huaraz. Der Humboldtstrom trieb Nebel an Land, den Garúa, während sich der Bus durch den Elendsgürtel Limas bewegte, durch die

Barriadas, die informellen Siedlungen mit ihren Händlern, Geschäftemachern und Checkern an jeder Straßenecke, schließlich aus der Stadt heraus und auf der Panamericana nach Norden, entlang einer grauen Küste hinein in die Dämmerung. Als es schon lange dunkel war, verließen wir den Ozean und schraubten uns die Berge hinauf, in die Cordillera Negra, das schwarze, weil schneelose Gebirge. Konturenlose Finsternis hinter dem Busfenster, das Gefühl von Weltverlorenheit. Meine Gedanken wanden sich wie die Straße, bis ich in einen unruhigen Schlaf fiel.

Huaraz im Río-Santa-Tal war das Tor zum weißen Gebirge. Ob man in die Cordillera Blanca kam, um ein bisschen Trekking zu machen oder auf schwierigen Routen durch Eiswände zu klettern – die Tour begann in diesem heiterem Städtchen mit bunten Märkten, unkomplizierten Restaurants und Reiseveranstaltern, die sich auf die Bedürfnisse der Outdoor-Kundschaft eingestellt hatten. Die Menschen hier schienen das Leben bei den Hörnern zu packen. An einem Nachmittag spazierte ich in ein Volksfest hinein, dessen Anlass sich mir zunächst nicht erschloss, bis ich sah, dass ein Stierkampf stattfinden sollte, der offenbar die halbe Stadt mobilisierte. Was mich aber nach Huaraz geführt hatte, waren die Gipfel im Huascaran-Nationalpark, dessen namensgebender Berg zugleich der höchste des Landes ist, mit 6788 Metern kaum niedriger als der legendäre Aconcagua, einer der Seven Summits, aber viel stärker vergletschert und somit deutlich markanter. Der Huascaran, ein Zweigestirn aus Nord- und Südgipfel, überragt die Stadt wie eine unbarmherzige Bedrohung.

Ein Erdbeben hatte Huaraz 1970 komplett zerstört und gewaltige Geröllmassen aus der Nordseite des Huascaran gelöst, die mehrere Dörfer überrollten. Dieser Schicksalsberg war mindestens eine Nummer zu krass für mich. Ich hatte mich für eine geführte Tour auf zwei andere Gipfel entschieden. Der Nevado Pisco, 5752 Meter, sollte die Vorbereitung sein auf den Chopicalqui, 6354 Meter, ein ungestümer Eisdom mit schneidigen Firngraten, kein Vergleich zum Chachani. Zum Glück hatte auch mein Bergführer ein anderes Format.

Carlos war ein junger Typ, dessen Brustkorb unter dem Funktionsshirt spannte, ohne massig zu sein, weil eine Diskopumper-Figur für die ausdauernde Bewegung im Gebirge nicht taugte. Seinem markant geschnittenen Gesicht entwich kein ungesunder Husten, sondern ein ruhiges Lächeln, das sofort Vertrauen herstellte. Der Aufnäher auf seiner Jacke gab Carlos als Mitglied der Internationalen Vereinigung der Bergführerverbände zu erkennen, außerdem wurde er vom Schweizer Unternehmen Mammut gesponsert, was seine hochwertige Ausrüstung erklärte. Carlos war ein Mann, dem ich mein Leben anvertraut hätte, und wenn man es genau besah, tat ich genau das: Als Bergführer sicherte er mich am Seil und bewahrte mich davor, in eine der abschreckend tiefen Spalten zu stürzen, die alle Gletscher der Cordillera Blanca durchzogen. Machte er beim Abseilen einen falschen Knoten, würde ich rücklings ins Grab stürzen. Carlos war geübt darin, Optimismus zu verbreiten, wo dieser angebracht war. Mit der simplen Feststellung, dass wir gutes Wetter für den Pisco hätten, sorgte er direkt für gute Laune. Während Gespräche über das Wetter im sogenannten täglichen Leben gemeinhin als sicherer Beleg für ein ereignisloses Dasein gelten, kommt ihnen im Gebirge eine essenzielle Bedeutung zu: Im Zweifel geht es um Leben und Tod.

Unabdingbar für große Taten, deren Größe immer im Auge ihres Vollbringers liegt, ist außerdem die richtige Verpflegung. Hermann Buhl hatte zu Pervitin gegriffen, als er den Nanga Parbat 1953 ohne Flaschensauerstoff in einem wahnwitzigen Alleingang erstbestieg. Das Präparat, das sich im Zweiten Weltkrieg als »Panzerschokolade« und »Fliegermarzipan« einen Namen gemacht hatte, weil es Müdigkeit und Hunger unterdrückte und anlasslos euphorisierte, wirkte auch in der Todeszone der Achttausender kleine Wunder. Der »Schicksalsberg der Deutschen«, bezwungen auf Crystal Meth. Allerdings verlor Buhl seine Zehen an die Eiseskälte. Dieses Risiko wollten Carlos und ich auf keinen Fall eingehen, deshalb vertrauten wir konventioneller Kost. Weil wir das Essen für eine Woche aber nicht alleine auf dem Rücken schleppen konnten, begleitete uns Marcus als Fahrer, Koch und Hochträger in einer Person. Carlos und er sprachen Quechua miteinander, die Sprache der Indigenen. Wieder wünschte ich mir, ich könnte mehr Spanisch herausbringen als *sí claro* und *dónde está el hospital?* – letzteres eine Frage, die ich hoffentlich nicht brauchen würde, ebenso wenig wie ein Aufputschmittel.

Marcus steuerte den Geländewagen hinauf nach Yungas, von dort ging es ostwärts durch eine enge Talschlucht, die den Huascaran vom kaum weniger dominanten Huandoy trennt. Der erste Lagerplatz, Cebollapampa auf 3900 Metern Höhe, erinnerte mich an die Kulisse eines Karl-May-Films: Pferde grasten an einem Fluss, der sich idyllisch durchs Tal schlängelte. Die synthetisch bunten Signalfarben der Funktionsausrüstung wirkten fast störend. Die meisten Trekkingtouristen verbrachten an diesem Ort eine Nacht, auf der Wiese lagen allerlei Sporttaschen und Rucksäcke, eine andere Gruppe baute gerade ihre Zelte auf. Auch wir richteten uns ein und ließen den Nachmittag vorbeiziehen. Beim Abendessen plauderte Carlos ein bisschen über seine Zeit in der Bergführerschule, erzählte von ersten Touren mit zahlenden Gästen, von Kundinnen, die mehr in ihm sahen als einen kundigen Führer. Heute sei er verheiratet, seine Tochter kürzlich eingeschult worden. Als hauptberuflicher Bergführer verbringe er immer noch die Hälfte des Jahres in den Bergen. Ich konnte mir Carlos nur als glücklichen Menschen vorstellen.

Tags darauf wanderten wir zur Laguna 69, ein Bergsee auf 4600 Metern, der sich im hintersten Winkel des Tals zu Füßen des Chacraraju versteckte und in die Landschaft eingefasst schien wie ein Saphir. Unterwegs gab mir Carlos Tipps, wie ich besser mit der Höhe klarkam: Trinken, bevor du durstig wirst. Viele kleine Portionen essen, weil der Körper beim Verdauen sonst zu viel Blut in den Magen schießt, das den Muskeln fehlt. Wir überholten eine deutsche Touristin, die eventuell keinen dieser Ratschläge beherzigt hatte. Sie hockte keuchend am Wegrand und erklärte, wie zur Entschuldigung, noch nie etwas Härteres getan zu haben.

Die verborgene Lagune schillerte so tropisch, dass ich am liebsten hineingestiegen wäre. Am Ufer hatten frühere

Besucher kleine Steintürmchen errichtet. Das schien ein Bedürfnis der Menschen zu sein, an außergewöhnlichen Plätzen ihre Spuren zu hinterlassen. Oder die meisten konnten einfach nur schwerlich still dasitzen. Ich war nicht besser, weil ich die ganze Zeit Fotos machte und dem Augenblick etwas Bleibendes abringen wollte. Die Motive zwangen sich auf, wir waren den Eismassen des weißen Gebirges hier oben schon sehr nahe. Die Chacraraju-Südwand mit ihren Hängegletschern stürzte mehr als tausend Meter in kunstvollen Verwerfungen und Couloirs auf die Geröllfelder oberhalb des Sees, scharf gestochen wie eine monochrome Zeichnung, ein Wechselspiel aus Fels und Eis, Schatten und Licht.

Zurück im Lager zeigte Marcus kulinarische Kunst und bereitete ein hervorragendes Lomo saltado zu, eine peruanische Spezialität, einfach und nahrhaft: Rindfleisch, Reis, Kartoffeln, Zwiebeln, Tomaten, Sojasoße. Ich verspeiste eine üppige Portion, *muchas gracias,* nahm entgegen Carlos' Rat auch den Nachschlag, weil die Muskeln keine Arbeit mehr zu verrichten hatten. Später lag ich im Zelt, während der Fluss plätscherte, und lauschte seinem Nachtgesang.

Am nächsten Morgen war ich akklimatisiert genug für den Pisco. Carlos hatte mit der Höhe sowieso keine Probleme. Wir brachen zu unserem Basislager oberhalb des Talgrunds auf, eine Wanderung von vielleicht drei Stunden, Pferde transportierten das Übernachtungsgepäck. Zwei resignierte Amerikanerinnen und ihre Boyfriends kamen uns mit ihrem Guide entgegen und berichteten von höllischen Kopfschmerzen, die sie nicht hatten schlafen lassen. Ein Anzeichen der Höhenkrankheit. Ihren Bergführer habe das aber nicht gekümmert, der habe sie trotzdem in der Nacht auf den Gipfel führen wollen. Ich erfuhr, dass die Gruppe erst eine Woche in Peru gewesen war, und wollte ausführen, wie unverantwortlich ich das Verhalten der Agentur fand, die doch um ein angemessenes Zeitfenster für die Akklimatisierung hätte wissen müssen – aber ich ließ es bleiben. Meine Besserwisserei half jetzt nicht mehr, die vier mussten schnell ins Tal.

Der Himmel hatte sich eingetrübt, als Carlos und ich am frühen Nachmittag den Lagerplatz erreichten. Zur Begrüßung ging ein Hagelschauer nieder, der mich sogleich in Unruhe versetzte. Sturm? Schlechtwetter? Alles schon vorbei? Nach wenigen Minuten rissen die Wolken auf. Auf der anderen Talseite zeigte der Chopicalqui seine wahren Ausmaße. Wie ein gigantischer Eispalast ragte der Berg in den Himmel, sogar aus dieser Entfernung konnte ich die Wechten auf dem Südgrat ausmachen. Der Nevado Pisco über uns wirkte kaum weniger abschreckend, sein Eispanzer brach jäh über der Südwand ab. Die Route des geringsten Widerstands umging die Wand und führte zu einer Scharte, die das Ende des Westgrats markierte. Über diesen Grat führte der Weg bei moderater Steigung und ohne ernste technische Schwierigkeiten zum Gipfel. Die Stunden bis zum Abend brachte ich damit zu, wie ein Besessener ins Eis zu starren, als würde es mir irgendwann ein Geheimnis verraten. Anhand der Abbrüche an den Steilstufen versuchte ich, die Dicke des Gletschers zu schätzen. Wie kunstvoll gemeißelt wirkten all die Aufwürfe, Türme und Zapfen, die jede Sekunde zusammenstürzen konnten, eine fließende Komposition, die immer wieder ihre Struktur änderte. Wohlverdient war jeder Gipfel, der einem ein solches Hindernis in den Weg stellte.

Als ich um zwei Uhr nachts vor das Zelt trat, standen Sterne am Himmel. Wir tranken Tee, aßen Kekse und marschierten los. Es dauerte nicht lange, bis wir den Gletschersaum erreichten. Beim Anseilen und Anlegen der Steigeisen wurden meine Finger vor Kälte taub, also ballte ich die Fäuste und steckte sie in die Jackentasche. Ganz falsch, erklärte Carlos. Viel besser sei es, die Arme im Kreis zu schwingen, um die Durchblutung in Gang zu bringen. Also ruderte ich in der Luft, die kalt war, aber nicht beißend. Carlos lief am Seil voraus in die Spaltenzone und umging souverän die Risse im Eis, von denen manche so breit und tief waren, dass sie Busse verschlucken konnten, wie sich beim Abstieg im Tageslicht herausstellen sollte. Sicher war es hilfreich, dass ich nur ein paar Meter weit schauen konnte. Wir machten beständig Höhenmeter, hielten nur hin und wieder an, um einen Schluck zu trinken. Die Steigeisen knarzten in der Dunkelheit. Ihr Geräusch verriet den hartgefroren Schnee. Dieses nächtliche Knarzen der Zacken im Eis – so ein frischer, knackiger, ja fast krosser Laut – versetzte mich in Hochstimmung. Immer, wenn ich es höre, breitet sich unbeugsamer Optimismus in mir aus. Jeder Tag, der mit diesem Sound beginnt, fühlt sich wie der bestmögliche Tag überhaupt an.

Noch aber war der Weg auf den Pisco weit, und er wurde immer mühevoller. Nach zwei bis drei Stunden spürte ich die Höhe deutlich, die Lunge zog weniger Sauerstoff, mein

Schritttempo ließ nach, Carlos passte seines an. Wir erreichten die Scharte und bogen auf die Gipfelschulter ab. Ein Blick auf die Uhr verriet, dass die Nacht in den letzten Zügen lag. Ich war darauf konzentriert, einen Fuß vor den anderen zu setzen, sodass ich nicht bemerkte, wie weit ich bereits schauen konnte, obwohl die Sonne sich noch verbarg. Als ich endlich aufblickte, hatte die große Freiluft-Bühnenshow des weißen Gebirges schon begonnen. Um uns herum erhoben sich vergletscherte Fünf- und Sechstausender wie monumentale Plastiken aus Schnee und Eis, scharf abgesetzt gegen einen weichgezeichneten, dämmrigen Himmel in Mitternachtsblau, an dem noch die Mondscheibe hing, während das orangerote Licht, das in einem gewissen Abstand zur Erde über dem Horizont schwebte, langsam immer kräftiger glühte und sich anschickte, die Schatten und mit ihnen die Kälte endgültig zu vertreiben. Ob es noch Nacht war oder schon Tag, ließ sich in diesem Moment nicht sagen. Für einige Augenblicke hatte alles die gleiche Helligkeit, wie auf einem Foto, dessen Schatten am Computer aufgeblendet werden, während man zusätzlich die grellen Lichter herunter dreht. Die Welt war zweifellos schwer zu verändern, aber man konnte sich möglichst häufig dafür entscheiden, sie in einem besonderen Licht zu sehen. Wurde dadurch nicht schon vieles möglich? Konnte man überhaupt jemals wieder schwermütig auf das eigene Leben schauen, wenn man den Anbruch eines neuen Tages über der Cordillera Blanca gesehen hatte? Ich zweifelte daran, doch natürlich war das Unsinn. Aber ein erbaulicher und insofern wirkungsvoller Unsinn. Manche beten, um Hoffnung zu schöpfen, andere schwören auf Yoga für den *peace of mind,* den inneren Frieden. Ich stand hier auf dem Gletscher. Im Süden trafen die ersten Strahlen der Sonne die Spitze des Huandoy und ließen den Gipfel auflodern wie eine Fackel, im Nordwesten schimmerten Alpamayo und Artesonraju in feinem Apricot. Die Schatten flossen im Licht des heraufziehenden Morgens eilig zu Tale. Als Carlos und ich den Gipfel erreichten, war es vollständig hell. *Muy bien,* eine Umarmung, ein Händedruck, erst einmal durchatmen, was trinken, dann das Panorama genießen. Ich schaute zum Huascaran herüber und über die Wolkendecke, die sich auf der Ostseite des Gebirges gebildet hatte, in Richtung Amazonas-Tiefland. Als wir uns an den Abstieg machten, strahlte der Himmel in einem royalen Blau.

Die Tour auf den Chopicalqui fand ein frühes, unfreiwilliges Ende. Auf dem Weg ins Hochlager versperrte uns eine riesige Gletscherspalte den Weg. Carlos bemerkte sie erst, als er schon auf einer Schneebrücke stand und sein Eispickel plötzlich ohne Widerstand durch den Untergrund stieß. Er wich sofort zurück und sondierte die Route. Links von uns tat sich kein Weg auf, auch weiter rechts war das Fortkommen nicht möglich, jedenfalls nicht mit unseren Mitteln. Der Gletscher bestand aus Eisblöcken, so groß wie Häuser. Der Weg sei in dieser Saison nicht mehr zu machen, stellte Carlos fest, er werde das der Agentur in Huaraz melden. Ich überlegte, ob es nicht doch eine Möglichkeit gab, wenn wir deutlich weiter rechts am Gletscherrand aufstiegen, und bemerkte meine

Verzweiflung. Natürlich gab es diesen alternativen Weg nicht. Wie konnte es sein, dass eine Spalte die ganze Tour scheitern ließ? Was für ein schlechter Witz! Höhere Gewalt natürlich, aber dennoch eine Zumutung! Ein solches Pech konnten wir gar nicht haben! Der Hochsommer wäre die bessere Zeit gewesen, das lag jetzt auf der Hand. Warum nur war ich so spät gekommen? Selbst schuld.

Aber vielleicht war es auch besser, das Glück und meine Fertigkeiten nicht weiter auf die Probe zu stellen. Dies war ein *richtiger* Berg. Aber vielleicht war ich nicht der richtige Mann dafür? Wirkte nicht schon der Gletscherbruch ausgesprochen abschreckend? Musste ich die Spalte als Wink des Schicksals interpretieren? Bewahrte sie mich womöglich vor Schwierigkeiten weiter oben am Berg, denen ich nicht gewachsen sein würde? Oder redete ich mir all das nur ein, damit der Rückzug nicht so schmerzte?

Der weise Carlos sah sofort, was in mir vorging. Dann lächelte er und lieferte die vernünftigste aller Antworten: »That's the mountains, Philipp.«

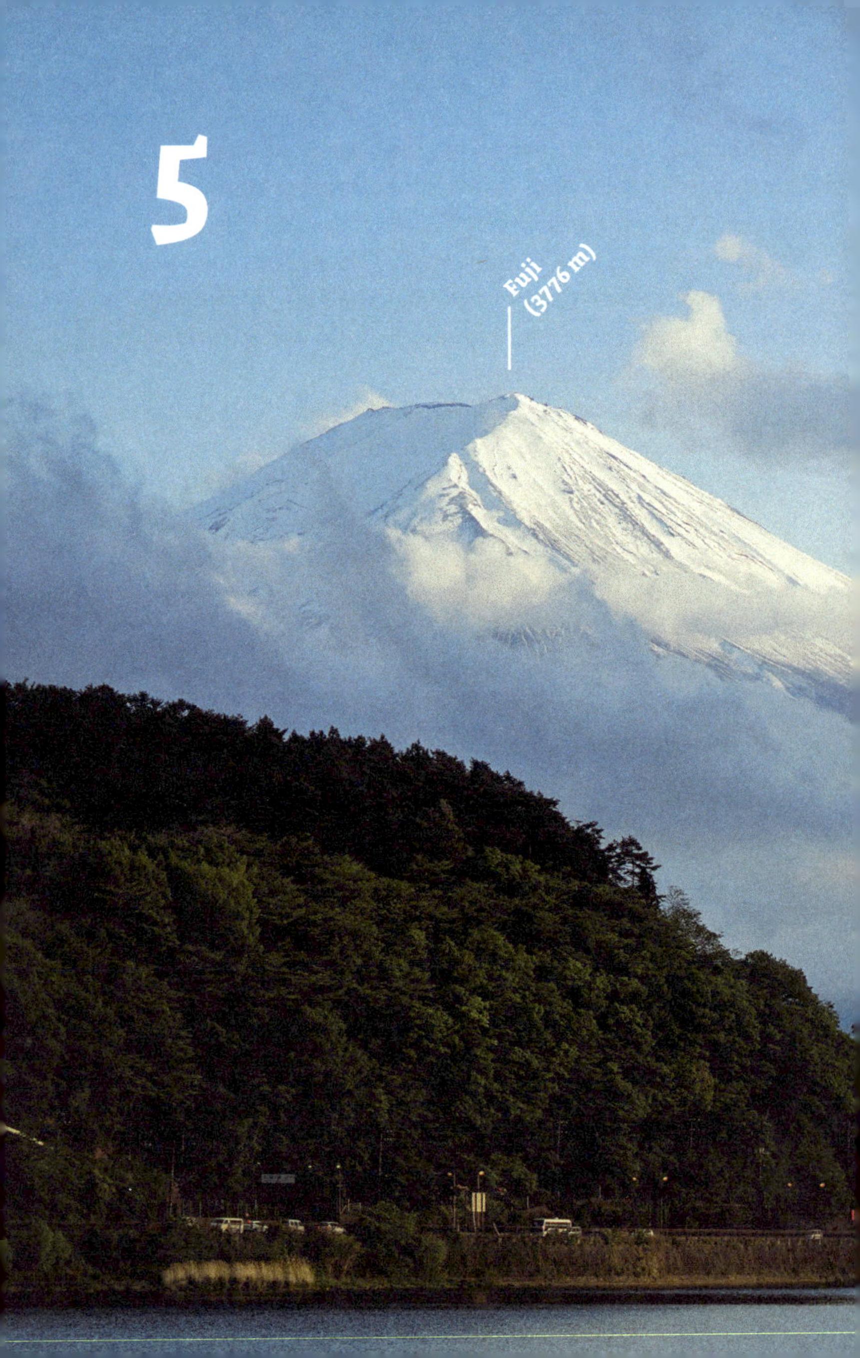
5
Fuji
(3776 m)

Tokyo Nights,

Fuji

Japan

Fuji Heights

2013

Als ich abends im Viertel Shinjuku auf die Straße trat, kam es mir vor, als wäre ich in die Zukunft gereist. An den Fassaden der Wolkenkratzer liefen bunte Lichter herab wie verspielte Wasserfälle; an jeder Ecke öffneten sich Malls und Geschäfte, die mich in einer anderen Gasse wieder auswarfen; gigantische Screens, so groß wie Tennisplätze, priesen Unterhaltungselektronik an, Sharp, Sony, Hitachi, Taito; der Neonschein der Werbeplakate; überall Glitzer, Glamour, Glas und unendliches Gewimmel. Ich fühlte mich wie im Film »Blade Runner«, aber ohne den Schmutz und das Halbseidene. Selbst das Rotlichtviertel Kabukicho hatte nichts Anrüchiges. Junge Machos mit verrückten Gelfrisuren und Lederstiefeln stolzierten umher wie Space-Cowboys aus einem versponnenen Science-Fiction-Film, blasierte Frauen mit 3000-Euro-Handtaschen schritten über das Trottoir und schauten dabei todernst. So viele Menschen schoben sich über Bürgersteige, Kreuzungen und Rolltreppen, dass ich den Eindruck hatte, der Tag gehe nicht zu Ende, als müssten all diese Leute niemals schlafen, als schwärze bloß jemand für ein paar Stunden den Himmel ein, was man aber kaum bemerkte, weil die Lichter die Straßen hervorragend ausleuchteten.

Das Konsumkarussell aus Shops und Spielhöllen blieb niemals stehen, aufregend war die Fahrt für einen wie mich, der geglaubt hatte, London und New York seien die fortschrittlichsten Orte des Planeten. Ich hatte keine Vorstellung von Tokio gehabt. Aus einem Imbiss drang der Geruch von gebratenem Fleisch und erinnerte mich daran, wie hungrig ich war nach meiner umständlichen, vierzehnstündigen Anreise über

Taipeh, darum setzte ich mich hinein, überfordert und fasziniert, und bestellte ein paar Spieße.

Das also war Japan, rätselhaftes Land zwischen Tradition und Moderne. Dieser Beschreibung ist kaum zu entkommen. Werbebroschüren von Tourismusanbietern und euphorische Reiseberichte beschwören stets die spannende Mischung aus Altem und Neuem, alles besteht aus Gegensätzen und Widersprüchen, bildet sogenannte Spannungsverhältnisse. Die Frage ist natürlich, wie man sich ein Land vorzustellen hat, das überhaupt keine Traditionen kennt oder komplett in vormodernen Zeiten hängen geblieben ist. Doch das Klischee blüht wie der Kirschbaum in jeder Beschreibung Japans. Das ist nicht ganz überraschend, denkt man doch sofort an Hightech, Roboter, Computerspiele, Animés und die Shinkansen-Schnellzüge, die keine Minute zu spät kommen, aber eben auch an Tempel, Kalligraphie und Teezeremonien, an Samurais, Geishas und weißbärtige Zen-Meister in perfekt gestutzten Gärten. Japan ist für Westler eine einzige Projektion. Einigkeit besteht darüber, dass Fremde dieses Land nie ganz verstehen können, was gleichzeitig dessen Faszination erklärt – selbstverständlich auch meine. Ich wollte auf dieser Reise erst die futuristische Megacity Tokio besichtigen, um danach auf den sagenumwobenen Fuji zu steigen, Japans höchsten Berg, nationales Heiligtum. Nur war »Tokio sehen« in dem Sinne unmöglich, eine Metropolregion mit 35 Millionen Einwohnern – wie ließ sich das bewerkstelligen? Nur in oberflächlichen Ausschnitten. Aber ich wollte zumindest mein Bestes geben und stellte den Wecker trotz Jetlag auf sieben Uhr.

Als ich aus dem Fenster meines Hotelzimmers schaute, lag Shinjuku im Dunst. Die Neonlichter waren erloschen. Ich hatte mir ein ambitioniertes Sightseeing-Programm zurechtgelegt, das mit der Tokioter Metro machbar schien. Der Fahrplan mit den U-Bahn-Linien in verschiedenen Farben sah aus, als habe ein Kind achtlos bunte Kreise übereinander gemalt. An manchen Drehkreuzen musste ich einen halben Kilometer laufen, bevor ich den richtigen Ausgang fand. Mit der Shinjuku Station hatte ich zu allem Überfluss gleich den geschäftigsten Bahnhof der Welt in direkter Nähe, verschachtelter als mancher Flughafen. Aufrichtiges Pflichtbewusstsein trieb die Menschen in ihre Büros, aber niemand drängelte und schubste. Vor den einfahrenden Zügen stellten sich Frauen und Männer entlang von Markierungen am Boden in Reihen auf und warteten, bis sich die Türen öffneten. Auf dem Jutebeutel einer Frau stand geschrieben: »Do not spend time beating on a wall / hoping to transfer it into a door.« Das schien mir programmatisch zu sein für das Alltagsverhalten der Japaner.

Ich fuhr zuerst ins Schickimicki-Viertel Ginza mit seinen Luxusboutiquen und zum Kaiserlichen Palast. In den Eastern Gardens trainierte die Imperial Police gerade Kendo, Schreie drangen durch die hohe Hecke. Der Park rund um den Palast wirkte mit seinen Steinmauern, Zierbäumen und Wassergräben inmitten der Bürotürme wie eine Enklave aus einer anderen Zeit. Dann nahm ich die Bahn ins altstädtische Viertel Ueno mit seinem berühmten Park. Dort steht ein Denkmal, das General Takamori Saigo zeigt, einen der berühmtesten

Samurai und Vorbild für den schrecklich kitschigen Hollywood-Film »Last Samurai« mit Tom Cruise. Saigo hatte als Befehlshaber der kaiserlichen Truppen die Soldaten des Shoguns besiegt und die Macht des Kaisers wiederhergestellt. Die Meiji-Restauration 1868 war das wohl wichtigste Ereignis der japanischen Geschichte, weil sie eine umfassende Modernisierung des Landes einleitete. Ironischerweise hatte sich Saigo mit einigen Getreuen wenige Jahre später selbst gegen die wirtschaftliche Öffnung und die tiefgreifenden, gesellschaftlichen Umbrüche gewehrt und die neue Regierung bekämpft – jedoch ohne Erfolg. Und so hatte er sich das Leben genommen.

Nach kurzer Zeit fand ich mich in Tokio ganz gut zurecht. Überall erklärten mir niedliche Comic-Figuren auf Schildern, was ich wie zu tun oder doch besser zu lassen hatte. Ein kleines Mädchen zum Beispiel führte vor, wie man sich vor dem Betreten eines Tempels die Hände wusch. Klatschen möge man bitte nicht. Ich wusste also immer, welchen Fauxpas ich zu vermeiden hatte, auch wenn es mir nicht in den Sinn gekommen wäre, in einem Tempel plötzlich zu klatschen. Ich fuhr zum buddhistischen Sensoji-Tempel in Asakusa, eine der Hauptattraktionen Tokios. Rund um den Tempel hatten sich Souvenirshops angesiedelt, alles war überlaufen, ich kam mir vor wie in einem Vergnügungspark. Also stieg ich wieder in die Bahn und fuhr weiter zum Meiji-Schrein, der dem Meiji-Kaiser Mutsuhito und seiner Frau gewidmet war. Dieser besonders bedeutsame Shinto-Schrein im Yoyogi-Park in

Shibuya war nicht weniger gut besucht, aber seine ruhige Lage abseits des Verkehrs und inmitten alter Bäume empfand ich als wohltuend. Zum Meiji-Schrein gelangte man durch einen gewaltigen Torbogen. Für einen Ausländer wie mich war das *torii* der augenscheinlichste Hinweis auf einen Shinto-Schrein, von denen es in Japan zigtausende gibt.

Im Inneren des Meiji Jingu lagen die verschiedenen Schreingebäude wie Haupthalle und Gebetshalle unter ausladenden, geschwungenen Dächern. Hier wurden Feste und Hochzeiten gefeiert. Wie bei jedem Shinto-Schrein konnten die Besucher ihre Bitten auf kleine Holztäfelchen schreiben und an geeigneter Stelle aufhängen. Ich konnte nur die Wünsche in englischer Sprache lesen, die von auswärtigen Reisenden verfasst worden waren. Einer schrieb, er bete dafür, dass sein Bruder endlich den rechten Weg im Leben finden möge. Die meisten erhofften sich Gesundheit und beruflichen Erfolg, und wer wollte behaupten, dass beides einem gelungenen Leben abträglich war? Die Japanerinnen und Japaner, die den Großteil der Gäste stellten, schienen nicht sonderlich ergriffen zu sein. Sie kamen wohl einfach ab und zu vorbei und statteten diesem wichtigen Ort einen lockeren Besuch ab.

Bevor ich nach Japan geflogen war, hatte ich noch nie von Shinto gehört. Man muss sich diese Religion als eine Mischung aus Ahnenkult und Naturanbetung vorstellen, als eine vielschichtige mythologische Strömung. Zentraler Ritus sind Zeremonien an den Schreinen, die aber nicht mit christlichen Gottesdiensten vergleichbar sind. Jeder kann jederzeit einfach zu einem Schrein kommen und seine Wünsche vorbringen. Für kleine Opfergaben – roher Reis oder Sake, aber auch Obst, Gemüse, Salz und Fisch – erbeten sich die Menschen die Unterstützung des Gottes, dem am jeweiligen Schrein gehuldigt wird. Besonders populär ist Inari, Göttin der Fruchtbarkeit und des Reises. In Japan gibt es angeblich achthundert Myriaden Gottheiten, also unendlich viele. Sie heißen *kami*. Viele sind Naturerscheinungen, weder allwissend noch allmächtig. Jeder Stein und jeder Baum kann im Prinzip göttlich sein. Wie die Gottheiten im genauen Verhältnis zueinander stehen, spielt keine Rolle, eifersüchtig sind sie nicht. Auch berühmte Persönlichkeiten wie gefallene Krieger können zu Göttern werden. Ein Initiationsritus wie die Taufe passt ebenso wenig zum Shinto wie Missionierung. Es gibt keinen Gründer, den alle anhimmeln müssen und niemals in Frage stellen dürfen, keine heilige Schrift und kein Glaubensbekenntnis, keine überlieferten Lehren und Dogmen. Der Shinto interessiert sich auch nicht für das Jenseits. Ihm fehlt die strenge Dichotomie aus Himmel und Hölle, Gut und Böse, Sünde und Vergebung. Er ist mehr äußere Form als Essenz. Mir war zwar nicht klar, was der Shinto nun eigentlich beinhaltete, aber mir gefiel erst einmal das, was er nicht war – und zwar all das Belastende und Deprimierende der katholischen Theologie. Ich musste an die Gottesdienste meiner Kindheit denken: »Vater unser im Himmel… und vergib uns unsere Schuld, wie auch wir vergeben unseren Schuldigern…« In den Augen meines grundgütigen Gottes bin ich vor allem ein Sünder. Der Shinto ist realistischer. Jeder Gott und jede Göttin hat zwei Seelen: eine sanfte, friedvolle, und eine wütende, zerstörerische. Das Böse lässt sich nicht gänzlich aus der Welt schaffen, das Reich Gottes ist nicht das Ziel, weder im Himmel noch auf Erden, aber die dunkle Seite lässt sich besänftigen und der Schaden, den man eventuell produziert hat, wieder eindämmen. Im Grunde sehr weise. Der Shinto war mir als positive, lebensbejahende Form der Spiritualität sofort sympathisch.

Im Tokioter Alltag schien die Religion keine große Rolle zu spielen, jedenfalls nicht im Stadtbezirk Shibuya. Hier pilgerten die Leute in die Malls und Modegeschäfte. In der Menge erblickte ich eine todschicke Frau, die von einem Fotografen professionell abgelichtet wurde, ob für ein etabliertes Modemagazin oder einen unbekannten Fashion-Blog – wer wusste das schon? Der Trend zu auffallend klobigen Sneakern, der den Westen erst noch erreichen würde, hatte sich in Shibuya bereits durchgesetzt. Die Takeshita-Straße im Viertel Harajuku war Mode- und Snackmeile zugleich, ein bonbonfarbener Overkill in Form von Zuckerwatte, Crêpes, Candy, Schuhen, Stofftieren, Billigschmuck und J-Pop. Die Mädchen und Jungs trugen die wildesten Frisuren und Outfits. Was war noch Distinktionsgeste, was einfach Spaß an der Sache? Ganz egal. Ich schaute mir alles an, wohlwollend und ratlos.

Mittlerweile war es später Nachmittag geworden. So langsam schmerzten meine Füße. Aber ich wollte noch einmal über Tokio schauen und ein Gefühl für die Größe der Stadt bekommen, die ich so eilig und euphorisiert durchquert hatte. Also fuhr ich zurück nach Shinjuku, wo man im Wolkenkratzer der Stadtverwaltung mit dem Aufzug zu einer

Aussichtsplattform im 45. Stock fahren konnte. Als ich oben ankam, ging bereits die Sonne unter und tauchte das Häusermeer, das sich bis zum Horizont erstreckte, in ein oranges Licht. Ich musste an den Planeten Coruscant aus den Star-Wars-Filmen denken, der aus einer einzigen Stadt besteht.

Im Westen erhob sich im fernen Dunst eine Bergkette und dahinter ein blasser Vulkankegel: der Fuji, mein nächstes Ziel. Der Berg sah von hier aus unspektakulär aus. Doch die Japaner verehrten ihn seit jeher wegen seiner symmetrischen Form, wie man zum Beispiel auf den »36 Ansichten des Berges Fuji« sehen konnte, einer berühmten Serie von Farbholzschnitten des japanischen Künstlers Hokusai. Das bekannteste Motiv, »Unter der Welle im Meer vor Kanagawa«, tausendfach adaptiert und ein globales Meme, erweckt den Eindruck, als verschlucke ein Tsunami den winzigen Fuji, was in der Realität nicht möglich ist. Immerhin misst der Berg 3776 Meter. Am schummrigen Horizont war er jetzt kaum noch zu erkennen und nach wenigen Minuten gänzlich verschwunden. Das Heiligtum ruhte. In Tokio aber gingen die Lichter an. Die Illumination vertrieb die Nacht sofort wieder und erinnerte daran, wie bedingungslos Japan in die Moderne aufgebrochen war, ohne jedoch dem westlichen Individualismus zu folgen, was viele selbstgefällige Experten damals nicht für möglich gehalten hatten. Vor allem legte die funkelnde Stadt eine unterbewusste Gewissheit frei: Dieser Tag durfte nicht zu Ende sein.

Trotz zehn Stunden Sightseeing lag ich in meinem Hotelzimmer auf dem Bett und recherchierte, wo man in Tokio ausging. Schnell landete ich bei Roppongi, einem Viertel südlich von Shinjuku. Das war ein guter Anfang. Wie weiter vorgehen? Ich suchte im Internet nach Bars, denn als Fremder in einer unbekannten Stadt ist es in aller Regel die beste Strategie, sich irgendwo an den Tresen zu stellen, um Leute kennenzulernen. Weil den Japanern der Ruf vorauseilte, am liebsten unter sich zu bleiben, entschied ich mich zur Sicherheit für einen Laden, der laut den Rezensionen anderer Reisender bei Expats beliebt war. Ich wusch mein Gesicht mit kaltem Wasser, fuhr nach unten in die Lobby, ging zur Metro und nahm die U-Bahn zur Roppongi Station. Die Bar fand ich ohne Probleme.

Der Laden war etwas düster und noch ziemlich leer, aber es war auch noch früh. Ein oder zwei Bier konnte ich hier auf jeden Fall trinken. Der erste Typ, mit dem ich ins Gespräch kam, war Kanadier. Er erzählte mir von seinem Besuch eines Maid Cafés. Die weiblichen Bedienungen dort seien sogenannte *Neko Girls* in Katzenkostümen gewesen, sie hätten ihm nur Getränke serviert, wenn er laut »miau miau« gerufen habe. Beim dritten Bier lernte ich einen Deutschen kennen. Ich vergaß sofort, was ihn nach Tokio geführt hatte, entscheidender war, dass wir beide einen leichten Pegel hatten und gut drauf waren. Der Abend stirbt bekanntlich im Sitzen. Mein neuer Bekannter schlug vor, in einen Club zu fahren. Er kenne einen guten, nur gebe es zu bedenken, dass die Metro zwischen drei und sechs Uhr nicht fahre, wir kämen erst morgen früh mit der Bahn nach Hause. Mir leuchtete gleich ein, was das bedeutete: Wenn wir die linke Tür nehmen (Club), wird der nächste Tag eine Katastrophe; wenn wir die rechte

Tür nehmen (Hotel), dann entgehen wir dem Unheil. Super, sagte ich. Wir fanden schnell ein Taxi.

Am Club angekommen, mussten wir zunächst mit einem Aufzug nach oben fahren. Die Türsteher waren kein Problem. Vor uns öffnete sich der Hauptraum mit der Tanzfläche, es wurde sogleich dunkel, der Bass wummerte im Brustkorb und erzeugte ein anregendes Wohlgefühl. Ich wollte schnell noch mehr trinken und ging zur Bar. Dort saß ein Typ namens Andrew, vielleicht hieß er auch Tim oder David, auf jeden Fall war es ein englischer Muttersprachler. Wir tranken drei Gin Tonic hintereinander und redeten stark angezündet über völlig gleichgültige Dinge. Mittlerweile war einiges egal, das war das Schöne an der Nacht, jedenfalls für die Dauer der Nacht. Ich ging auf die Tanzfläche, mein Körper schwebte durch die Menschenmenge. Meinen Begleiter hatte ich längst verloren, aber das spielte keine Rolle. Ich war ganz für mich und doch Teil des wogenden Kollektivs. Die Blicke, stellte ich fest, waren viel neugieriger und zugeneigter als am Tage, gewiss half der Alkohol. Ich hatte wahrlich genug getrunken, aber ich hörte auch nicht auf. Ich war entschlossen, mich dem Rausch ohne Rücksicht auf Verluste hinzugeben, dieser transzendenten Ich-Auslöschung, für die Orte wie dieser gemacht waren.

War ich überhaupt jemals müde gewesen? Mein Körper erinnerte sich nicht. Das Gefühl für die Zeit war mir abhandengekommen. Ich tanzte zu einer einzigen langen, hypnotischen Melodie. Wie hatte Faithless es gesagt? *God is a DJ.* Der Raum hatte keine Konturen mehr und wurde von Tönen geformt. Stroboskop, Bass, Lichtkegel, Silhouetten, zauberhafte Gesichter blitzten auf für eine Sekunde in der Unendlichkeit. Noch ein Schluck, noch ein Lächeln, noch eine Abfahrt bis zum Absturz. Das letzte Handyfoto dieser Nacht war vollkommen schwarz.

Meine Reise zum heiligen Berg begann damit, dass ich um kurz vor sieben in einer U-Bahn aufwachte. Reglose Männer in dunklen Anzügen gaben sich Mühe, an mir vorbeizuschauen. Ein Griff zur Hosentasche, hinten, vorne – bestohlen hatte mich niemand. Richtig! Das war Japan. Was um alles…? Ich versuchte, mich am Namen des nächsten Bahnhofs zu orientieren. Offensichtlich hatte ich die richtige Linie genommen, aber war mindestens zehn Stationen zu weit gefahren. Also stieg ich aus, um zurück nach Shinjuku zu kommen, am besten so schnell wie möglich. Ich besaß nämlich eine Fahrkarte für einen Bus, Abfahrt 8.40 Uhr, der mich von der Shinjuku Station direkt zum Fuji bringen sollte. Ich hatte außerdem eine Reservierung für eine Berghütte, die im Juli und August, den beiden einzigen Monaten, in denen eine Besteigung möglich war, praktisch durchgängig ausgebucht war, weil viele Japanerinnen und Japaner unbedingt einmal im Leben auf den Fuji wollten. Ich konnte die Übernachtung sicher nicht umbuchen, das hätte nur Probleme gemacht. Und Probleme machen will man in Japan auf keinen Fall.

Wenn ich mich jetzt noch »ein halbes Stündchen« hinlege, dachte ich, stehe ich für lange Zeit nicht mehr auf. Im Hotelzimmer stieg ich daher direkt in die Dusche. Das

Wasser konnte die pochenden Kopfschmerzen nicht vertreiben, aber zumindest entging ich der Gefahr einzuschlafen. Ich packte meine Sachen und fuhr hinunter in die Lobby, plötzlich erfasst von einem eigenartigen Hitzeschwall. Die Rezeptionistin ließ sich nichts anmerken. Ich checkte aus und lief zur Station. Die Sonne knallte mir ins Gesicht wie Flutlicht. Auf der Fahrt in die Berge nickte ich im Sitzen immer wieder ein, aber nie ganz fest. Stets riss mich die kurvenreiche Strecke aus dem Dämmerschlaf. Den Fuji selbst erspähte ich kein einziges Mal, und als die Fahrt irgendwann endete, war ich bereits am Fuß des Berges, wodurch der Gipfel ebenfalls nicht zu sehen war. Ich stieg aus dem Bus und stand zwischen schätzungsweise zweihundert Frauen und Männern in leuchtend bunten Funktionsjacken, Bergstiefeln und Gamaschen. Eine Gruppe machte gemeinsam synchrone Dehnübungen, angeleitet von einem Wanderführer. Ich hatte gelesen, dass in Japan eine buddhistische Sekte namens Shugendo existierte, die auf Honshu asketischen Praktiken im Gebirge nachging, aber mit solchen Riten war der Fuji-Kult nicht vergleichbar. Hier, an der sogenannten 5. Station des Berges auf 2305 Metern Höhe mit Restaurants und Souvenirgeschäften, herrschte die ausgelassene Stimmung eines Ferienausflugs. Der Fuji prangte auf T-Shirts, Hüten, Tassen und allerlei Krimskrams, er war längst zu einer Marke geworden oder – noch gegenwartsnäher – zu einem *Brand*. In den Shops verkauften sie Chips, Snickers, Miso-Suppe, Instant-Nudeln, Cola, Eistee, Socken, Handschuhe, Batterien und »oxygen« für 1500 Yen. In einem Laden stand ein riesiger Vulkan aus Schokolade, aber ich brauchte bloß Wasser. Die Kopfschmerzen schienen noch stärker zu werden.

Zum ersten Mal befasste ich mich mit dem weiteren Verlauf des Tages. Ich würde über den Yoshida Trail aufsteigen, der Weg war nicht zu verfehlen. Entlang der Route lagen mehrere Unterkünfte, laut Reservierung sollte ich die Nacht vor dem Gipfelaufstieg im »Fujisan Hotel« verbringen (»1 night with 2 meals«). Beim Blick auf eine Übersichtskarte des Berges stellte ich fest, dass der Name in die Irre führte. Das angebliche Hotel war eine Hütte. Auf 3400 Metern Höhe. Das bedeutete, dass ich im Grunde noch fast bis auf den Gipfel steigen musste. Damit hatte ich nicht gerechnet, aber mir blieb nichts anderes übrig. Die Route führte gemächlich über ausgetretene Schotterwege bergan. Vorbildlich hatten die Japaner für Aufstieg und Abstieg getrennte Pfade angelegt, sodass mir von oben niemand entgegen kam und keine Ausweichmanöver nötig waren. Das fand ich einerseits unnötig, andererseits half es dabei, einen Rhythmus zu finden. Nach ein paar Minuten erlitt ich einen neuerlichen Schweißausbruch, zugleich fühlte sich mein Nacken kalt an. Wenn der Wind wehte, war es frisch. Trotzdem trug ich ein T-Shirt, weil die Sonne immer noch recht warm schien. Die Steigung blieb für eine Weile moderat, dann ging der Weg in steilere Serpentinen über. Schritt um Schritt schleppte ich den Rucksack hinauf, im Pulk mit allerhand lustigen Wandernden. Viele hatten achteckige Stöcke in der Hand, an denen zwei Glöckchen befestigt waren, ein Überbleibsel aus religiöseren Tagen. In früheren Jahrhunderten waren die Männer auf den

Fuji gepilgert und hatten an jeder Station Rast eingelegt, um zu beten. Heute gab es die Stöcke in den Souvenirshops und an jeder Station einen Stempel zu kaufen.

Für die Fortbewegung im Gelände war der Stock zweifellos hilfreich, aber ich kam auch ohne voran. Die Landschaft an den Hängen des heiligen Vulkans war recht öde. Nichts als Geröll. Die Göttin des Fuji heißt Konohanasakuyahime, was sich mit Prinzessin der aufblühenden Baumblüten übersetzen lässt, aber in dieser Höhe blühten längst keine saftigen Bäume mehr. Jetzt im Sommer lag auch kein Schnee auf dem Berg, anders als auf jedem Bild. Maler und Dichter hatten sich jahrhundertelang am Fuji abgearbeitet, so bedeutsam war der Berg seit jeher für das Selbstverständnis der Japaner, für ihre Identität als Nation. Ein japanischer Prinz am kaiserlichen Hof des 8. Jahrhunderts hatte vom Fuji geschwärmt als einem »schützenden Gott, der über Japan wacht.« Heute prangt der Vulkan auf der Rückseite des 1000-Yen-Scheins und deckt gewissermaßen auch die irdische Sphäre ab, den schnöden Mammon. Von wegen göttliche Gestalt, dachte ich, während ich die porösen Hänge hinaufstieg. Dieser Berg war nichts als ein Schutthaufen. Aus der Entfernung erschien der Fuji vielleicht als erhabenes Gesamtkunstwerk, in der Nahbetrachtung bestand er nur noch aus Steinen, die einem in den Weg gelegt wurden. Das gleiche ließ sich über viele Lebensentwürfe sagen. War dies die erste wichtige Lektion des Berges?

Seine majestätische Form hatte der Fuji von meinem Standpunkt aus eingebüßt, aber die brauchte er auch nicht, um mich zu unterweisen, dafür reichten ihm seine kleinsten

Elemente. Immer wieder rutschten meine Füße auf den losen Steinchen ein paar Zentimeter zurück, was zusätzliche Kraft kostete, einmal fiel ich fast zu Boden. Manchmal war mir heiß, dann kalt, hinter meinen Schläfen dröhnte es. Hin und wieder blieb ich stehen, um ein wenig durchzuatmen. Ich hatte mutwillig die linke Tür genommen, selbst schuld. Nun baute der Körper im mühsamen Aufstieg den Alkohol ab, als wäre das eine kultische Praxis: Auf den Rausch folgte die Reinigung. Die Gläubigen nutzten Wasser und Salz, um Unreinheiten fortzuspülen und jene aufrechten Menschen zu bleiben, die sie hoffentlich längst waren. Mein T-Shirt war am Rücken klitschnass, das passte ganz gut, und was letzte Nacht anging: Ich hatte mir nichts vorzuwerfen außer den Raubbau am Körper. Die Prinzessin der blühenden Bäume hatte sicher Verständnis und betrachtete mein leidvolles Dahinschreiten mit Nachsicht, stand ich doch in der Tradition der Gläubigen, die sich von der Besteigung des Fuji Läuterung versprachen. *Rokkon Shojo,* mochten die sechs Seelen meines Körpers gereinigt werden.

Der langsame und mühevolle Aufstieg auf einen Berg kommt einem Akt der Versenkung gleich. Abgeklärte sprechen von einem Flow-Erlebnis, alles rationale Wissenschaft, aber das gilt dann wohl für jede meditative Tätigkeit. Am Ende ist es Glaubenssache. Nach Überzeugung vieler Kulturkreise betritt man im Gebirge die Welt der Götter, und vielleicht ist es kein Zufall, dass die Umgebung zunehmend lebensfeindlich wird, je näher man dem Himmel kommt. Deshalb werden manche Gipfel aus Respekt gar nicht betreten.

Ich mochte diese Vorstellung: Wenn es eine metaphysische Kraft gab, die in allen Dingen wirkte und sich auf fruchtbare Weise anzapfen ließ, dann lag ihr Ursprung in einem sagenhaften Hochtal, auf einem entrückten Berggipfel. Oder doch auf der Tanzfläche? Der Shinto legte sich nicht fest und verteilte die Verantwortung auf viele Schultern. Wenn ich es recht verstand, beeinflusste der Kobold am Boden der Gin-Flasche ebenso die Geschicke des Menschen wie die Seele eines Berges, die aus der Tiefe der Zeit kam. Das machte es natürlich einfach und führte wieder zur Frage, worum es im Shinto eigentlich geht. Was macht diesen Glauben aus? Von den Göttern selbst weiß man nichts genaues. Ein alter japanischer Wandermönch hatte beim Besuch eines Schreins festgestellt: »Vermag ich auch nicht zu erkennen, was das Erhabene ist, das hier seine Behausung hat, so rinnen mir doch vor Ehrfurcht die Tränen hernieder.« Offenbar geht es um das Gefühl, die reine Ergriffenheit – um den Hauch göttlichen Wirkens, das man zwar nicht versteht, aber doch spüren kann. Ich spürte jedoch nur eines: Krämpfe in der Wade.

Es wurde später Nachmittag, bis ich das »Fujisan Hotel« erreichte. Die Sonne war am Horizont schon tief gesunken und überzog das Vulkangestein mit einem rötlichen Schimmer. Weiter unten, in den niederen Gefilden, waren Wolken aufgezogen und verbargen das Land, das sich zu Füßen des Berges erstreckte. Ich betrat die Hütte, um mich anzumelden. Der Gemeinschaftsraum wurde von Brettern aus hellem Holz getragen, das noch diesen Gelbstich hatte, der dafür sprach, dass die Unterkunft nicht allzu alt sein konnte. In langen

Reihen standen Bänke und Tische, hier und dort schlürfte jemand eine Suppe oder trank ein Bier. Hinter einem durchsichtigen Plastikvorhang lag die Küche. Man konnte Snacks und Getränke kaufen, die deutlich teurer waren als unten an der 5. Station. Ich zeigte an der Rezeption meinen Voucher vor und bekam die Nummer eines Schlafplatzes ausgehändigt. Das Matratzenlager bestand aus einer langen Reihe von Stockbetten und bot Dutzenden Menschen Platz, von denen bestimmt einer schnarchen würde. Stören würde mich das nicht. Ich breitete auf dem Bett mit meiner Nummer meinen Schlafsack aus, um anderen Bergsteigern zu signalisieren, dass dieser Platz nun belegt war, wobei nichts dafür sprach, dass das Reservierungssystem fehlerhaft doppelte Belegungen produzierte. Zurück im Hauptraum trat ich an einen alten Japaner heran, dessen Funktion wohl mit dem eines Hüttenwirtes vergleichbar war. Mein Versuch, den Mann zu interviewen, scheiterte an dessen bescheidenen Englischkenntnissen und an meinem fehlenden Japanisch. Ob manchmal berühmte Persönlichkeiten hier übernachteten, wollte ich wissen. Aber ja, sagte er, Filmstars und Fernsehstars. Namen hatte er aber keine, so klang es wie einfach dahergeredet. Andererseits war meine Frage recht sinnlos. Hätte er wirklich mit »Nein, nie« geantwortet, wenn es so gewesen wäre? Wohl kaum. Am Ende des Tages war es auch vollkommen egal. Was zählte, war das Ende des Tages. Meine Augenlider fühlten sich schwer und geschwollen an, während ich mein Reisgericht verspeiste. Üblicherweise brach man gut zwei Stunden vor Morgengrauen zum Gipfel auf. Die Götter mussten verrückt sein.

Selbst, wenn ich die Absicht gehabt hätte, erst einmal auszuschlafen und gemütlich am späten Vormittag hinauf zum Krater zu spazieren, wäre ich mitten in der Nacht aus dem Schlaf gerissen worden. Das gesamte Lager stand zur gleichen Zeit auf, zog sich warme Kleidung an, packte zusammen, stieß gegen Bettpfosten. Doch auch ich wollte beim ersten Licht des Tages oben sein. Im Gemeinschaftsraum ging alles sehr gesittet zu, obwohl die gesamte Hütte auf den Beinen war. Ich erhielt ein Frühstück, eine Bento-Snackbox mit Reis, Hühnchen und Gemüse, die ich in den Rucksack steckte, weil ich noch keinen Appetit hatte. Ich trat vor die Hütte in die schwarze Nacht, es war bitterkalt, knapp über dem Gefrierpunkt, nicht ungewöhnlich für die Höhe. Meine Stirnlampe brauchte ich eigentlich nicht, weil die anderen Leuchten genug Licht spendeten. Auch die Frage, wo es zum Gipfel ging, erübrigte sich. Ich sah die Schlange und reihte mich ein, bis sich langsam alles in Bewegung setzte. Der Pfad war so schmal, dass ich meinen Vordermann oder meine Vorderfrau nicht ohne eine Taktlosigkeit überholen konnte, und ich wollte nicht unhöflich sein in diesem höflichen Land. Also fand ich mich damit ab, dass es kaum oder nur ganz langsam voranging. Immer, wenn sich weiter vorne jemand bückte, um sich die Schuhe neu zu binden, kamen alle anderen dahinter zum Stehen. Und man musste in der Dunkelheit schon aufpassen, wohin man die Füße setzte, zumal einige Teilnehmer dieser unbeholfenen Prozession in Turnschuhen unterwegs waren. Das hat doch nichts mit Bergsteigen zu tun, dachte ich – eine Kategorie, die ich für einen Gipfel dieser

Höhe automatisch angelegt hatte. Sofern hier oben eine mystische Aura existierte, dann verflüchtigte sie sich im hektischen Licht unserer Stirnlampen. Wir waren es, die sie vertrieben: eine lärmende Karawane. Mich machte es unruhig, dass ich mein Tempo nicht selbst bestimmen konnte, so ließ sich keine Beziehung zum Berg aufbauen, redete ich mir ein. Vorne war wieder ein Schnürsenkel aufgegangen.

Als wir den Kraterrand erreichten, begann es zu dämmern, die ersten Konturen der Landschaft zeichneten sich ab. Am Horizont hatte sich ein feiner, gelber Streifen zwischen Erde und Himmel geschoben. In der Ferne konnte man die Lichter von Städten sehen, aber es zogen bereits Wolken auf. Ich konnte mich nun orientieren und sah, dass wir noch nicht am höchsten Punkt waren. Der Weg führte entlang des Vulkankessels hinauf zu einem gedrungenen Gebäude, das auf einer Erhebung der Caldera lag, offensichtlich der finale Gipfel. Eine Viertelstunde war es hinauf, unterwegs entzerrte sich der Pulk. Bald war ich oben.

Ich setzte mich auf einen Stein und wartete. Die Morgensonne sollte die Finsternis vertreiben und das Herz reinigen, so sah es die Tradition vor. Immer mehr Leute fanden sich ein, bald mussten es mehr als hundert sein. Die meisten reihten sich vor einem Gipfelstein auf und ließen sich von Familienmitgliedern, Freundinnen und Bekannten fotografieren. Eine Frau machte das Peace-Zeichen, ein junger Typ mit Sturmmaske hockte sich verwegen hin wie ein Achttausender-Bezwinger. Dann wurden die Kameras nach Osten ausgerichtet. Der bedeutende Moment nahte.

Ich hatte schon ein paar Sonnenaufgänge auf Berggipfeln erlebt. Stets ist es so, dass sich der Himmel mit jeder Minute intensiver orange-rötlich färbt, als lodere hinter dem Horizont ein gewaltiges Feuer. Dann blitzt der oberste Teil des Sterns wie ein glühender Eisenspan hinter fernen Bergen auf, so winzig, dass man direkt hinschauen kann. Jetzt geht es los, denkt man. Nur wenige Augenblicke später ist die Sonne schon ganz hervorgetreten, und alle Himmelsfarben lösen sich im gleißenden Licht auf. Der Höhepunkt ist vorbei, während man noch darauf wartet. Im Japanischen gibt es einen Begriff für die plötzlich auftretende Ergriffenheit von der flüchtigen Schönheit des Lebens und die sanfte Traurigkeit, die mit der Einsicht in ihre Vergänglichkeit einhergeht: *Mono no aware,* manchmal übersetzt mit »Pathos der Dinge«. Schwierig zu sagen, ob das die Bedeutung wirklich trifft. Auf jeden Fall beschreibt es den Augenblick des Sonnenaufgangs auf einem Gipfel ziemlich treffend. Man ist berührt, aber auch wehmütig. Der Moment ist überwältigend, weil er nicht von Dauer ist. Das Glück lässt sich nicht festhalten, und dieser Umstand ist die notwendige Bedingung dafür, um es überhaupt zu empfinden.

Was geschah nun auf dem Fuji, während die Sonne hinter dem Horizont hervorkam? Alle Anwesenden machten unheimlich viele Fotos, um den Moment festzuhalten, so wie sie auch einen Tempel fotografierten, den der Reiseführer empfahl, oder einen abgedrehten Zauberkünstler in der Fußgängerzone. Die Wahrheit ist, dass alle Sonnenaufgänge auf Fotos gleich aussehen, wenn man direkt in die Sonne hinein fotografiert. Aber das störte niemanden. Die Leute feuerten aus allen Rohren, Hochformat, Querformat, nochmal von vorne. Kann ja nicht schaden! Jede stille Freude braucht einen Beweis für Dritte, wodurch es eben keine stille Freude mehr ist, geschweige denn ein spirituelles Erlebnis. Ich hatte schon oft zwischen Menschen gestanden, die wie besessen irgendetwas fotografierten, um gar nicht erst hinschauen zu müssen, und das war auch völlig in Ordnung. Was für eine lächerliche, aus der Zeit gefallene Pose, sich darüber aufzuregen. Ich regte mich nicht auf. Meine Empfindung war maximal trivial. Aber genau darin lag die Enttäuschung.

Das Tageslicht machte alles noch schlimmer. Ich sah nun, dass man hier oben nicht nur einen Schrein für die Göttin errichtet hatte, sondern auch ein Restaurant, eine Poststube und ein Andenkengeschäft. Unsäglicher Kommerz, dachte ich, während auch ich mir eine heiße Suppe genehmigte. Da stieg man also auf den Fuji, um sich für ein bisschen kochendes Wasser mit Fertignudeln das Geld aus der Tasche ziehen zu lassen. Mein Urteil stand fest: Die Besteigung des heiligen Berges war keine Pilgerreise, keine Wallfahrt, sondern Funsport und fauler Budenzauber.

Vielleicht hatte ich das Wesen des Shinto aber noch immer nicht begriffen. Zählt nicht die Gemeinschaft und das Gruppenerlebnis? Die japanischen Frauen und Männer hatten den Moment auf dem Gipfel möglicherweise genau deshalb geschätzt, weil sie dort in großer Zahl und ohne Widerstände aufschlagen konnten. Die ganze Tour von unten bis oben durchzutakten, war nur vernünftig. Warum die Sache schwieriger machen als nötig? Damit ich mir besonders kräftig auf die Schulter klopfen konnte? War ich nur eine ignorante Langnase, die ihr persönliches Ideal von einer Bergbesteigung zum allgemeinen Vorbild erhob? Dabei war ich selbst nicht einmal wirklich gläubig. Warum beschwerte ich mich also?

Beim Abstieg zur 5. Station fand meine Ernüchterung neue Nahrung. Bulldozer hatten den Pfad zu einer Schotterstraße planiert, die man sich eher in einem Tagebau vorstellen konnte als an einem heiligen Berg, der Sitz der Götter sein sollte. Vielleicht war es Kitsch, im Gebirge eine Quelle innerer Erneuerung zu suchen, einen Kraftort, der eine tiefere Wahrheit bereit hielt. Oder man musste nur fest daran glauben – und den Fuji meiden. Im Shinto machte man ja nichts falsch, solange das Gefühl stimmte. Nur hatte es an diesem Berg eben nicht gestimmt. Und der Shinto hatte auch keine Lehre, an die man sich halten konnte, um emotionale Dürreperioden durchzustehen. Das gesamte Konzept schien mir mittlerweile auf wackligen Beinen zu stehen. Die innere Leere, der nicht vorhandene Inhalt, die Betonung des reinen Gefühls als Ausdruck von Frömmigkeit machte die Religion sehr alltagstauglich, sozusagen zu einem spirituellen Coffee to go, aber das war offensichtlich zugleich die größte Schwachstelle: die Anschlussfähigkeit an jeden gefährlichen Unsinn.

Ich blieb noch ein paar Tage in Japan und las mehr zur japanischen Geschichte. Nach der Meiji-Restauration hatten die neuen Machthaber die Volksriten in einer staatlichen Shinto-Ideologie gebündelt, die den erstarkten Kaiser stützen und die Japanerinnen und Japaner mit einer kollektiven Identität ausstatten sollte. Die Religion selbst wurde dabei vom kultischen Dienst am Staate getrennt. Die Modernisierung des Landes erhielt dadurch ein geistiges Fundament, das man wie ein Betriebssystem der postfeudalen Gesellschaft neu erfand, aber als alte Tradition verkaufte. Dieser neue Staats-Shinto war ausgesprochen kompatibel mit dem japanischen Faschismus, der sich anschickte, die anderen Völker Asiens zu unterjochen. So war vieles, was im Westen als japanische Tradition verkauft wurde, eine Erfindung der Moderne, die schon länger spürbare Verschleißerscheinung aufwies. Der Crash der japanischen Aktienmärkte hatte in die Deflation geführt, der Fahrstuhl nach oben war ins Stocken geraten, der Traum vom ewigen Wachstum geplatzt. Übrig blieb ein überaltertes und überschuldetes Land. Die Neonlichter von Shinjuku überstrahlten die Frage, was jetzt noch kommen konnte. Im Shinto schien mir keine Antwort zu liegen.

Nachdem ich Tokio bestaunt und in den leeren Krater des Fuji geblickt hatte, schaute ich mir noch Kyoto an, die alte Kaiserstadt. An einem wolkenschweren Tag besuchte ich den Kinkakuji-Tempel. Hinter einem großen Teich erhob sich ein Pavillon, der mit goldener Farbe überzogen worden war, nachdem ein buddhistischer Schüler des Tempels den Bau angezündet hatte, angeblich weil er dessen Schönheit nicht ertrug. Ich saß eine Weile still am Wasser, ganz allein, weil es gerade erst heftig geregnet hatte. Für einen kurzen Moment war ich unerklärlich gerührt. Dann überlegte ich, wie ich den Abend verbringen sollte. Ich hatte große Lust zu tanzen.

6

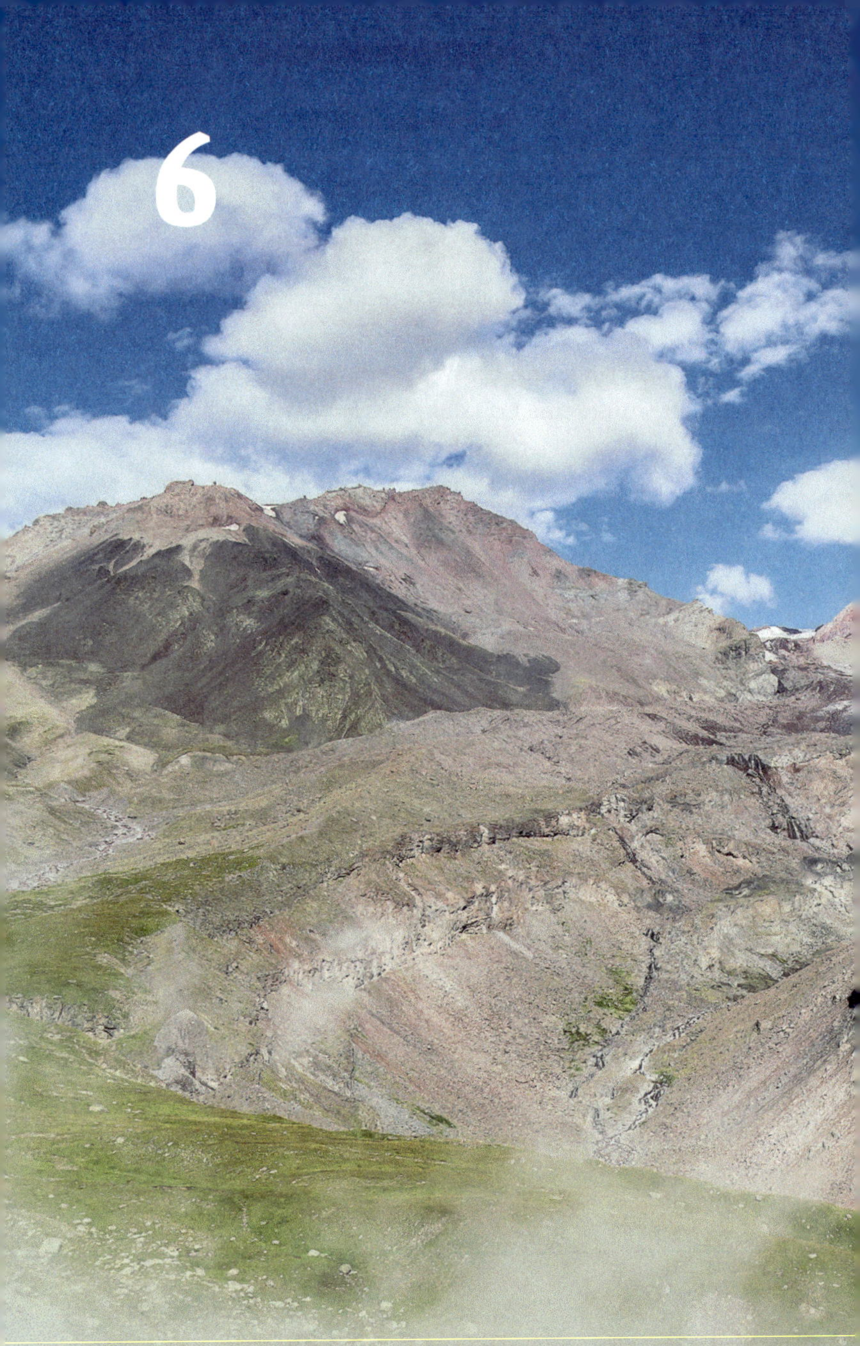

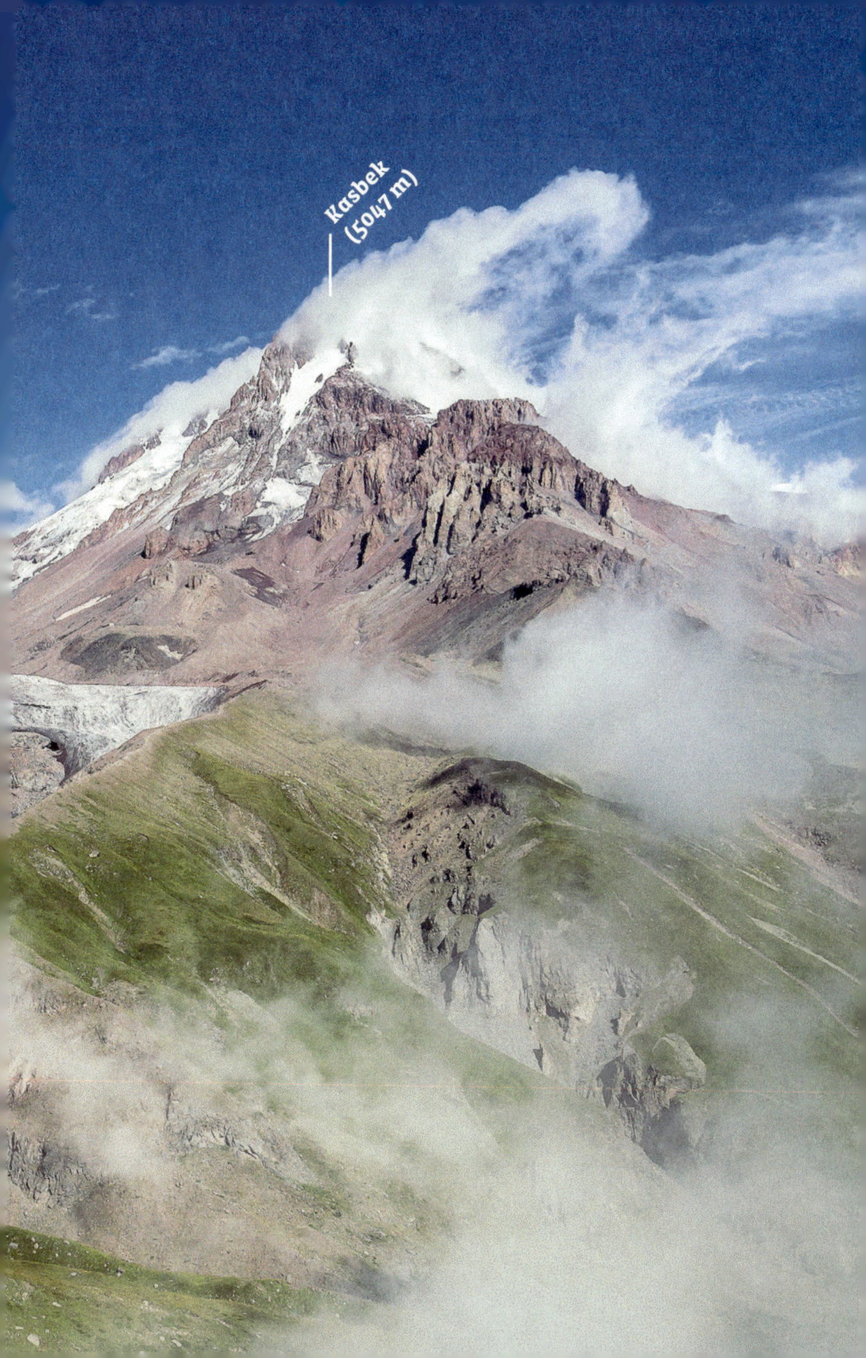
Kasbek
(5047 m)

Gewitter

Großer Kaukasus

in der

Georgien

Dunkelheit

2015

Bald würde ich der Hitze entkommen. Das war mein erster Gedanke, als ich Tiflis erreichte, spät am Abend, lange nach Einbruch der Dunkelheit. Der Asphalt strahlte Wärme ab, die er tagsüber aufgesogen hatte, die Luft hatte sich nicht abgekühlt. Es war August. Hochsommer in der transkaukasischen Senke.

Drei glutheiße Tage verbrachte ich in der Hauptstadt Georgiens, die eine grundsätzliche Entscheidung einforderten: Sollte ich im Hotelzimmer bleiben, die Hitze aussitzen und nichts tun? Oder sollte ich Tiflis erkunden, eine Stadt, von der ich keine Idee hatte und keine Vorstellung?

Mein Hotel lag zwei Minuten vom Freiheitsplatz entfernt. Hier hatten die Georgier schon missliebige Präsidenten aus dem Amt demonstriert. Oben auf der großen Säule des Platzes erstach der Heilige Georg, Schutzpatron des Landes und vollständig vergoldet, einen ebenso vergoldeten Drachen. Das strahlende Denkmal setzte sich heroisch gegen die düstergrauen Wolken ab, die etwas Abkühlung verhießen. Oder auch nicht. Auf einem Höhenzug hinter Georg thronte wiederum eine monumentale Frau, Kartlis Deda, die Mutter Georgiens, ihre Aluminiumstatue ragte weithin sichtbar aus dem Wald hervor, eine stumme Wächterin über die Stadt. In der rechten Hand hielt sie ein Schwert für alle Feinde, in der linken eine Schale mit Wein für die Gäste. War das nicht eine Überlegung wert? Zweifellos war ich ein Gast und kein Feind. Doch ein Gläschen Saperavi hätte mich in der drückenden Luft sofort aus den Schuhen gehauen, weshalb ich mich dagegen entschied.

Vom Platz aus waren es nur ein paar Schritte hinein in die Altstadtviertel Sololaki und Betlemi, denen die UNESCO den Status Weltkulturerbe verweigerte, weil die Gebäude einfach verfielen. Die Kommunisten hatten den Jugendstil dekadent gefunden und lieber monotone Wohnblöcke gebaut, die sich zu Dutzenden am Stadtrand von Tiflis erhoben. Die Architektur sollte ebenso farblos und austauschbar sein wie das Individuum. Die postsowjetischen Regierungen hatten den Verfall nicht aufgehalten, mehr aus Unfähigkeit als aus böser Absicht, und mehrere Erdbeben den Rest besorgt. Risse durchzogen die Fassaden der Häuser, Anstrich platzte vom Mauerwerk ab, an vielen Stellen lag der Backstein frei. Fensterrahmen verwitterten wie von Säure zerfressen. Verblasst waren die Pastellfarben, ausgeblichen von Sommern, die niemand gezählt hatte, und kunstvoll geschmiedet die Geländer der Balkone, die hoffentlich nicht hinabstürzten, während jemand darunter vorbeispazierte. Im ersten Stock eines Hauses holte eine Frau die Wäsche ein, lehnte sich auf ihre bepflanzte Balustrade und schaute eine Weile hinab zur Straße. In diesen Häusern, die sich langsam auflösten, nahm der Alltag jeden Morgen einen neuen Anlauf. Es kam mir vor, als liefe ich durch eine Filmkulisse: gealterte Helden, verhinderte Heldinnen, Erinnerungen an glanzvolle Tage, Wehmut, wenn es gut lief, Schwermut, wenn es nicht so gut lief. Vielleicht hat der Verfall eine beruhigende Wirkung, weil er uns vor Augen führt, dass selbst die kühnsten Ambitionen im Strom der Zeit bedeutungslos sind.

Am liebsten hätte ich mich ein paar Monate in einem der baufälligen Häuser eingemietet. Ich hätte auf dem Bett gelegen und das Holz alter Möbel gerochen, während der Wind eine träge Brise hereintrieb, hätte die Decke beobachtet und wie das Licht im Raum abnahm, wenn sich draußen eine Wolke vor die Sonne schob. Die Ereignisdichte der Tage hätte abgenommen, ohne dass daraus Unruhe erwachsen wäre. Die Nachbarn hätten mich bald akzeptiert, stets grüßend, aber zurückhaltend. Sie hätten in mir einen Fremden gesehen, der plötzlich einfach da war, freundlich und höflich, aber ohne Geschichte. Und zu einem Menschen ohne Vergangenheit wäre ich geworden, abgeschnitten von den Fäden meines bisherigen Lebens, in dem sich bald schon schale Kompromisse und enttäuschte Erwartungen ansammeln würden, um ein letztes Mal unbeschwert meiner Wege zu gehen. In Tiflis hätte ich einen gefühlt ewigen Sommer verbracht, in dem es das größte Glück gewesen wäre, im Morgenlicht auf die Straße zu treten und eine Runde zu spazieren, im Schatten eines Baumes eine Zeitung zu lesen, im Café einen Schwatz zu halten und mich später, in hitzeschwerer Abendluft, in der sich langsam die Gehsteige und Lokale mit Menschen füllen, noch einmal auf der Stelle zu verlieben oder mir das zumindest einzubilden. Das waren so meine Gedanken, als ich durch Sololaki lief, im schweißnassen T-Shirt.

Ich war jedoch nicht nach Georgien geflogen, um mich dem süßen Nichtstun hinzugeben, im Gegenteil: Ich wollte natürlich einen Berg besteigen. Oben im Großen Kaukasus, in jenem wilden, zerklüfteten, teils kaum zugänglichen Hochgebirge zwischen Russland und Georgien erhebt sich der Kasbek, ein 5057 Meter hoher, vereister Vulkan. Zeus ließ Prometheus dort der Sage nach an einen Felsen ketten, weil der Titan das Feuer aus dem Himmel gestohlen hatte, um es den Menschen zu bringen. Zur Strafe sollte ihm ein Adler täglich die immer wieder nachwachsende Leber aus dem Leib reißen. Auch ohne mythische Wesen war der Nordkaukasus eine Gegend, die das Gegenteil von alpiner Idylle ausstrahlte. In einigen Tälern, so hatte ich gelesen, trieben noch Banditen ihr Unwesen. Aus Sicht des Tourismusmarketings, das es hier nicht gab, ein klarer Minuspunkt. Auch fehlten akkurat markierte Wanderwege, von Alpenvereinen bewirtschaftete Hütten und stabile politische Verhältnisse. Die Republik Südossetien zum Beispiel, keine hundert Kilometer nordwestlich von Tiflis gelegen, hatte sich mit Unterstützung Russlands von Georgien abgespalten, der letzte Waffengang lag gerade sieben Jahre zurück. Die Grenze war teils noch vermint, das Auswärtige Amt riet dringend von einem Besuch des abtrünnigen Landesteils ab, konsularischen Schutz könne man dort nicht gewähren. Botho Strauß hatte einst fabuliert, wir im liberalen Westen verstünden es nicht mehr, wenn ein Volk »sein Sittengesetz gegen andere behaupten will und dafür bereit ist, Blutopfer zu bringen«. Hatte er etwa den Kaukasus gemeint? Der Kasbek steht glücklicherweise in der Nachbarregion Südossetiens, in Mzcheta-Mtianeti. Man muss tief ins Gebirge hineinfahren, fast bis zur russischen Grenze in den kleinen Ort Stepanzminda, bevor der Berg in Reichweite kommt, durch tiefe Schluchten und über kurvenreiche Straßen an kapitalen Abhängen entlang. Im Vergleich zum Großen Kaukasus sind die Alpen ein Outdoor-Freizeitpark voller Bergdoktor-und-Edelweiß-Kitsch. Warum wollte ich ausgerechnet auf den Kasbek?

Zunächst einmal ist der Berg höher als 5000 Meter und damit eine echte bergsteigerische Marke. Kein Schweizer Gipfel und auch nicht der Mont Blanc als höchster Punkt der Alpen ragen weiter in den Himmel. Dafür ist der Kasbek als immerhin achthöchster Berg des Großen Kaukasus vergleichsweise einfach zu besteigen. Die Normalroute führt ohne klettertechnische Schwierigkeiten über vergletscherte Hänge. In einer Seilschaft gegen Spaltenstürze gesichert kann man relativ problemlos auf den Gipfel spazieren. Die Höhe ist natürlich nicht zu unterschätzen, aber damit war ich bislang immer klargekommen. Außerdem liegt der Berg in einem Land, das in wenigen Flugstunden von Deutschland aus erreichbar ist.

Mit dem Kasbek konnte ich also einfach und preisgünstig einen stattlichen Gipfel einsammeln, der gut aussehen würde auf meiner Liste erfolgreicher Besteigungen: Kasbek, Georgien, 2015. Sind wir nicht alle Sammler? Es gibt Bonvivants, die Restaurantbesuche sammeln wie exklusive Kostbarkeiten; Netzwerkerinnen, die in systematischem Eifer soziale Kontakte aggregieren, um sich im Licht spannender Persönlichkeiten zu sonnen; Vergnügungssüchtige, die Partys aneinanderreihen, als arbeiteten sie gegen den Verdacht an, das Leben könnte leer und traurig sein. Vermutlich sammelt jeder irgendetwas, um der Unordnung der menschlichen Existenz entgegenzuwirken, dem Chaos einen Sinn abzuringen, um sich erinnern und sagen zu können: Es war schön. Es war gut so. Es hat gepasst. Ich war ein Bergsammler geworden, damit konnte ich gut leben. Aber es brachte einen gewissen Ehrgeiz mit sich. Der Kasbek sollte die nächste Trophäe sein.

Weil ich nicht wusste, ob ich vor Ort spontan einen Bergführer finden würde, hatte ich die Tour bei einem Bergreiseveranstalter gebucht. Nach drei Tagen Tiflis holte mich ein Fahrer morgens am Hotel ab, um mich nach Stepanzminda zu bringen. Dort sollte ich meinen Guide treffen. Rasch ließen wir das Stadtzentrum hinter uns. Straßenschilder riefen in Erinnerung, dass Teheran in 1200 Kilometern Entfernung deutlich näher lag als Wien oder Moskau. Trotzdem erinnerte Tiflis an eine europäische Residenzstadt, das hatte die Geschichte so besorgt. Unser Weg nach Norden folgte der historischen Georgischen Heerstraße, über die einst Truppen durch den Kaukasus bewegt wurden. Heute sind auf der Fernstraße nur noch Waren unterwegs, was natürlich eine positive Entwicklung darstellt. Vor der russischen Grenze können sich die Lastwagen kilometerweit stauen.

Mir wurde gleich klar, dass die Fahrt zum Kasbek der gefährlichste Abschnitt dieser Reise war. Mein Fahrer hatte es sich offenbar zum Ziel gesetzt, nicht nur die Lkw, sondern möglichst auch alle anderen Autos in völlig waghalsigen Manövern zu überholen, ganz gleich, ob vor uns bereits eine scharfe Kurve wartete, die jede Sicht auf den weiteren Straßenverlauf verunmöglichte. Der schweigsame Mann raste, als ginge es darum, das Gebirge durch Geschwindigkeit und suizidale Tollkühnheit zu bezwingen, aber die Felstürme zogen aufgrund ihrer gewaltigen Ausmaße stets provozierend langsam vorbei. Gleichmütig schauten diese Berge herab auf den Winzling in seinem Auto, wie er cholerisch aufs Gaspedal drückte und aus Sicht eines Steinadlers oder Bartgeiers doch nur langsam wie eine Schnecke vorankam.

Nördlich von Tiflis fuhren wir an einem Stausee vorbei, an dessen Ufer eine mittelalterliche Burg stand, die ein georgisch-orthodoxes Kloster beherbergte, so las ich hastig im Reiseführer. Doch mit Sightseeing hielten wir uns nicht auf. Dem Flusstal des Aragwi folgten wir zügig in die Berge. Nach einiger Zeit trennte sich die Straße vom Talgrund und führte in engen Serpentinen den rechtsseitigen Hang hinauf, was meinen Fahrer aber nicht dazu veranlasste, langsamer zu fahren. Bald folgte der Skiort Gudauri, der mit seinen geschlossenen Resorts und reglosen Liften etwas deprimierend aussah. Die Straße führte nun stellenweise direkt am Abhang entlang hinauf zum Kreuzpass. Weiterhin kein Grund, vom Gas zu gehen, außerdem ging den tonnenschweren Lastern während des Anstiegs auf über 2000 Meter die Puste aus, was umso mehr Überholmanöver nötig machte.

Ich versuchte abzuschätzen, wie hoch die umliegenden Berge mittlerweile aufragten. Das war aber schwer zu sagen, weil sich die Vegetationsstufen der Alpen nicht übertragen ließen. Der Kaukasus war eindeutig weniger stark vergletschert, der Kasbek lag immerhin südlicher als Florenz, was man sich kaum vorstellen konnte, wenn man durch dieses raue Gebirge fuhr. Baumlos war das Gelände und blass das von der Augustsonne ausgedörrte Gras. Sicher umgaben uns hier schon einige Dreitausender, aber sie waren alle vollständig schneefrei.

Hinter dem Kreuzpass verlor die Straße wieder Höhenmeter, der Fahrer steuerte den Wagen hinunter in ein Hochtal. Aus einem Seitental schoss der Terek-Fluss herab, dessen Fließrichtung wir nun folgten. Die Grate, die links von den höheren Lagen herabliefen, mussten schon zu Ausläufern des Kasbek-Massivs gehören, aber den Gipfel konnten wir nicht sehen. Die Straße durchquerte mehrere Dörfer. In einer Ausbuchtung, in der sich das sonnenbeschienene Tal zu Füßen steiler Felswände noch einmal weitete, wartete schließlich Stepanzminda, 1740 Meter über Meereshöhe und beschaulich wie ein Luftkurort für Wellnessurlauber. Der Große Kaukasus wirkte mit einem Mal sehr freundlich. Auf einem Parkplatz im Ortszentrum brachte mein Fahrer das Auto zum Stehen, da war es gerade Mittag.

Abgemacht war, dass hier irgendwann mein Bergführer auftauchen sollte. In einem Imbiss bestellte ich Hackröllchen mit Pommes und wartete. Wenig später kam ein Mann in einem Kleinwagen vorgefahren, stieg aus, ging zielsicher auf mich zu und reichte mir seine muskulöse Hand, wobei er mir genau eine halbe Sekunde in die Augen sah. »Levan.« – »Philipp.« Das war offensichtlich die Begrüßung. Ich schob ein »Nice to meet you« nach, aber das kam mir sofort unangebracht vor. War es denn wirklich »nice«, ihn kennenzulernen? Da war ich gar nicht sicher. Und Levan – ein ernster, kompakter Mann mit kräftigen Beinen und breiten Schultern – sah auch nicht danach aus, als gäbe er viel auf Höflichkeitsfloskeln, wohl aber, als hätte er an diesem Tag eigentlich Besseres zu tun. Ich konnte ihn mir gut als Mitglied einer Gruppierung der organisierten Kriminalität vorstellen, weniger als fürsorglichen Guide, aber das war erst einmal mein Problem. Levan erklärte, er werde mich jetzt zu meiner Unterkunft fahren und dort am nächsten Morgen in der Frühe abholen. Damit war für diesen Tag alles besprochen.

Die Nacht in Stepanzminda verbrachte ich in der Privatunterkunft einer georgischen Familie, das war Teil meiner gebuchten Tour. Eine ältere Frau wies mir ein düsteres Zimmer zu, in dem ich mein Gepäck ablegte. Die Hausherrin sprach kein Wort Englisch, und so gab ich ihr mit ein paar Handzeichen zu verstehen, dass ich noch einmal vor die Tür gehen und erst zum Abendessen wiederkommen würde. Wir lächelten uns an und nickten mehrmals, wir hatten uns verständigt.

Stepanzminda war zu Fuß schnell durchquert. Viele Jahre hatte der Ort Qasbegi geheißen, benannt nach dem hier geborenen Schriftsteller Aleksandre Qasbegi, der in Georgien berühmt ist und in Deutschland unbekannt. Unten am Terek hatten sie ihm ein Denkmal gebaut, auch ein kleines Museum gab es. Mein Ziel war jedoch ein anderes, es lag auf einem Logenplatz an den unteren Hängen des Kasbek, quasi auf Kniehöhe des Berges, aber schon deutlich über dem Tal: die Gergetier Dreifaltigkeitskirche. Das Gotteshaus war ein durchaus frequentiertes Ziel für einheimische und ausländische Touristen, aber ich konnte nicht sagen, ob das an seiner religiösen Bedeutung, der herausragenden Lage auf über 2000 Metern oder an der Tatsache lag, dass jeder Reiseführer die Kirche als Top-Sehenswürdigkeit anpries. Die Menschen hatten dort über Jahrhunderte eine Reliquie der Georgisch-Orthodoxen Apostelkirche, das Weinrebenkreuz, verborgen, um das gute Stück vor Eroberern zu schützen, was allerdings – so ist der Lauf der Geschichte – nicht auf ewig gelang. Das Kreuz fand irgendwann über Moskauer Umwege seinen Weg zurück nach Georgien, nun war es für Gläubige in der Sioni-Kathedrale in Tiflis zu bestaunen. Ich hatte es mir nicht angeschaut und würde es wohl auch nicht tun. Heiligenkult bedeutete mir nichts, wobei ich wusste, dass sich noch die säkularisierteste Gesellschaft immer wieder neue Tempel baute. Auch Tiflis hatte seine Technoclubs. Jedenfalls stapfte ich am Nachmittag über einen Trampelpfad hinauf zur Dreifaltigkeitskirche, weil dort oben endlich der Gipfelaufbau des Kasbek zu sehen sein musste. Der Berg hatte sich mir bislang nicht gezeigt. Und ich hatte irgendwie nicht das Gefühl, dass er darauf besonderen Wert legte.

Die Kirche stand auf dem Vorsprung einer breiten Gratschulter, die sanft vom Kasbek abfiel. Von hier aus hatte man tatsächlich eine grandiose Rundumsicht auf das umliegende Gebirge, wobei sich mir die Frage stellte, ob ein derart exponierter topografischer Punkt wirklich das ideale Versteck für eine Reliquie gewesen war. Seine Majestät selbst, der Fünftausender, der hier alles überragte, lag in Wolken und gab nichts von seinem Charakter preis. Ich musste mich gedulden. Um eine bessere Sicht zu bekommen, stieg ich in den

Wiesen noch etwas höher, setzte mich ins Gras und schaute in die Ferne. Die Sonne schien von Westen her über den Berg und setzte die Kirche unter mir in Szene, weil das Tal wiederum im Schatten lag. Ein Wolkenband hing über Stepanzminda, ungefähr auf Höhe des Gotteshauses, darüber erhoben sich die Felswände des gegenüberliegenden Bergkamms und verbargen den Horizont. Klar und mild war die Luft, sanftes Licht auf ungezähmten Bergen. Mir gelang es, die Szenerie eine Weile einfach zu betrachten, vielleicht, weil es an diesem Tag noch um nichts ging. Eine halbe Stunde lag ich dort im Gras, dann sagte mir mein Zeitgefühl, dass ich langsam absteigen musste.

Abends saß ich allein in einem schummrigen Zimmer an einem gedeckten Tisch, vor Fladenbrot, Suppe, Hartkäse, Fleischspießen, Gulasch und Salat. Die großzügige Gastgeberin hatte sich verzogen, aber das störte mich nicht. Wir hätten uns ohnehin nicht unterhalten können. Solche Abende in der Fremde ohne Gesellschaft musste man vertragen können. Die völlige Stille im Raum bei abnehmendem Licht schlug mir nicht aufs Gemüt, wohl auch, weil ich am nächsten Tag zu großer Tat aufbrechen würde.

Wie bestellt, war der Himmel am nächsten Morgen weitgehend wolkenlos, der Kasbek zeigte sich endlich unverhüllt. Seine steile, nur wenig vergletscherte Südostflanke bestand aus rostrotem Schutt und Fels, der Gipfel selbst lag unter einer fast symmetrischen Eiskuppe.

Ausgangspunkt für die Besteigung war die Dreifaltigkeitskirche, aber heute musste ich den Weg nicht zu Fuß zurücklegen, es gab eine zerfurchte Straße. Levan holte mich mit dem Auto ab. An der Kirche warteten schon die Pferde, die das Übernachtungsgepäck hinauf zu einer ehemaligen meteorologischen Station brachten, die dieser Tage unter dem Namen Bethlemi-Hütte firmierte und als Basislager für die Bergsteigerinnen und Bergsteiger am Kasbek diente. Die zentralen Eckdaten der heutigen Etappe fasste Levan in wenigen, schwerfälligen Worten zusammen. Bergführer gelten nicht als sonderlich redselig, weil die Bewegung im Gebirge knappe, präzise Anweisungen erfordert, und dieser georgische Bergführer war offenbar ein besonders schweigsamer Vertreter seiner Zunft. Noch genau eine, wenn auch keine unwichtige Frage stellte Levan vor unserem Aufbruch an diesem Morgen: »You have water enough?« Ja, danke der Nachfrage. Dann ging er stumm voran, bald ohne T-Shirt und mit nacktem Oberkörper. In die Wärme, die aus den Wiesen aufstieg, mischte sich kühlere Höhenluft, aber das machte Levan nichts aus.

Der Pfad stieg erst kurz steil und schließlich gemächlich an. Rechts von uns lief in einiger Entfernung eine gewaltige, tiefe Moräne hinab. Wir konnten das Ende des Gergeti-Gletschers sehen, das Eis musste einmal die gesamte Schlucht ausgefüllt haben. Noch vor Mittag querte der Weg nach rechts über einen Wildbach. Wir suchten eine Weile, bis wir eine geeignete Stelle mit genügend Steinen im Flussbett fanden. Levan half mir hinüber, was sich ohne den Austausch vieler Worte erledigen ließ. Wir erreichten bald den Gletscher, der nur wenig Gefälle hatte und vollständig aper war. Sofern es hier Spalten gab, lagen sie frei. Daher verzichteten wir darauf, uns anzuseilen, was nicht gerade dem Lehrbuch entsprach, aber wir hatten auch gar kein Seil dabei. Ich legte zumindest meine Steigeisen an, die ich verantwortungsbewusst in den Tagesrucksack gesteckt hatte. Levan genügten Stöcke und abgelaufene Turnschuhe.

Die Gletscherzunge war schnell gequert, dahinter führte der Pfad durch loses Geröll bergan. Wir hatten die Vegetation hinter uns gelassen auf den letzten Metern zur Bethlemi-Hütte, wo ich sofort schlechte Laune bekam. Was es auf dieser Hütte nicht gab, war offensichtlich: eine Stube mit Kamin, gepflegte Matratzenlager, frohsinnige Wirtsleute, fließendes Wasser. Die Zimmer mit den Holzpritschen waren voller Staub und Schmutz, hier und dort lagen benutzte Taschentücher und anderer Unrat. Stets zog ein kalter Wind durch den Flur. Nur der Gemeinschaftsraum, in dem alle Gäste eigenständig auf Gaskochern ihr Essen zubereiteten, war beheizt. Levan wies mir einen Schlafplatz zu und verschwand dann für den Rest des Tages in einem separierten Raum für die einheimischen Bergleute und Träger. Ich fragte mich, ob er wirklich so schweigsam war oder bloß keine Lust hatte, mit mir zu sprechen.

Natürlich konnte ich von dieser alten Forschungsstation nicht die Heimeligkeit einer Alpenhütte erwarten. Aber die Aussicht, hier zwei Nächte verbringen zu müssen, war nicht erbaulich. Wir befanden uns auf rund 3600 Metern Höhe und legten noch einen Akklimatisierungstag ein. Ich wäre trotzdem am liebsten gleich in der ersten Nacht in Richtung Gipfel aufgebrochen. Stattdessen richtete ich mich auf meiner

Pritsche ein, so komfortabel, wie es eben ging, und bekam danach ein warmes Abendessen, das ein angeheuerter Koch, der mehrere Gruppen versorgte, auf der kleinen Küchenzeile zubereitet hatte. Nachts zog ein Sturm über den Berg, in der Hütte pfiff es aus allen Fugen. Ein Aufstieg schien unmöglich. Jedenfalls musste man halbwegs lebensmüde sein, um sich bei diesem Wetter nach draußen zu wagen. Ein Russe, erzählte jemand beim Frühstück, sei praktisch auf allen Vieren auf den Gipfel gekrochen. Dieser Mann, wusste ein anderer zu berichten, habe aber auch schon auf dem Mount Everest gestanden. Anerkennendes Nicken.

Ich hatte es immer gemocht, allein im Gebirge unterwegs zu sein. Auf einer Hüttentour im Stubai vor einigen Jahren hatte ich den Kaiserschmarrn auf der Sulzenauhütte nach der Tagesetappe ausgeschlagen und war ohne meine Freunde zum Gipfel des Wilden Freiger aufgebrochen. Nach drei Stunden hatte ich das Kreuz erreicht, im Nebel. Niemand sonst war an dem Berg unterwegs gewesen. Zu wissen, dass ich hier oben nicht bleiben konnte und den Abstieg bis zum Einbruch der Dunkelheit hinter mich bringen musste, hatte dem Tag eine existenzielle Dimension verliehen, die mich in Spannung versetzte. Ein gutes Gefühl war das. Wenn ich alleine den Weg über Grate oder schlüpfriges Blockgestein finden musste, schärfte sich die Wahrnehmung.

Mein Geist, der sonst wie ein Affe von Ast zu Ast sprang, kam zur Ruhe. Fahrige Gedanken, müde Erinnerungen und eitle Phantastereien hatten keinen Platz mehr. Das ganze kakophone Orchester der Selbstergründung, das sonst stets sein Spiel im eigenen Schädel aufführte – im heiklen Gelände, in der schönen Einsamkeit abseits lärmender Täler verstummte es. Nur noch den Berg gab es dann, die übrige Welt rückte in weite Ferne. Wenn ich nach Stunden der konzentrierten Bewegung eine Hütte oder das Tal erreichte und abends im Zimmer einer Pension lag, so kam es mir vor, als läge eine weite Reise hinter mir. Und so war es auch.

Am Kasbek war ich daher nicht unglücklich darüber, dass Levan keine Anzeichen machte, den anstehenden freien Tag gemeinsam mit mir zu gestalten. Es gehörte offenbar nicht zu seinen Aufgaben, für ein Programm zu sorgen, mir war es recht. Ich erklärte ihm, dass ich heute alleine weiter aufsteigen wolle, um mich zu akklimatisieren, ungefähr bis zu der Stelle, wo die Normalroute wieder auf den Gletscher traf. Levan sagte »Okay, okay« oder ähnliches.

Von der Bethlemi-Hütte aus folgte die Route zunächst über Fels und Geröll dem Gergeti-Gletscher, der sich links des Weges die Hänge hinabwälzte. In der Hütte hing ein Schild, das ein stürzendes Männchen in einem roten Warndreieck zeigte: »Kazbek doesn't like singles. Always rope up.« Doch auch in dieser Höhe war der Gletscher noch immer schneefrei, alle Spalten lagen offen, es gab also keine versteckten Schneebrücken, auf denen man einbrechen konnte. Darum verließ ich den Pfad, um auf der Gletscherzunge aufzusteigen. Es bereitete mir eine fast kindliche Freude, im Zickzack die Spalten zu umgehen und meine eigene Route zu finden. Vielleicht lag es daran, dass ich zum ersten Mal auf dieser Tour eigenverantwortlich unterwegs war, was eben auch hieß, dass ich auf keinen Fall in eine der Spalten fallen durfte – wer hätte mich hier gefunden? Vielleicht war ich einfach froh, etwas zu tun zu haben. Wenn sogar die Pferde über den Gletscher liefen, dann konnte ich das auch. Und meine Steigeisen waren die besseren Hufe. Ich erreichte schätzungsweise die 4000 Meter, als die ersten Schneefetzen auftauchten und zur Umkehr ermahnten. Auf der mächtigen Eiswalze abzusteigen, unterstützt von der Schwerkraft, war noch vergnüglicher, denn bergab konnte ich viele Spalten einfach überspringen. Immer wieder hüllten mich Wolken ein und nahmen jede Sicht, die Landschaft bestand dann nur noch aus bizarren Aufwürfen und Falten aus Eis.

Zurück in der Hütte, stieß ich auf Levan. Ich erzählte ihm, dass ich auf dem Gletscher unterwegs gewesen war, um ihm zu verdeutlichen, dass er es nicht mit einem Amateur zu tun hatte. Levan schien nur mäßig beeindruckt zu sein. Ich fragte ihn, wie das Wetter morgen werde.

»Storm.«

Diese Antwort warf viele Fragen auf. Wann genau sollte es stürmen? Die ganze Nacht oder erst im Lauf des Tages? Sollten wir folglich besonders früh oder lieber etwas später aufbrechen? Konnten wir überhaupt los? War der Gipfel möglich? Wie hoch waren unsere Chancen? Und überhaupt, wie valide war denn der Wetterbericht? Diese Fragen hätte ich mit Levan gerne ausführlich diskutiert, doch der Georgier blieb wortkarg. Es sehe schlecht aus, man müsse schauen. Mit derart vagen Aussagen ließ sich nichts anfangen, dachte ich, und wurde langsam ungehalten. Konnte ich von meinem Bergführer nicht ein wenig konstruktiven Optimismus erwarten, zumindest eine differenzierte Lageeinschätzung? War das nicht sein Job? Dafür bezahlte ich ihn schließlich! Dieser sehr deutsche Gedanke war ein klares Anzeichen dafür, dass die Tour eine ungute Dynamik entwickelt hatte, ein Alarmsignal, das ich freilich ignorierte. Aus meiner Sicht hatte ich es mit einem unkooperativen Trotzkopf zu tun, dessen Einstellung an Arbeitsverweigerung grenzte. Ich war doch nicht nach Georgien geflogen und hatte mich einem völlig irren Fahrer ausgeliefert, um hier zwei Nächte in einer verdreckten Hütte zu hocken und wieder nach Hause zu fahren.

Weil es in dem Gebäude so ungemütlich war, setzte ich mich für den Rest des Nachmittags nach draußen. Ohne die Sonne wurde es schnell kühl. Nur in der Ferne lag noch sanftes Abendlicht auf den zackigen Kaukasus-Bergen, wie eine versöhnliche Geste des Gebirges. Nicht ohne Hoffnung auf gutes Wetter ging ich zum Abendessen in den Gemeinschaftsraum. Auch zwei Norweger in meinem Alter hatten sich eingefunden, einen hatte die Höhe erwischt, er bekam nichts runter. In einer Ecke hockte eine Gruppe grimmiger, russischer Bergsteiger an einem Tisch. Ein auffällig gut aussehender Ungar war mit seiner Tochter angereist. Zwei Rumänen waren ohne Führer gekommen – und fast ohne Essen. Sie baten um Gaben. Auch eine Gruppe Israelis hatte mit ihrem Guide den Weg zum Kasbek gefunden, eine der Frauen griff zur Gitarre, eine andere stimmte ein hebräisches Lied an, dem auch die harten Kerle mit wetterfurchigen Gesichtern andächtig lauschten.

Es war schön, dass ich die Wörter nicht verstand, so hatte ich das Gefühl, die Melodie spreche nur zu mir und erzähle von meinem Leben in der Welt, die doch gleichsam die Welt aller anderen Anwesenden war, die ebenfalls jener Stimme horchten, und so legte das Lied viele Geschichten frei. Wo auch immer sich die Banditen und Separatisten im Kaukasus herumtrieben, hier waren sie fern. In dieser Berghütte hatte sich die friedvolle Welt zusammengefunden.

Meine Gedanken sprangen immer wieder zur anstehenden Gipfelnacht und der Frage, ob diese überhaupt stattfand. Levan war endgültig dagegen. Es sei Gewitter angekündigt, auch Schneefall. Ich wollte aber unbedingt einen Versuch wagen und fühlte mich von Levans ablehnender Haltung erst recht provoziert, es trotzdem zu probieren. Vielleicht zog das Gewitter ab, vielleicht würde das Wetter gar nicht so schlimm sein, vielleicht war die Vorhersage unpräzise. Hast du darüber überhaupt einmal nachgedacht, störrischer Mann? Was sprach schon dagegen, erst einmal loszugehen? Irgendwann willigte Levan tatsächlich ein, warum auch immer. Aufbruch um ein Uhr. Mehr wollte ich nicht. Wobei, eigentlich schon.

Als ich nachts vor die Hütte trat, war der Himmel sternenklar, die Luft fast windstill. Meine Intuition war richtig gewesen, dachte ich. Levan sprach mal wieder kaum ein Wort, darin glaubte ich nun einen stillen Sieg meinerseits zu erkennen. Wir schalteten unsere Stirnlampen ein und marschierten los. Diesen Teil des Weges kannte ich schon von gestern. Wir stapften über das Geröll, die Steigung war angenehm. Die Route folgte dem Hang am Rande der Gletscherzunge, nach etwa einer Stunde machte sie zunehmend Kehren, führte in Senken hinab und wieder heraus. Wir kamen immer noch schnell voran. Mittlerweile war am Boden kaum mehr ein Weg zu erkennen, aber Levan trug eine GPS-Uhr mit dem exakten Kurs am Handgelenk. Wir konnten nicht fehlgehen. Der Normalweg führte in nordwestlicher Richtung auf ein Plateau und machte dann eine scharfe Kehre nach Osten, darauf folgten ein Anstieg auf den Sattel unweit des Gipfels und schließlich die letzten steilen Meter zum höchsten Punkt. Von der Hütte aus gesehen stieg man sozusagen von hinten auf den Berg, musste ihn erst einmal umrunden. Oben auf dem Plateau betrat man russisches Staatsgebiet. Aber soweit waren wir noch lange nicht.

Sterne hatte ich schon seit einiger Zeit keine mehr gesehen, dafür war in der Düsternis der Nacht nun ein Grollen zu vernehmen, erst ganz leise, dann regelmäßig und unüberhörbar. Kein Zweifel, auf der anderen Seite des Massivs donnerte es. Wir gingen trotzdem weiter. Es waren keine zwei Stunden vergangen, da erreichten wir den Gletscher und legten unsere Rucksäcke ab. Es war Zeit, die Steigeisen festzuzurren und sich anzuseilen. Genau in diesem Moment leuchtete alles um uns herum für eine Sekunde taghell auf, und einen Augenblick später zerriss ein Donner die Stille der Nacht, dessen Wucht mir in die Knochen fuhr. Das war sehr nah, viel zu nah. Das Gewitter war genau in dem Moment über den Berg gerollt, als wir uns daran machten, auf die andere Seite zu steigen. Ich schaute zu Levan, der Wind brauste auf. »We have to go down now!«, rief er. Dann fing es an zu schneien.

Erst marschierten wir zügig den Weg zurück, den wir gekommen waren, aber nach wenigen Minuten begannen wir zu rennen, aus nackter Furcht. In kurzer Folge zuckten jetzt Blitze durch die Nacht, jeder Donner erschreckte mich. Wir mussten so schnell wie möglich runter. Der Gewittersturm trieb uns den Schnee in den Nacken. Ich hoffte, nicht zu stolpern oder auszurutschen.

Zum ersten Mal gab es in der Tat nichts zu sagen. So sehr ich die ganze Zeit mehr aus Levan hatte herausbekommen wollen, umso mehr fürchtete ich nun seine Worte. Am liebsten hätte ich nie wieder mit ihm gesprochen. Aber ich ahnte schon, dass ich nicht so einfach davonkäme. Als wir endlich die Hütte erreichten, sah mir Levan in die Augen und fuhr mich an, nur drei Worte sagte er: »I told you.« Aber ich hatte nicht hören wollen.

Weil es immer noch Nacht war, konnte ich ein paar Stunden schlafen. Morgens lag der Gipfel in düsteren Wolken, aber es kündigte sich bereits besseres Wetter an. Gegenüber zeigte der Himmel schon blaue Farbe, ich war sicher, dass er in spätestens zwei Stunden klar wäre. Tatsächlich schien beim Abstieg ins Tal eine pralle Sonne auf uns herab. Ganz klar, der Kasbek verhöhnte mich. Prometheus hatte hier Höllenqualen erlitten und doch jeden Tag weitergemacht, mich dagegen ein grollendes Lüftchen davongescheucht. Noch nie hatte mich ein Berg so früh und unmissverständlich zur Umkehr gezwungen. Die höheren Gefilde hatten wir gar nicht erst erreicht, eine Erfahrung, die man machen konnte, war sie doch immer eine Option im Gebirge. Die Schmach lag nicht darin, den Gipfel nicht erreicht zu haben, sondern in meiner bockigen und beharrlichen Weigerung, das offensichtlich Unabwendbare zu akzeptieren. Das ließ sich nicht mehr rückgängig machen, auch wenn ich an diesem Morgen eine unschuldige Fröhlichkeit an den Tag zu legen versuchte, als sei nichts gewesen. Levan durchschaute es, und ich spürte das.

Ich hatte mich immer auf dem Gipfel gesehen oder beim Sonnenaufgang kurz vor dem Ziel, jedenfalls in glorreicher Pose, oder erfolgreich ins Tal schreitend. Dabei war mir womöglich einiges entgangen. Hätte ich auf der Hütte nicht einen Freund gewinnen können, wenn ich mir nur die Zeit für ein Gespräch genommen hätte? Ich war allein wegen der bergsteigerischen Marke gekommen, und als ich daran scheiterte, blieb wenig übrig. Ich wollte den Gipfel abräumen, ohne mich auf ihn einzulassen, erfolgreichen Vollzug melden. Das konnte dem Berg nicht passen. Andererseits waren dem Kasbek meine Überlegungen natürlich völlig egal. Was für eine Egozentrik zu glauben, meine Ambitionen stünden in irgendeiner Verbindung zum Wohlwollen des Berges. Das Gewitter war einfach Pech gewesen, jeder halbwegs rationale Mensch musste das so sehen – ein trivialer Grund, den man nur selten akzeptiert, weil er einem das Unvermögen vor Augen führt, auf bestimmte Umstände Einfluss zu nehmen. Berge sammelte man eben nicht wie Sneaker oder Dinnerpartys. Aber vielleicht war meine Zählweise auch falsch gewesen. Ich hatte den Kasbek ja durchaus absolviert, wenn das bedeutete, ihm Energie zu widmen, ihn als Erfahrungsraum zu sehen. Nur hatte ich alles auf eine einzige Erwartung gesetzt, auf ein bestimmtes Szenario. Und dann eben nicht oben gestanden.

Zurück in Stepanzminda sehnte ich mich nach dem augustheißen Tiflis mit seinen melodramatisch verfallenen Häusern, mit seinen Schwefelbädern, Weinkellern und feierwütigen, schönen Menschen. Levan fuhr sofort zurück in die Hauptstadt und nahm mich dorthin mit. Er war wohl doch kein verkehrter Typ, selbstverständlich fuhr auch er sehr schnell. Manchmal, in den seltenen Momenten der Konversation, glaubte ich nun sogar, ihn lächeln zu sehen. Aber vielleicht bildete ich mir das auch nur ein.

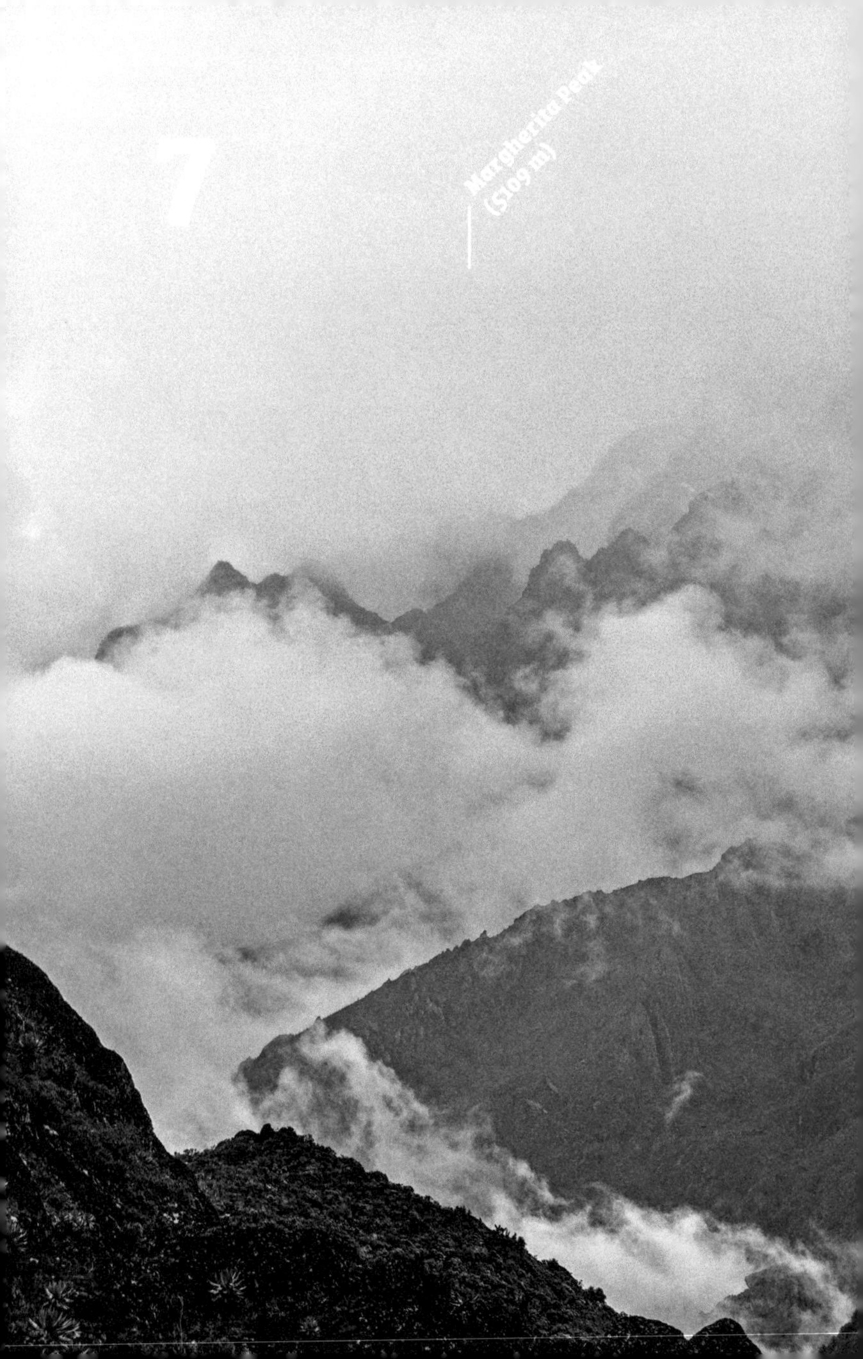
7
Margherita Peak
(5109 m)

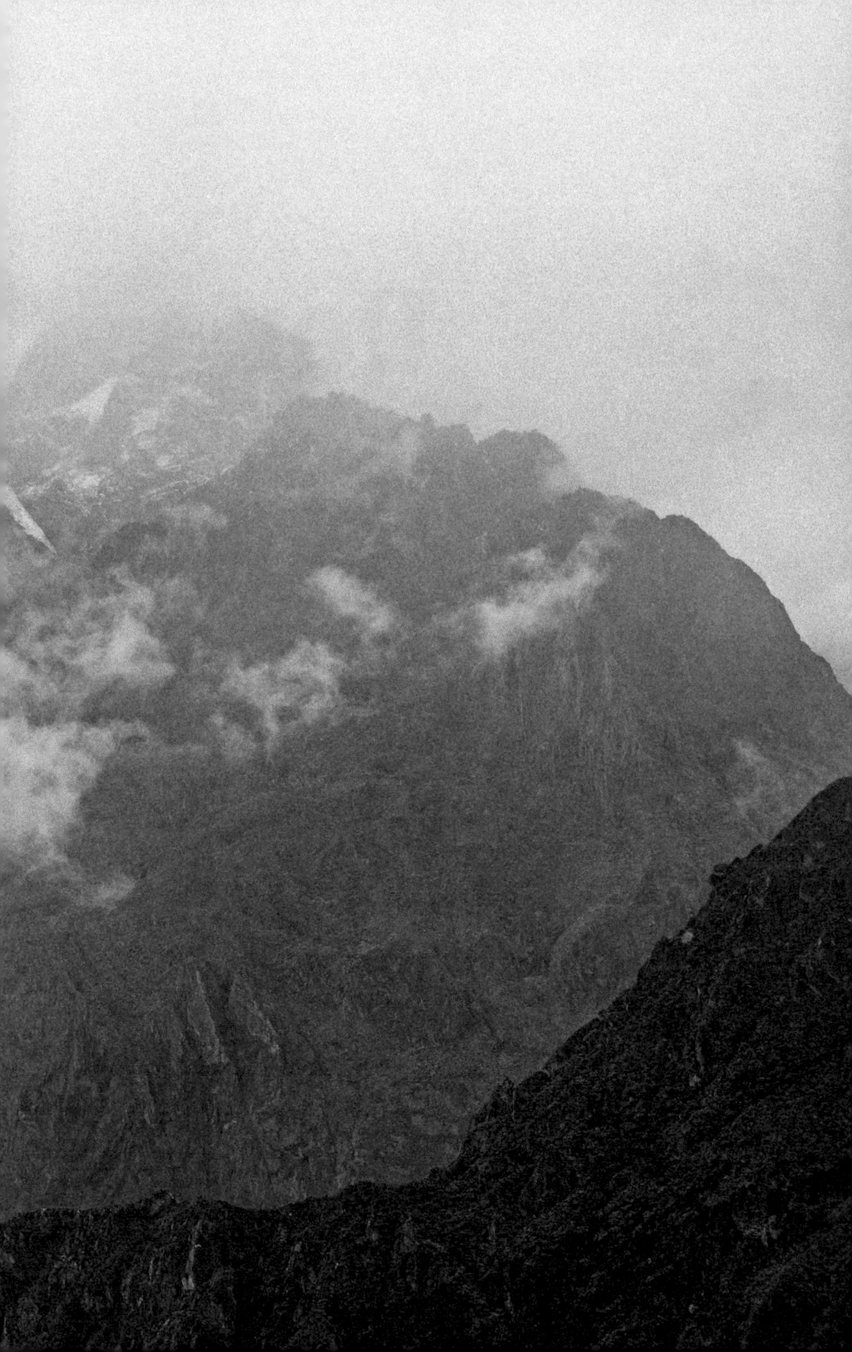

Der

Ruwenzori

Regen-

uganda

macher

2017

Eine Nacht zur Erholung hätte mir niemand übel genommen, auch eine kürzere Tour nicht, fünf statt sieben Tage zum Beispiel, gewiss ließ sich über alles reden, solange ich am Ende den verabredeten Preis zahlen würde. Ich hätte sagen können: Es geht nicht, ich packe es nicht. *I'm very sorry.* Auf das Essen hätte ich alles schieben können, auf das Tierchen, und damit noch ein schlechtes Gewissen erzeugen können. Wie sah es denn bitte in der Küche aus? Zwischen Töpfen und Pfannen musste der schwarze Käfer von der Größe meines kleinen Fingernagels den Weg in die Nudeln gefunden haben, leider erst nach dem Kochen, denn sonst wären die Bakterien abgetötet worden. Und was hatte ich getan? Das Insekt nach einigen Bissen entdeckt, ins Gras geschnippt und weiter gegessen. Bestenfalls gedankenlos, eher anmaßend. Ich war doch schon oft in Afrika gewesen und mit allen verunreinigten Wassern gewaschen. Aber wenn zehnmal nichts passiert, ändert sich nicht das Risiko selbst, sondern dessen Wahrnehmung. Vielleicht war der Käfer auch unschuldig, saß lieber auf duftenden Blumen statt auf dem Mist. Herauszufinden war das nicht mehr, als ich eine Stunde nach Mitternacht aufwachte und augenblicklich spürte, dass etwas in mich gelangt war, das sofort hinaus musste.

Die Sterne funkelten am Nachthimmel hoch über Kilembe, geräuschlos und friedlich lag das Dorf im Schlaf, nur eine sich in Krämpfen windende Gestalt stolperte über den Rasen der bescheidenen Unterkunft, in der um diese Zeit niemand sonst einen Grund hatte, auf den Beinen zu sein. Die Schlafräume hatten keine Toiletten, darum musste ich zur

Sanitärbaracke. Die Übelkeit war schon in der Kehle, Schwindel hämmerte im Kopf. Als ich den Waschraum erreichte, fiel mein Gesicht in ein schmutziges Waschbecken und ich erbrach mich mehrfach. Auch anderswo drohte Kontrollverlust. Drei Meter weiter sank ich nieder, während ich meinen fauligen Atem roch und erneut anfing zu würgen. Ein Kreislauf des Ekels. Die Flüssigkeit, mit der mein Körper den Eindringling hinausspülte, fehlte ihm nun. In der Unterkunft war kein Flaschenwasser aufzutreiben, alles schlief, und aus dem Hahn wollte ich nicht trinken, weil ich befürchtete, alles könnte von vorne beginnen. Ich trank den letzten Rest Orangensaft, den ich im Zimmer hatte. Der Zucker schien die Dehydrierung noch zu verstärken. Weil ich nichts tun konnte, legte ich mich zurück aufs schmale Bett unter das Moskitonetz und wartete auf den Anbruch des Tages, der Mund ausgetrocknet, der Leib entkräftet und die Gedanken um das elementarste Bedürfnis kreisend. Der Durst weckte mich, aber da war nie klares, plätscherndes Wasser, immer nur ein schemenhafter Raum und nachtschwarze Stille. Bis ein Hahn krähte und Erlösung ankündigte.

Im warmen, klaren Morgenlicht saß ich auf der Terrasse und stürzte erst eine Cola und dann einen Liter Wasser. Vögel zwitscherten in den Bäumen. Ein Mitarbeiter hatte mit dem Tagwerk begonnen. Ich hatte jede seiner Bewegungen mit Vorfreude verfolgt: den phlegmatischen Gang zum Kühlschrank, der mit einem Vorhängeschloss abgesperrt war, den Griff hinein zu den Getränken. Nun wartete ich auf die Guides und war im Grunde wieder guter Dinge. Die Nacht lag hinter mir und musste nicht mehr besprochen werden. Alles halb so wild. Weise kann sich schätzen, wer erkennt, wann lediglich eine Schlacht gewonnen ist und der Frieden bestenfalls vorläufig. Aber ich war jung, Pazifist und wollte keine Zeit verlieren.

Hier im äußersten Westen Ugandas, abseits des konfliktfreien Safari-Afrikas, jenes homogenen, archaischen Erlebnisraums für Besserverdiener, in dem die wilden Tiere letztlich spannender als die Menschen sind, wartete ein vollkommen surrealer Ort, ein weitgehend unbekanntes, äußerst regenreiches Gebirge inmitten der ohnehin immerfeuchten Tropen des Ostafrikanischen Grabenbruchs, eine kaum zugängliche Wildnis aus Dschungel, Sümpfen und vergletscherten Felstürmen, wilde Gipfel und uraltes Eis über einem heißen, flimmernden Land: der Ruwenzori. Regenmacher lautet angeblich die Übersetzung, doch dafür gibt es keine Belege. Ptolemäus hatte einst von den Mondbergen im Herzen Afrikas gesprochen, von den *lunae montis finis occidentalis.* Wie er auf diesen Namen gekommen war, ist unbekannt. Die Bakonjo, die am Rande des Gebirges leben, erklären ihn sich damit, dass das Massiv ständig verhüllt ist – außer nachts, wenn der Mond scheint. Ein unsichtbarer Riese erhebt sich inmitten des Ruwenzori, der dritthöchste Gipfel des Kontinents, 5109 Meter hoch und praktisch immer verborgen in Wolken. Nur wenige Menschen betreten den Margherita Peak, höchster Punkt der Stanley-Berge, im Gegensatz zum allzu bekannten Kilimandscharo. Selbst, wer längere Zeit in der Nähe des Gebirges verbrachte, bemerkte dessen Existenz oft nicht. Der Ruwenzori entzog sich immer schon neugierigen Blicken und täuschte die Sinne auswärtiger Reisender. Als Henry Morgan Stanley 1876 auf seiner Suche nach den Quellen des Nils an den Mondbergen vorbei kam, glaubte der Forscher zunächst, eine Wolke von silberner Farbe am Himmel zu erkennen, bis er verstand, dass er Schnee auf einem Berg erblickte. Verständlich, so nah am Äquator.

Heute weiß man deutlich mehr über das Ruwenzori-Gebirge, Google Maps liefert recht genaue Satellitenaufnahmen, aber was verraten sie schon? Natürlich überhaupt nichts. Das ist doch ohnehin ein großes Missverständnis, dass man seine Wohnung nicht mehr verlassen muss, um die Welt zu sehen, weil man sich jeden noch so entfernten Winkel ins Wohnzimmer holen kann.

Die Mondberge versprachen nicht weniger als ein real existierendes Märchenreich zu sein, ein unwirklicher Ort, den ich einmal mit eigenen Augen sehen musste. Es kam überhaupt nicht infrage, noch einen Tag in Kilembe zu rasten.

In die Hochtäler und Schluchten alleine aufzubrechen, war zum einen verboten und zum anderen völliger Wahnsinn. Ich hätte mich verlaufen, wäre orientierungslos umher geirrt und einen schlüpfrigen Abhang hinabgestürzt oder mit verstauchtem Knöchel liegengeblieben, und der Wald hätte jeden Schrei verschluckt, auf nimmer Wiedersehen, Philipp. Wer die Pfade nicht kannte, verlor sie. Und war dann selbst verloren. Zwischen Kilembe und dem Fuß des Margherita Peaks lag ein Fußmarsch von drei Tagen, und zurückkehren wollte man schließlich auch. Also war einiges an Ausrüstung und Proviant nötig. Mich begleiteten zwei Bergführer und eine Handvoll Träger, junge Männer aus der Region, die sich mit dem zarten Pflänzchen Tourismus etwas dazu verdienten. Auch eine Frau gehörte zum Team. Pferde oder Maultiere für den Gepäcktransport gab es nicht, jeder Kochtopf, jede Rübe und jede Handvoll Reis mussten auf dem Rücken getragen werden. Der Kilembe Trail war der jüngste von zwei Pfaden zu den höchsten Gipfeln in den Tiefen des Gebirges an der Grenze zum Kongo und erst vor ein paar Jahren von der Agentur angelegt worden, die nun auch meine Mannschaft stellte: Rwenzori Trekking Services. Die Bergführer waren ungefähr so alt wie ich. Richard, ein sanftmütiger Typ, kannte die lateinischen Namen vieler Pflanzen und schaute immer leicht an mir vorbei, wenn er redete. Samuel, durchdringende Augen und eine feste Stimme, redete häufiger. »How are you doing?« – »I'm doing fine«, antwortete ich, aufrichtig überzeugt. Zeit also, die Ausrüstung zu prüfen. Insgeheim hatte ich mich auf diesen Moment gefreut, denn hier bot sich die erste Gelegenheit, sich auf etwas Verbindliches zu verständigen, auch wenn die Guides und ich aus unterschiedlichen Welten kamen. Das Leben dieser zwei Männer mochte mit meinem wenig zu tun haben, aber bei der Frage nach dem Equipment begegneten wir uns sozusagen von Bergsteiger zu Bergsteiger, konnte es doch kaum verschiedene Meinungen dazu geben. Was es brauchte, um in die Berge zu gehen, erschien mir als intuitiv geteiltes, transkulturelles Wissen, dessen Kenntnis meine Rolle als Ortsfremder, als Nichtsahnender, als privilegiertes Weißbrot ein wenig relativierte. Für den Gipfel hatte ich Steigeisen dabei, für die Nächte in den höheren Camps einen warmen Schlafsack, Regenhose und Regenjacke für jeden Tag. »Good, good«, sagte Samuel. Aber offenbar nicht gut genug. Er runzelte die Stirn. Meine Bergstiefel seien tauglich für den Gipfel, allerdings nur dort. Auf den übrigen Wegen würden die Schuhe im Matsch einsinken und sich vollsaugen, Goretex hin oder her. Meine Füße würden aufquellen wie Toast im Wasser. Samuel stellte mir drei Paar schwarze Gummistiefel hin und bat mich, die passende Größe auszuwählen. Sofort fühlte ich mich meines treuesten Verbündeten beraubt. Als kleiner Junge hatte ich gelernt, dass gutes Schuhwerk im Gebirge das Allerwichtigste war. Gummistiefel – vollständig biegsame Plastikschuhe, die dem Knöchel keinen Halt geben – waren das Gegenteil davon. Vielleicht war mein Wissen über die Berge nicht so universell, wie ich geglaubt hatte. In Uganda hatte außerdem die zweite Regenzeit begonnen, was die Bedingungen verschärfte. Wobei es für eine Begehung des Ruwenzori ohnehin keine ideale Zeit gibt, höchstens eine nicht ganz so unvorteilhafte. Der Mensch lässt sich ungerne belehren und braucht immer erst die eigene schmerzvolle Erfahrung, um vom Skeptiker zum Überzeugten zu werden, aber einstweilen vertraute ich Samuel und zog die Gummistiefel an. Der Himmel kündigte keinen Regen an.

Der Morgen war schon gut auf Temperatur gekommen, als wir aufbrachen, um das hinter uns zu lassen, was man gemeinhin Zivilisation nennt. In Kilembe bestand sie aus einigen Wohnhäusern, kleinen Kirchen, einer Post, einer

Schule und den Wohnbaracken einer Minengesellschaft, die nach Kupfer schürfte. Durch das Tal rauschte ein Fluss, der eine Brücke mitgerissen hatte, deren Überreste niemand wegräumte. Das Dorf lag inmitten sattgrüner Hänge, auf denen die Menschen Bohnen, Kaffee und Maniok anpflanzten. Auf einer Anhöhe passierten wir eine Kapelle, die von heiterem Gesang erfüllt war. Ein älterer Herr in einem dunklen Sonntagsanzug kam uns auf dem schmalen Pfad durch die Wiesen entgegen und grüßte höflich. Dort, wo die Bewirtschaftung des Landes endete, markierte ein Schild die Grenze zum Rwenzori Mountains National Park, gegründet im Jahr 1991: »Kilembe Route – Entry Point«. Die Uganda Wildlife Authority, die sich um den Park kümmerte, unterhielt hier einen kleinen Rangerposten, in dem ich ein Formular unterschreiben musste. Alles auf eigene Gefahr und so weiter. Ein Typ in Uniform, der noch ein Jugendlicher sein musste, posierte mit seiner Kalaschnikow. Lässig schaute er an der Kamera vorbei, dann schmunzelte er ironisch.

Als wir in den Bergwald traten, nahm das Grün jede Sicht. Wurzeln zogen sich über den Pfad, Lianen umschlangen bemooste Tropenbäume, die überschwängliche Vegetation schien nicht zu wissen, wohin sie noch wachsen sollte. Schmetterlinge flatterten im Sonnenlicht, das durch die Baumkronen stach, über uns brüllte ein Colobus-Affe, wie Richard erläuterte. Ich lief mit meinen Bergführern, die Träger hatten ihren eigenen Rhythmus. Ich sah sie nur dann, wenn sie uns überholten. Rechts hörten wir das Rauschen des Nyamwamba. Der Fluss wurde von den Mondbergen gespeist, in früheren Zeiten war der Pegel regelmäßig gewesen, doch je stärker die Gletscher abschmolzen, umso heftiger konnte das Wasser wüten, jedenfalls solange es das Eis überhaupt noch gab. Manche in der Region glaubten, mit dem Schnee würden irgendwann auch die Menschen verschwinden.

Wir überquerten eine Hängebrücke und wechselten die Talseite, das Gurgeln des Wassers nahm ab. Der Pfad stieß jetzt in den Hang hinein und schlug Kehren, um die Steigung zu bewältigen. Bald war uns danach, das Lunchpaket aus dem Rucksack zu holen und ein Sandwich mit Käse, Schinken und Ei zu verspeisen. Wenn ich mir schon den Magen verdarb, was nur selten vorkam, war die Sache in der Regel am nächsten Tag ausgestanden. So schien es auch dieses Mal zu sein. Auf jeden Fall hatte ich einen angemessenen Appetit. Der Anstieg durch den Bergwald fiel mir nicht schwer, aber wir gingen auch ziemlich langsam.

Irgendwann änderte sich die Landschaft, ganz plötzlich, als habe jemand eine unsichtbare Linie gezogen. In einer Höhe von ungefähr 2500 Metern erreichten wir die zweite Vegetationsstufe des Ruwenzori, den Bambuswald. Meterhohe Stämme standen dem gewundenen Pfad Spalier, so als hätten wir ein unsichtbares Portal durchschritten und befänden uns plötzlich mitten in einem fernöstlichen Kriegerepos, in dem vermummte Kämpfer und ihre Wurfmesser geräuschlos durch den Wald sausten. Aber hinter all den Stämmen, Sträuchern und Farnen lauerten keine menschlichen Angreifer, höchstens ein Leopard. Doch tagsüber sehe man ihn nie, versicherte mir Samuel – was allerdings nicht hieß, dass er nicht uns sah. Die Raubkatze wusste wohl instinktiv, dass der Mensch auch in diesem Ökosystem der Spitzenprädator war, selbst wenn er sich ziemlich ungelenk bewegte. Ich hatte mich derweil ans Laufen in Gummistiefeln gewöhnt.

Das Sine Camp, das erste fest eingerichtete Lager der Route, hatten wir links liegen gelassen und stiegen weiter auf zum Kalalama Camp auf 3134 Metern Höhe. Der Wald lichtete sich. Der Pfad war von Wasser durchsetzt. Kurz vor dem Lagerplatz fielen die ersten Tropfen. Als der Regen einmal eingesetzt hatte, sah er keinen Grund, bald wieder aufzuhören.

Das Kalalama Camp bestand aus zwei provisorischen Hütten auf einer Lichtung, eine für die zahlenden Gäste, eine für die einheimischen Guides und Träger. Das gewölbte Plastikdach wurde von Metallstreben getragen, im Inneren standen Stockbetten mit Schaumstoffmatratzen. Ziemlich bequem. Außerdem gab es ein Toilettenhäuschen mit einem Loch im Boden. Trocken und windgeschützt schlafen und nicht durchnässt werden, wenn man musste: Mehr konnte ich an einem Ort wie diesem nicht erwarten. Die Männer hatten ein Feuer gemacht, Topf und Pfanne aufgesetzt und kochten Reis mit Gemüse. Zum Einsatz kam eine schlierige Plastikflasche mit Speiseöl, die mir gleich den Appetit raubte. Nach drei Bissen ließ ich den Löffel sinken, weil ich nichts mehr hinunterbekam. Erst fing meine Hand an zu zittern, dann schlugen meine Zähne aufeinander und der ganze Körper schüttelte sich. Richard und Samuel erkundigten sich nach meinem Befinden. Ich erwähnte zum ersten Mal nicht mehr zu leugnende »stomach problems«, die sich – so ein Ärgernis – schon tags zuvor angekündigt hätten, aber morgen sicher ausgestanden wären. In diesem Glauben schlief ich irgendwann ein. Am Morgen fühlte ich mich um einiges besser, wenn nicht gar vollständig erholt. Die Schale Porridge, die Richard mir zum Frühstück reichte, verschlang ich und ließ keine Flocke übrig. Der Brei schmeckte angenehm neutral, ein wenig Salz und Zucker, sonst nichts, eine simple, aber sehr effektive Formel. Ich brauchte kein Superfood, sondern billigen Treibstoff, weil der heutige Tag mindestens genauso anstrengend sein würde wie der vorherige.

Im Kalalama Camp befanden wir uns noch nicht wirklich im Gebirge, sondern auf der Schwelle hinein. Schaute man von hier zurück, sah man noch immer die Ebene mit ihren Siedlungen, zumal der Regen über Nacht abgezogen und der Nebel aufgerissen war. An ganz klaren Tagen musste der Blick bis nach Kasese reichen. Somit blieb die Zivilisation anwesend, schob sich ins Blickfeld, wenn man einmal den Kopf drehte, als greifbare Option. Das galt es zu ändern. Im Nordwesten stiegen die bewachsenen Hänge weiter an, gaben an Steilstufen den nackten Fels preis, bis sie irgendwann in Wolken verschwanden. In diese Richtung führte heute der Weg.

Die Vegetation war hier, jenseits der 3000 Meter, wieder anders: Sie glich einem Fabelhain. Moos überzog die Felsbrocken, auf den Blättern saßen Perlen, die Luft schien feine Wassertröpfchen auszuschwitzen. An den Ästen der Bäume hingen Flechten wie ungepflegte Bärte alter Naturgeister. Überall plätscherte, rauschte und gurgelte es, sodass mir das

Mosaik der Landschaft, das sich aus allen erdenklichen Grüntönen zusammensetzte, wie ein einziger, atmender Organismus vorkam. Die Gummistiefel sanken alle paar Meter in der nassen Erde ein, stets musste ich sie langsam herausziehen – »schwooomp« machte es dann – nicht zu ruckhaft, sonst blieb der Schuh ohne Fuß stecken, und wenn ich dann das Gleichgewicht verlor, trat ich mit dem Socken in den Matsch. Immer dort, wo ein Bach den Hang ausgespült hatte, verlor der Pfad wieder Höhenmeter, manchmal half nur eine kleine, provisorische Leiter aus Ästen, aber tendenziell ging es bergauf. Die Bäume zogen sich langsam zurück, wir erreichten ein sumpfiges Hochtal. Die Feuchtigkeit hatte Senezien geschaffen, die bis zu vier Meter hoch aufragten, und riesenhafte, urzeitliche Lobelien, gleichermaßen vor Sonneneinstrahlung und Frost geschützt durch haarigen Bewuchs. Die Flora erschien prähistorisch, man wäre kaum verwundert gewesen, plötzlich einen Flugsaurier im Nebel zu erspähen. Der kleine Junge in mir hatte gehofft, dass eine Welt der Mythen und Magie, wie sie in Büchern und Filmen lebendig wurde, irgendwo auf diesem Planeten tatsächlich existierte, und er glaubte, endlich am Ziel zu sein. War dies das leibhaftige Endor, das verlorene Narnia? Auf jeden Fall ein Gebirge, in dem wir äußerst langsam vorankamen.

Monsunwinde treffen hier auf trockene Nordwinde und feuchte Westwinde aus dem unermesslichen Urwald des Kongobeckens. »Schwomp schwomp«, das war der Sound des Ruwenzori, mein steter Begleiter. Das Wasser stand teils knöchelhoch, einige Passagen waren nur trocken zu überwinden, weil jemand Holzplanken durch den Morast gelegt hatte. Auf den Brettern machte das Gehirn kurz Pause, musste nicht im Sekundentakt ausloten, wohin es die Füße setzte und wohin besser nicht. Glitschige Wurzeln waren zu meiden, darüber musste man nicht nachdenken, aber die Beschaffenheit der Erde ließ sich nicht so leicht abschätzen. Manche Stellen sahen trocken aus, waren aber triefend feucht, so sank ich doch immer wieder ein. Grasbüschel boten den besten Tritt, das lernte ich schnell und richtete meine Schritte danach aus, trotzdem ging ungefähr einer von zehn fehl, sodass es einer zusätzlichen Kraftanstrengung bedurfte, den Fuß wieder anzuheben oder das Gleichgewicht auszutarieren. Diese mühsame Fortbewegung kostete Zeit, die wir freilich hatten, aber auch Energie, die nicht unbegrenzt zur Verfügung stand. Noch genoss ich die Anstrengung des Gehens und das unwegsame Gelände, das etwas Selbstverständliches wieder zur Herausforderung machte, zu einer Notwendigkeit, die darüber entschied, ob ich unter freiem Himmel biwakieren musste oder ein Lager erreichte, das elementaren Schutz vor der Witterung sicherstellte.

Um die Mittagszeit erreichten wir den Talschluss, die Bergkämme links und rechts von uns liefen zusammen. Der Pfad führte steil bergan durch ein Bachbett, aber die Sohlen der Gummistiefel boten erstaunlich guten Halt auf den nassen Felsen. Nach dem Aufschwung flachte das Gelände wieder ab. Die tropische Überschwänglichkeit wich einer von Felsen durchzogenen Hochebene, auf der keine Riesensenezien mehr wuchsen, nur Gräser, Strohblumen und ein paar niedrige Sträucher. Der Blick reichte jetzt weit, die Wolken standen höher, manchmal kam sogar für ein paar Minuten die Sonne hervor. Aus der Entfernung machten die Wiesen einen ebenso kargen Eindruck wie die alpinen Matten heimischer Breiten, doch aus der Nähe stellte sich der Untergrund als der gleiche Morast heraus, den wir schon den ganzen Tag durchschritten. Das Lager war nicht in Sicht. Samuel ließ sich auch nicht auf eine Gehzeit festlegen, als ich danach fragte, es lägen noch »some hours« vor uns. Das konnten zwei Stunden sein, aber genauso gut vier. Alles, was ich über Wegzeiten im Gelände glaubte zu wissen, hatte sich längst als hinfällig erwiesen. Es fiel mir schwer abzuschätzen, wie lange es zum Beispiel bis zu einem Felsen war, den ich in einiger Entfernung als Wegmarke fixiert hatte. Mal erreichten wir ihn nach wenigen Minuten, mal zog sich der Weg eine halbe Stunde hin.

Der Pfad führte in nördlicher Richtung durch das weite Tal, das Namusangi genannt wurde und von schroffen Kämmen gesäumt war, die mein Gehirn in Nordeuropa hätte verorten können. Grasbüschel folgte auf Grasbüschel. Blieb ich stecken, nahm ich es hin, denn sich darüber aufzuregen, kostete noch mehr Kraft. Der Nachmittag ging ins Land. Vor einem kleinen See bog der Weg schließlich nach links ab und erklomm einen Hang. Oben lag – vom Talgrund nicht einsehbar – das Bugata Camp mit seinen Schutzhütten, Holzplanken und einem Hubschrauberlandeplatz. Gelbe Blumen täuschten über die Höhe von 4062 Metern hinweg. Ich setzte mich erschöpft auf einen Stein und schaute zurück ins Tal. Der See lag glatt wie ein

Spiegel in der Ebene, wie eine Halluzination: Ein falscher Schritt und man stürzte in den Himmel.

Der Abend brach herein, schnell und schwarz und kalt. Ich hatte mich in meiner Hütte eingerichtet. Die Träger hatten das Übernachtungsgepäck geschleppt, zusammen mit all den anderen Utensilien, die unsere Mannschaft brauchte. Ich fragte Samuel, wie viel sie dafür bekämen. Vier bis fünf Dollar pro Tag seien es. Unangenehme Pause. Er selbst erhalte als Guide neun bis zwölf Dollar und einen Bonus in gleicher Höhe, sofern der Kunde den Gipfel des Margherita Peaks erreichte. Davon war doch wohl auszugehen, dachte ich. Bis ich das Abendessen vorgesetzt bekam. Ich hatte geglaubt, Appetit zu haben, aber das stimmte nicht. Samuel erinnerte mich daran, dass ich schon am Vorabend nichts gegessen hatte. Ich entschuldigte mich mehrmals und verwies auf meinen flauen Magen, der mich noch immer plage, das möge Samuel bitte auch dem Koch sagen. Ich wollte unbedingt den Eindruck vermeiden, dass mir das Essen nicht gut genug war, so war es keineswegs. Weil ich im Toilettenhäuschen einiges an Flüssigkeit verlor, trank ich viel heißen Tee. Mir fehlten aber die Kalorien, um den Körper warm zu halten, also kroch ich in den Schlafsack. Schlafen war das einzige, was ich jetzt noch tun konnte, um Kräfte zu sammeln.

Der dritte Tag auf dem Kilembe Trail gehörte dem Bamwanjara-Pass. Der Pfad führte zwischen wuchtigen Felsbrocken steil bergan, er suchte sich wie das Wasser aus der umgekehrten Richtung den Weg des geringsten Widerstands. Darum liefen wir schon wieder in einem Bach. Ich hatte es wohl der Schale Frühstücksporridge zu verdanken, dass ich den Anstieg passabel hinter mich brachte. Oben auf dem Pass, ungefähr auf der Höhe des Matterhorn-Gipfels, hatte sich die Luft so stark abgekühlt, dass Schneeflocken durch den feuchten Nebel flirrten.

Auf der anderen Seite des Übergangs stiegen wir hinunter in ein verwunschenes Tal fernab jeder Siedlung. Der Pfad wand sich hinab durch einen riesigen Wald aus Riesenlobelien, die auf dieser Seite des Kamms in höheren Lagen wuchsen als im Namusangi-Tal. Nässe umgab uns und erfüllte alles, die Pflanzen, die Erde, die Luft. Bei jedem Schritt bestand die Gefahr, auf den Hacken auszurutschen, was auch ein paar Mal passierte. Ich hatte mein Cape über den Rucksack gezogen, weil es die ganze Zeit in den Hang hinein regnete. Nur einmal, für wenige Minuten, schoben sich die Wolken am Horizont auseinander und gaben die Stanley-Berge frei, die höchste Bergkette des Ruwenzori-Gebirges, eine scheinbar unüberwindliche Wand. Die Bakonjo glauben, dort oben wohne das Götterpaar Ketasamba und Nyibibuya, wie Richard mir erklärte. Wenn es sich bewege, lösten sich Steine. Noch lag diese Gefahr fern, bis zu den Stanley-Bergen war es mehr als ein Tagesmarsch. Ein paar hundert Höhenmeter unterhalb des Passes hatte sich der Nebel gelichtet, in der Ferne türmten sich Quellwolken auf und verbargen das Land darunter. Irgendwo unter uns, vielleicht zwei Kilometer entfernt, verlief die Grenze zum Kongo, die den vermeintlich bereisbaren Teil Ostafrikas vom sogenannten Konfliktgebiet trennte, aber nicht mehr als eine fiktive Linie auf der

Landkarte war, die wenig Bedeutung hatte. Wie wollte man sie schon überwachen? Während des Zweiten Kongokrieges, der Ende der Neunzigerjahre ausgebrochen war, hatte die Regierung Ugandas den Nationalpark gesperrt, weil er von Rebellen als Rückzugsgebiet genutzt worden war. Diese Zeiten lagen nun einige Jahre zurück. Und wie überall dort, wo ein heißer Krieg erkaltet war, kamen bald Touristen, die Abenteurer mimten, und echte Abenteurer, die nicht umhin kamen, Touristen zu sein. Man kann das so oder so sehen.

Ich schaute hinab auf einen See, den der Berg preisgab wie einen trüben Edelstein. Der Weg hielt sich rechts des Gewässers, führte am Hang entlang nordwärts und damit parallel zur Grenze. Drüben in der Provinz Nord-Kivu waren die ohnehin porösen Strukturen des kongolesischen Staates zerfallen, eine kaum zu überblickende Anzahl von Milizen hatte das Gewaltmonopol übernommen und machte davon regen Gebrauch. Meine Bergführer schien das nicht zu beunruhigen. Samuel fürchtete sich ohnehin vor wenig. Er sei viele Jahre beim Militär gewesen, erzählt er während der Essenspause. Zwölf, vierzehn, sechzehn Stunden seien sie da marschiert, um Kony aufzuspüren, den berüchtigten Kriegsherren, Führer der Lord's Resistance Army, zu dessen Ergreifung sogar Barack Obama Spezialtruppen nach Zentralafrika geschickt hatte – leider ohne Erfolg. Ihre Gewehrkugeln hätten sie sich mit Nashornpulver bestreut, sagte Samuel. Weil ich nichts dazu sagen konnte, brach das Gespräch ab.

Wieder hatte uns Nebel eingehüllt, der Wind trieb Nieselregen ins Gesicht. Samuel holte ein altes Handy hervor und machte ein bisschen Musik an, einen Tribut-Song von Jay-Z für die New Yorker HipHop-Legende Jam Master Jay. Die kratzigen Raps verhallten nach wenigen Metern im allumfassenden Grau.

Noch knapp zwei Stunden brauchten wir von hier zum Hunwick's Camp, dabei waren wir schon fünf oder sechs Stunden auf den Beinen. Ich wusste es nicht genau. Stunden, Kilometer, Höhenmeter, Gehzeiten, das ganze Zahlenwerk, das eine Uhr mit GPS-Funktion hätte liefern können und dabei hilfreich gewesen wäre, die Tour einem Außenstehenden verständlich zu machen – es interessierte mich eigentlich nicht. Die Durchquerung dieses Gebirges war keine Leistung sportlicher Natur, es ging darum, sich geografisch und zugleich mental von allem zu entfernen, woran man sich gewöhnt hatte. Moderne Technik brachte die Leute ohne Mühen an die entlegensten Orte, aber ein entscheidendes Element fehlte: die Verausgabung, die Entbehrung, die Chance, noch einmal leer zu werden, um sich wieder anfüllen zu lassen von allem, was einen anging, bewegte, antrieb – zumindest aber die Überwindung des Raumes mit eigenen Mitteln. Ohne Schlamm kein Lotos, das war die poetische Variante des *no pain no gain* und im Grunde eine Binsenweisheit. Aber vielleicht ging es um mehr. Wie es um das Verhältnis zum eigenen Leben bestellt war, bemerkte man erst, wenn man sich bewegte, seinen Standpunkt änderte, je radikaler, umso besser. Dafür musste man nicht an die Grenze der Erschöpfung gehen, doch half es gewiss und erklärte vielleicht auch, warum ich meinen Urlaub an einem derart wilden Ort verbrachte. Auf einem Laufband im Fitnessstudio war diese Erfahrung jedenfalls nicht möglich. Und wartete in der Einsamkeit der Wildnis, die nur auf beschwerlichen Wegen zu haben war, nicht auch eine große Klarheit? Man vergaß manchmal, wer man zu sein glaubte, wenn man ständig unter Menschen war.

Dass ich im Hunwick's Camp zum ersten Mal auf andere Bergtouristen traf, erwies sich trotzdem als Vorteil. Ich hatte noch immer zu kämpfen, weil ich zu Hause in der Apotheke ausdrücklich um ein sanftes Mittel gegen Durchfall gebeten hatte und die Tabletten, die ich seit vier Tagen einnahm, überhaupt keine Wirkung zeigten. Mit welchen Bakterien mein Körper auch immer in Kontakt gekommen war, ohne Chemie-Keule war ihnen nicht beizukommen. Der Arzt aus der Schweiz, der vom Margherita Peak kam und im gleichen Lager übernachtete wie wir, hatte noch eine Packung Immodium im Gepäck, die er mir gerne überließ. Danach ging nichts mehr hinaus, aber es wollte noch immer nichts hinein. Mein Problem war also zur Hälfte gelöst, ein wichtiger Fortschritt – oder eine Enttäuschung? Es kam auf die Einstellung an. Ich war als Optimist angetreten, der seinen Gürtel inzwischen aber ein Loch enger schnallen musste.

Auf den Stanley-Bergen vor uns lag Schnee wie Kokosflocken, die scheinbar ein einziger Windstoß zerstäuben konnte. Sogar die Sonne schien an diesem Nachmittag. Wie schön. Obwohl ich mich von ihren Strahlen nicht ernähren konnte. Das Abendessen lehnte ich wieder dankend ab, es war das immer gleiche Ritual: ein paar Bissen, das komische Gefühl im Magen, ein Anflug von Übelkeit, Ende. »You really have to eat«, ermahnte mich Samuel, aber er wusste ebenso wie ich, dass er mich zu nichts zwingen konnte, die Umkehr eingeschlossen, solange ich beteuerte, dass wir weitergehen konnten.

Das Porridge am Morgen spülte wieder ein paar Joule in die Kalorienspeicher. Ich war mittlerweile sicher, dass das Gelingen dieser Tour einzig davon abhing, dass ich den Haferschleim runterbekam. Die Tagesetappe fiel mit drei bis vier Stunden Gehzeit eher moderat aus, wir ließen es langsam angehen. Die Route führte über schlüpfrige, aufgeschwemmte Pfade durch ein nunmehr wieder dicht bewachsenes Tal und passierte die Kitandara-Seen. Am Ufer lag ein Camp, das nicht genutzt wurde, der perfekte Ort für eine Einsiedelei, sofern man genug Vorräte eingepackt hatte. Die schlammige Wasseroberfläche wirkte auf mich so, als könnte sie eine gefräßige Kreatur verbergen, eine unbekannte Spezies aus der Megafauna des späten Pleistozäns, die in der Abgeschiedenheit des Ruwenzori die Jahrtausende überdauert hatte. In diesem Gebirge war vieles vorstellbar. Doch wir blieben unbehelligt. Richard und Samuel gaben ein entspanntes Tempo vor, weil sie davon ausgehen mussten, dass ich entkräftet war. Aber die Kraft saß nicht in den Oberschenkeln, sondern unter der Schädeldecke. Der Entschluss, einen Fuß vor der anderen zu setzen, bis das Lager erreicht war, brachte mich durch den Tag.

Das höchste Zeltcamp des Kilembe Trails lag unweit der Elena-Hütte, die von den Kunden einer anderen Trekking-Agentur genutzt wurde, deren Gäste über den Central Circuit Trail aufstiegen. Zu meinem Erstaunen war dieses Lager nicht weniger komfortabel als die vorherigen, sogar eine kleine

Holzhütte gab es. Die Pflanzen hatten sich zurückgezogen, ein schneidender Wind fegte über die Felsen. Ich zog meine Daunenjacke an. Die Träger erhitzten Wasser aus einem Bach über dem Gaskocher, füllten es in eine Plastikschale und stellten mir den Bottich mit einem Stück Seife hin. Während ich ein Fußbad machte, um die Kälte loszuwerden, die mir unter die Kleidung gekrochen war, fing es an zu schneien. Ich aß etwas Reis und gab es erwartungsgemäß gleich wieder auf. Samuel kam herein, schaute auf den Teller und fragte, ob ich heute Nacht aufbrechen wolle. Ja, antwortete ich, wobei ich mir zum ersten Mal unsicher war. Fröstelnd und merklich schmaler als vor vier Tagen schaute ich hinaus in die Dämmerung. Warum tat ich mir das an? Vielleicht einfach deshalb, weil ich jetzt nicht aufgeben wollte und man ein Abenteuer, für das man sich aus freien Stücken entschieden hatte, auch zu Ende bringen musste.

Als wir um drei Uhr in der Nacht aufbrachen, war es so finster, dass ich immer nur den einen Quadratmeter sehen konnte, den meine Stirnlampe anleuchtete. Das Gestein, über das wir bergan stiegen, war so glatt, als habe es jemand eingeseift. Vielleicht Ketasamba und Nyibibuya, die keine Steine lösten, um Bergsteiger zu verschrecken, sondern sich auf eine neue Taktik verlegt hatten? Es schneite leicht. Obwohl ich zum ersten Mal meine Bergstiefel trug, rutschten die Sohlen häufig ab, ich konnte meinen Schritten nicht trauen. Beachtlich, wie sicher sich Richard und Samuel in der Dunkelheit und in diesem weglosen Gelände orientierten.

Nach gut einer Stunde erreichten wir den ersten Gletscher: der Beweis, dass das Eis auf dem Ruwenzori keine Sinnestäuschung war. Doch es hatte längst nicht mehr die Ausmaße, die der Abruzzenherzog Luigi Amedeo di Savoia-Aosta bei der ersten europäischen Besteigung 1906 vorgefunden hatte. Ein Jammer, aber für den Moment unerheblich. Wir konnten sowieso nicht weit schauen. Die Steigung blieb recht sanft, wir stapften eine Weile durch den Schnee, bis wir auf den Südostgrat des Alexander Peaks stießen. Da wir diesen nicht überklettern konnten, führte die Route rechts in abschüssiges Felsgelände. Wir mussten über ein Steilstück absteigen, um den Grat zu umgehen. Samuel sicherte mich mit dem Seil und ließ mich über eine schlüpfrige Rinne hinab. Meine Füße und Hände suchten Trittflächen und Griffe, bis ich irgendwann unten war. Mittlerweile konnte ich erste Umrisse in der Dunkelheit erkennen. Die Dämmerung zog auf, aber uns hüllten Wolken ein. Wir hatten den Fuß des Margherita-Gletschers erreicht und legten Steigeisen an. Hier unten am Saum der Gletscherzunge gab es eine Spur, die lotrecht hinauf führte, wir gingen angeseilt, ohne einen Sicherungspunkt zu setzen. Auf dem Firneis lag so viel Schnee, dass unsere Stiefel festen Halt fanden. Die Nacht wich endgültig zurück, die Wolken lichteten sich. Ich blieb stehen und ließ meine Blicke über den gefrorenen Berg wandern. In einiger Entfernung stand Samuel wie eine Heldenstatue auf dem Gletscher und schaute zurück, ob ich vorankam. Über das letzte Steilstück durch die Felsen hatte ich gelesen, dass es bei Eis und Schnee heikel sein konnte. Doch die verschneiten Blöcke erwiesen sich als weniger schwierig als die Felsrinne, die wir hinabgestiegen waren, auch wenn ein Absturz noch immer fatal gewesen wäre. Und dann, schneller als ich angenommen hatte, ging es nicht mehr höher hinauf.

»We made it in six hours, good time!«, sagte Samuel und schien überrascht zu sein. Ich setzte mich hin und atmete eine Weile durch, trank einen Schluck Tee. Auf dem Gipfel stand ein Schild, das von Eiskristallen überzogen war, aus denen man die Windrichtung ablesen konnte. Es musste hier oben die meiste Zeit stürmen, aber an diesem Morgen war es nahezu windstill. »Welcome to Margherita Peak – 16763 ft. (5109 m) a.s.l. – The highest point in Uganda«. Diese Aufschrift weckte etwas bizarre Assoziationen. Hier an einem der entlegensten Orte Afrikas gab es wirklich nichts und niemanden, der einen willkommen hieß. Ganz im Gegenteil war man an diesem Flecken Erde von allen guten Geistern verlassen. Nur ein falscher Tritt, ein gebrochener Knöchel – es wäre das Ende. Ich hatte keine Ahnung, wie man zurück nach Kilembe kam, wenn man nicht mehr laufen konnte. Auf einer Trage? Über diese Pfade, die doch eigentlich Bäche waren? Am Horizont ragten schneebedeckte Kämme aus den Wolken, Fünftausender und hohe Viertausender der umliegenden Bergketten, sonst nichts. Wir befanden uns in einem wilden, entrückten, gefahrvollen Sagenreich, noch nicht im Himmel, aber auch nicht mehr auf der Erde. Es gab keinen Grund, an diesem weltverlorenen Ort zu sein, aber doch war ich hergekommen. Und das bedeutete, dass ich den ganzen Weg zurücklaufen musste.

Eigentlich wollten wir heute noch das Hunwick's Camp erreichen, aber wir waren erst nach dem Mittag wieder im Basislager. Richard und Samuel entschieden, die Nacht hier zu verbringen, wofür ich ihnen sehr dankbar war. Ich wollte mich hinlegen und die Augen schließen. Zum ersten Mal seit unserem Aufbruch in Kilembe standen die Wolken so hoch, dass wir in der Ferne das Licht der untergehenden Sonne sahen. Abendrot statt Abendbrot.

Richard und Samuel regten um sieben Uhr in der Früh zum Aufbruch an, weil wir eine gewaltige Wegstrecke vor uns hatten. Zuerst ging es abwärts zu den Kitandara-Seen, wo der Pfad einige unangenehme Gegenanstiege bereithielt, die mir auf dem Hinweg nicht aufgefallen waren. Das Hunwick's Camp erreichten wir weit vor Mittag, was jedoch kein Grund war, lange zu rasten. Ich wusste, dass der Bamwanjara-Pass vor uns lag – und zwar von der anderen Seite, die deutlich mehr Höhenmeter aufwies. Es gab keinen anderen Weg als diesen rutschigen Steig, den wir vor drei Tagen hinabgekommen waren. Ich spürte die Schwäche in den Muskeln, noch bevor wir uns in den Hang begaben. Mir war klar, dass ich den Übergang nur bewältigen würde, wenn ich mich vom Gehen ablenkte, meine Gedanken von der körperlichen Tätigkeit entkoppelte. Das ging nur mit Musik. Auf dem Handy hatte ich eine Fernweh-Playlist unter anderem mit Musikern aus Westafrika – Amadou & Mariam, Orchestra Baobab, Rokia Traoré, Oumou Sangaré, Fatoumata Diawara –, aber für den Pass musste es härteres Zeug sein. Weil der Geschmack so widersprüchlich ist wie die Persönlichkeit, wählte ich eine Playlist mit düsteren Trap-Songs, eine Aneinanderreihung von Allmachtsphantasien wütender Männer mit viel Diamantschmuck. Schritt um Schritt arbeiteten wir uns durch den Lobelienwald nach oben, ich atmete erst langsam und tief, dann immer flacher und schneller, den Blick stets auf den Pfad gerichtet, während 2Chainz drohte: »I'ma start a riot, I'ma start a riot«. Irgendwann lief ich so langsam wie die Frauen und Männer an den Achttausendern, die sich in Zeitlupen-Tempo fortbewegten. Nur blieb ich nie stehen, weil ich Angst hatte, meinen Tritt zu verlieren. Richard und Samuel war es wohl recht. Solange ich keine Ausfallerscheinungen zeigte, würde uns ein ungeschütztes Biwak erspart bleiben. Nach etwa fünfzig Liedern begann die Playlist von vorne. Ich bemerkte, dass wir ohne Pause marschiert waren und erwachte aus der Trance. Die Passhöhe war erreicht. Wir legten eine Pause ein, und ich verspeiste zum ersten Mal auf der Tour ein dreigängiges Menü: Sandwich, Apfel, Banane.

Am Nachmittag – es musste deutlich nach drei Uhr sein – erreichten wir das Bugata Camp mit dem provisorischen Heliport. Wenn schon kein Hubschrauber kam, so hätten wir wenigsten hier übernachten können, aber dann wäre der Weg nach Kilembe am nächsten Tag umso länger gewesen. Also entschieden wir, ins nächste Camp weiterzugehen, nicht nach Kalalama, es gab noch eines davor, das wir beim Aufstieg nicht genutzt hatten. Richard lief voraus, Samuel blieb bei mir. Vor uns lag das Namusangi-Tal, diese höllische Ebene mit ihren Sümpfen und Gräsern. Der Matsch zog von unten an den Gummistiefeln wie ein hartnäckiger Klebstoff.

Tausende endlose Schritte. Meine Gedanken waren so öde wie die Landschaft, schwammen dahin wie der Tag, dem bald das Licht ausgehen würde. Als die Hochebene abfiel, mussten wir schon unsere Stirnlampen einschalten. Über glitschige Steine und Wurzeln ging es steil bergab. Die Bäume kehrten zurück, aber wir sahen sie nicht. Die Nacht war schneller als wir. Meine Augen starrten in die Schwärze und auf Samuel, der mir gut zuredete. »It's not far any more.« Ein Schritt, noch ein Schritt, wieder von vorne, nichts anderes war zu tun, aber das reichte auch völlig. Als wir das Camp erreichten, schaute ich auf mein Handy: 20.46 Uhr. Ich fühlte mich sehr frisch, sehr klar, obwohl ich vollkommen am Ende war. Oder vielleicht genau deshalb? Ergab das irgendeinen Sinn?

Das Großartige am Gebirge war doch, dass es die unterschiedlichsten Naturräume auf kleiner Fläche komprimierte. Man musste nicht in ein Flugzeug steigen oder tagelang im Bus sitzen, um zwischen den faszinierendsten Landschaften zu wechseln – zu Fuß gehen genügte. Innerhalb von achtundvierzig Stunden waren wir von vergletscherten Bergen, wo die Götter mit Steinen schmissen, über die Höhen des Bamwanjara-Passes und die niederträchtigen Sümpfe des Namusangi-Hochlands bis ins Tal der Dinosaurier marschiert.

Noch einmal raus aus dem muffigen Schlafsack, noch einmal Porridge, Gummistiefel anziehen und den Rucksack packen, alles klamm und starrend vor Dreck. Noch einmal ein paar Stunden laufen, immer abwärts, durch Heide, Farne und Bambus. Bald strahlte die Sonne vom Himmel und trocknete die Kleidung. In den Büschen hockten Chamäleons. Wir überquerten den Nyamwamba und erreichten die Felder, die ersten Häuser, schließlich das Dorf und das Hostel. Ich nahm meine erste warme Dusche – eine Freude, die sich potenzierte, je länger man sie sich aufsparte. Nach einer Minute waren die Finger schrumpelig. Ich zog mir ein frisches T-Shirt an und ging auf die Terrasse, mit einem hervorragenden Appetit. Der Küchenchef wartete schon.

Mir war klar, dass manches, das auf andere albern wirkt, für einen selbst vollkommen richtig sein kann. Ein verhältnismäßig reicher Mann fliegt in ein verhältnismäßig armes Land und geht dort in die Wildnis, um sich seines gewohnten Komforts zu entledigen, weil das belebend ist, während die Einheimischen mit Problemen kämpfen, gegen die alle Wohlstandssorgen verblassen. Faktisch mochte dies stimmen. Aber kein Mensch ist alleine deshalb glücklich, weil er gesund ist, in einem Land ohne Krieg aufwächst und keine materiellen Sorgen kennt. Nein, so funktioniert der Mensch nicht, und diejenigen, die am lautesten fordern, dass es so zu sein habe, werden dem noblen Ideal erfahrungsgemäß selbst nicht gerecht. So sehr der Gedanke entlastet, nur ein unbedeutender Teil dieses Weltenspiels zu sein, so trifft es doch gleichermaßen zu, dass das ganze Universum sich allein in unserem Kopf abspielt und dort eine einzigartige Wirklichkeit existiert, die vollkommen subjektiv ist. Das bedeutet nicht, dass es keine überprüfbaren Fakten gibt. Doch das Gehirn kramt zu jeder unbestreitbaren Tatsache sofort eine Million Assoziationen und Empfindungen hervor, die so einmalig sind wie ein Fingerabdruck. Niemand kann sich selbst entkommen. So geht es bei fast allem, was man tut, letztlich um die Frage, was es da draußen noch zu fühlen gibt, das bisher außer Reichweite gelegen hat. Vielleicht musste ich auf den höchsten Berg des Ruwenzori steigen, um herauszufinden, wie gut ein Hühnchen mit Pommes schmeckt, weshalb Begierde sich auf die kleinsten Dinge richten kann und dass möglichst viele Annehmlichkeiten nicht automatisch das Wohlbefinden steigern – eine Tatsache, die man im Laufe der Jahre leicht vergisst.

Ich hatte dem Käfer nicht unbedingt zu danken für die zusätzliche Mühsal. Aber ich war ihm auch nicht böse.

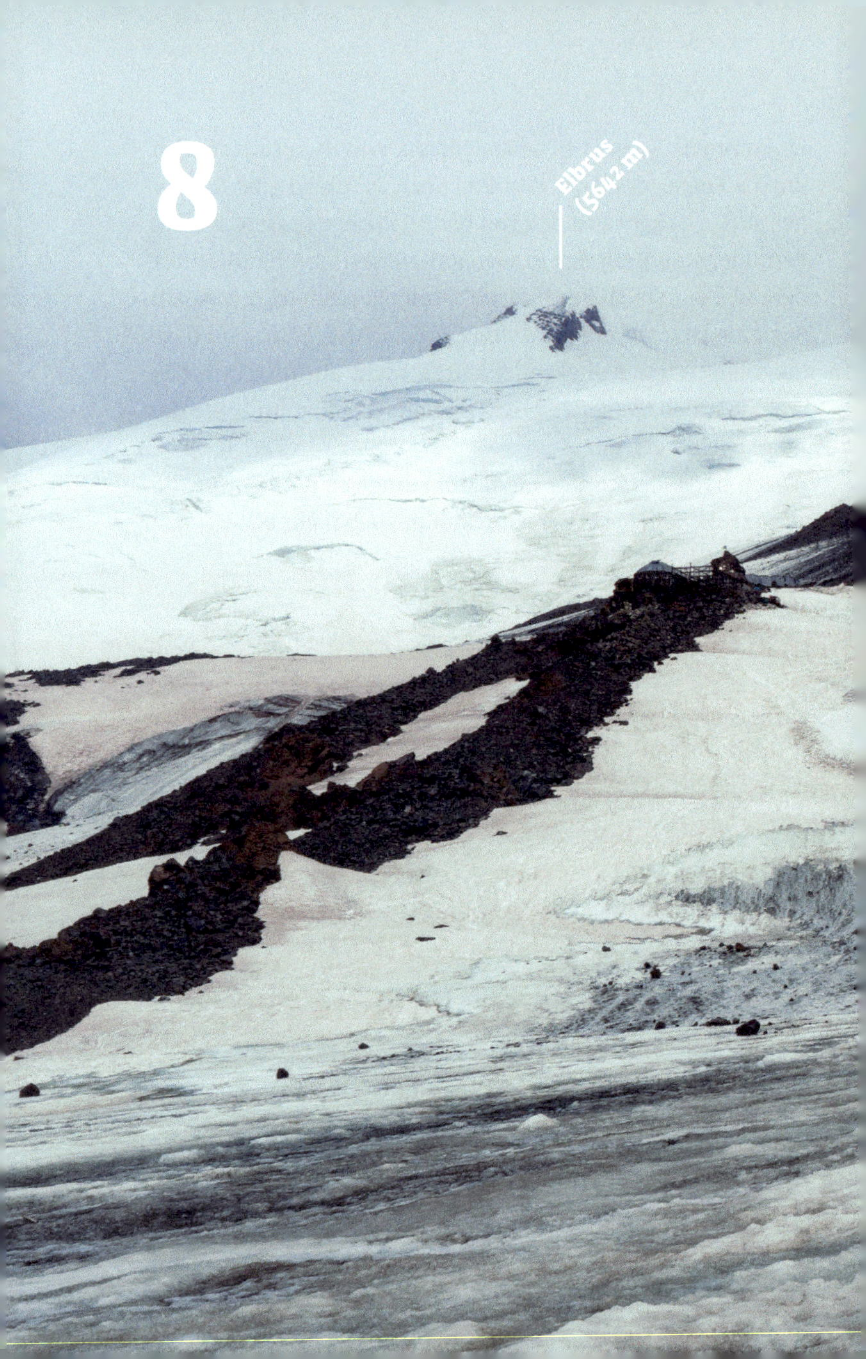
8
Elbrus
(5642 m)

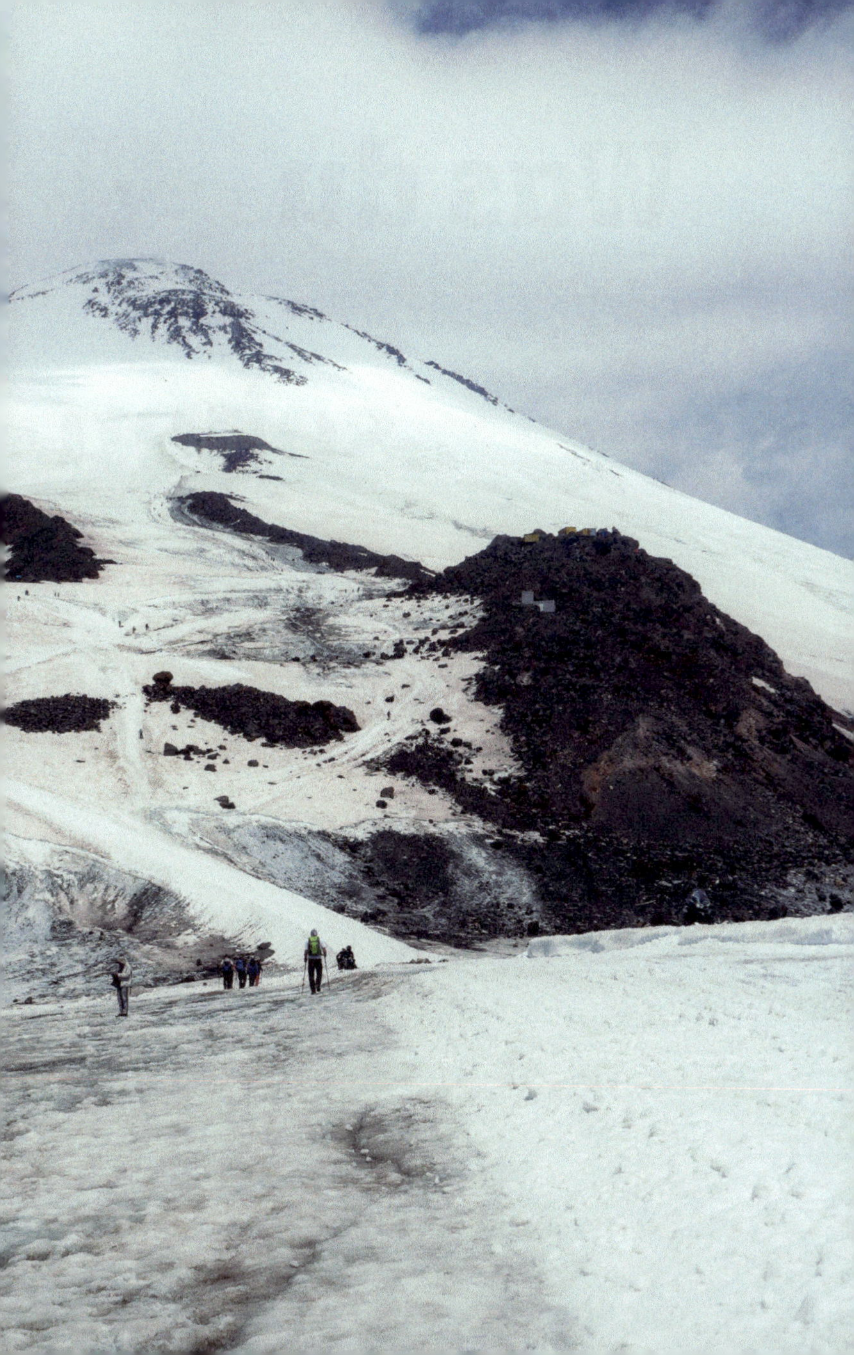

Was du

Großer Kaukasus

sehen

Russland

kannst

2017

oder

nicht

»It's your life«, sagte Bergführer Viktor mit einem verschmitzten Lächeln unter dem Schnauzbart, das ihn noch mehr wie einen russischen Intellektuellen aussehen ließ, der er durchaus hätte sein können und vielleicht auch war, in einem anderen Leben, das sich abseits der Berge abspielte. Wir wussten es nicht. Aber wir lachten über den Spruch. Dabei war die Sache ziemlich ernst.

Wenn man auf dem Eis zu Fall kommt, entscheiden die nächsten Sekunden über alles, ob man am Leben bleibt nämlich, daher sollte man nicht erst dann anfangen darüber nachzudenken, was zu tun wäre. Man muss es sofort wissen, instinktiv quasi, auch wenn das nicht einfach ist, weil man gewöhnlich nicht auf einem Gletscher oder in einer Firnflanke steht und ausrutscht. Trotzdem sollte man auf diesen Moment unbedingt vorbereitet sein. Es gilt, den Körper augenblicklich abzubremsen, bevor er zu viel Geschwindigkeit aufnimmt. Dafür muss man flach auf dem Bauch liegen, den Eispickel mit beiden Händen greifen, die Arme anwinkeln, die Haue in den Schnee rammen und das Körpergewicht darauf verlagern. Keinesfalls darf man mit den Füßen bremsen, wenn diese in Steigeisen stecken, sonst überschlägt man sich, im Knie reißen die Bänder, und es geht rasant abwärts, bis man zweihundert Meter tiefer in die Felsen schlägt. Sofern man auf dem Weg dorthin nicht schon in einer Spalte verschwunden ist.

Um das zu vermeiden und auf jeden Sturz vorbereitet zu sein, trainierten wir den Pickelrettungsgriff. Wir schmissen uns wieder und wieder in den kurzen Schneehang neben dem Camp, erst rücklings, die Beine zuerst, mit dem Kopf nach unten, dann bäuchlings, die Füße voran und noch einmal andersherum, jede unglückliche Fallkonstellation mehrfach probend. Viktor stand daneben und begutachtete unsere Technik. Nach einer Stunde des Rutschens und Bremsens fragte ihn jemand aus der Gruppe: »Na, wie war's? Wie haben wir uns angestellt?« Und Viktor sagte, es sei doch unser Leben. Da hatte er natürlich Recht.

Viktors lakonische Antwort hielt gleich mehrere Wahrheiten bereit. Sie erinnerte uns daran, dass der Elbrus zwar kein schwieriger Berg war, der ausgeklügelte Klettertechniken erforderte, aber trotzdem anspruchsvoll genug, um die Besteigung nicht auf die leichte Schulter zu nehmen. Sie war aber auch ein Appell, das Leben selbst in die Hand zu nehmen statt die Verantwortung auf Dritte abzuschieben, nicht mit dem Finger auf andere zu zeigen, wenn eine Sache schiefgeht, sondern die Konsequenzen einer Entscheidung zu tragen, somit auch eine Aufforderung, den eigenen Fähigkeiten zu vertrauen und nicht auf fremde Erlaubnis zu warten, bevor man sich an große Taten wagt, oder generell allzu viel auf andere Meinungen zu geben, sondern aufzubrechen, wenn man sich bereit fühlt. Viktors Antwort formulierte eine Universalethik, die nicht dem Egoismus das Wort redete, sondern eine tatkräftige, emanzipatorische Selbstbestimmtheit betonte. *It's your life,* es liegt an dir, erkenne die Herausforderung, aber zaudere nicht. In dem kurzen Satz steckte – das erkannten wir in dem Moment nicht – ein deftiger Happen Weisheit, den Viktor uns nonchalant servierte und der ihn, wie ich finde, in eine Reihe mit all den großen und kleinen Alltagsphilosophen stellte, die das Geheimnis der Berge zu entschlüsseln versuchten. Warum man also ins Gebirge geht und auf die Gipfel und dabei Entbehrung sucht, aber auch beispiellose Freude und Zuversicht, die komischerweise jenseits der Baumgrenze erst richtig zur Blüte kommt.

»Ferne Berge sind erhabener als nahe«, bemerkte angeblich Jean Paul, der eigentlich Johann Paul Friedrich Richter hieß und zu einer Zeit lebte, als die Europäer noch kaum etwas vom Himalaya oder Karakorum wussten, ein Romantiker und Realist, der in der fränkischen Provinz zuhause war, nicht zwischen Höhenzügen ferner Länder, ein Meister der Metaphern, Wortbilder und Schachtelsätze, aber kein früher Alpinist, weshalb er die Berge wohl lieber aus der Ferne würdigte.

Wir wollten einen Gipfel besteigen, das war der simple Gedanke. Aber nicht irgendeinen. Oft war ich mit meinem Bruder Felix und Björn in den Ostalpen gewesen, im Ötztal auf Similaun und Wildspitze, auf Hinterer Schwärze und Fluchtkogel, aber dieses Mal wollten wir auf einen Berg, der eine besondere Erhabenheit ausstrahlte, die sich nicht allein aus der geografischen Distanz ergab, sondern durch die empfundene Entfernung. Neben einer angemessenen Höhe brauchte es Abgeschiedenheit, dieses Gefühl der Fremde und Wildheit, das sich zwischen geraniengeschmückten Balkons in Matrei, Neustift oder Sulden schwerlich einstellte. Wir schauten über die Alpen hinweg nach Osten und waren bald beim Elbrus im russischen Kaukasus, mit 5642 Metern höher als der Mont Blanc. Damit gehörte der Berg zu den legendären Seven Summits, den höchsten Gipfeln der sieben Kontinente. Jedenfalls, wenn man den Kaukasus zu Europa zählte, was viele bekannte Bergsteigerinnen und Bergsteiger taten. Wo genau die Grenze zu Asien verläuft, wurde völkerrechtlich nie eindeutig definiert. Der Mythos Elbrus gewann dadurch noch an Strahlkraft – ein rauer Vulkan zwischen den Welten, Gebieter über ein Zwischenreich. Der ungestüme Lockruf des Berges, der in meinen Ohren immer ein bisschen wie das Heulen eines Schneesturms klang, durchdrang die Mauern der Gewohnheit, die wir um unsere alltäglichen Verrichtungen hochgezogen hatten, wie das jeder Mensch tut, der nicht irgendwann durchdrehen will. Bis es Zeit gewesen war, wieder einmal fortzugehen, aufzubrechen, wie das jeder Mensch tun muss, der schwunglos gewordene Überzeugungen abstreifen möchte.

»Alle Menschen werden die Wahrnehmung machen, dass man auf hohen Bergen, wo die Luft rein und dünn ist, freier atmet und sich körperlich leichter und geistig heiterer fühlt«, war sich Jean-Jacques Rousseau sicher, der große Staatstheoretiker und Aufklärer, der das betrübliche Gefühl in sich trug, dass seine Zeitgenossen auf einem falschen, verwerflichen Wege waren, der sie immer weiter von ihrer wahren Natur entfernte. Im Gebirge war das Elend offenbar leichter zu ertragen. Allerdings unterschlug Rousseau, dass der physischen Leichtigkeit in großen Höhen eine Phase der

Energielosigkeit vorausgeht, in der man sich abgeschlagen fühlt und nicht so frei atmet.

Am Elbrus lief alles auf gute Akklimatisierung hinaus, diesen magischen Anpassungsprozess des Körpers, den die Wissenschaft immer noch nicht vollständig entschlüsselt hat. Wir waren mit der Aeroflot von Deutschland über Moskau ins Provinzstädtchen Mineralnyje Wody in der Region Stawropol im Nordkaukasus geflogen, von dort war es mit dem Auto nach Terskol gegangen. Eine Gondelbahn brachte Bergsteigerinnen und Tagestouristen bis auf 3500 Meter, dann schloss sich ein kurzer Sessellift an. Unsere Gruppe bestand aus Felix und mir, Björn, Birgit, Dirk, zwei Luxemburgern und Bergführer Viktor.

Als ich zum ersten Mal aus der Seilbahn stieg, stellte ich fest, dass meine Vorstellung von rauer Abgeschiedenheit Blödsinn gewesen war. Wie konnte es auch anders sein? Der Elbrus war ein Star unter den Bergen der Welt, eben weil er zu den Seven Summits gehörte, und lockte Alpinistinnen und Alpinisten aus allen Erdteilen, die irgendwo schlafen, essen und sich die Zeit bis zur Gipfelnacht vertreiben mussten. Mehrere voll ausgebaute Hütten, dutzende Schlafcontainer aus Blech mit Stockbetten und noch mehr verstreute Zelte säumten die Bergflanke. Strommasten versorgten die Massen mit Elektrizität, die das Zubereiten warmer Mahlzeiten deutlich erleichterte. Wir bezogen einen Container mit komfortablen Betten, in denen wir die Schlafsäcke ausrollten und uns einrichteten. Nach dem ersten Tag waren wir mit der Seilbahn zum Übernachten wieder ins Tal gefahren. Nun blieben wir eine Weile. Von unserem Lager auf 3700 Metern aus unternahmen wir Tagesaufstiege, um den Körper an die Höhe zu gewöhnen. Zunächst ganz moderat bis zur sogenannten Diesel-Hütte auf 4100 Metern, dann bis auf 4500 Meter, schließlich hinauf zum Pastuchov-Felsen auf 4700 Metern. Die Route führte über den weiten, nicht allzu steilen Gletscher, der die Südflanke des Elbrus-Doppelgipfels bedeckte. Weil im Sommer täglich unzählige Menschen auf der Strecke unterwegs sind, gab es eine breit ausgetretene Spur. Außerdem waren in regelmäßigen Abständen Stöcke in den Schnee getrieben, damit niemand fehlging und in Spaltengelände lief. Diese Etappe des Berges hatte den Charakter einer Skipiste. Niemand ging am Seil. Trotzdem kommen jedes Jahr Menschen am Elbrus zu Tode, weil sie ihre Kräfte überschätzen, bei Schlechtwetter aufbrechen oder in Sturm geraten. Wer sich einmal im Nebel verirrt und von der Route abkommt, hat ein ziemliches Problem. Die Hänge und Flanken des Berges sind weitläufig. Und außerdem recht trocken, aber das hat nur Auswirkungen auf die Versorgung in den Lagern.

Mit der Seilbahn hatten wir Trinkwasser in Kanistern hinaufgebracht. Mit Mahlzeiten wurden wir in einem der benachbarten Container versorgt. Köchin Nadeshda machte einen hervorragenden Borschtsch, tischte Pelmeni, Frikadellen und allerlei andere Speisen auf, die uns bei Kräften halten sollten. Manchmal aßen wir mit gutem Appetit, an anderen Tagen weniger. Das kam darauf an, wie wir die Höhe vertrugen. Felix war anfangs etwas flau im Magen, aber unser Bergführer zeigte sich geduldig und trieb uns nicht unnötig an. Je mehr sonnige Tage vergingen, umso besser fühlten wir uns.

Abends lag goldenes Licht auf den Gebirgszügen am Horizont. Im Süden erhob sich der mystische Uschba, der »schreckliche Berg«, einer der schwierigsten Gipfel im Kaukasus. Seine zwei markanten Felszacken stachen aus der Wolkendecke wie Teufelshörner.

»Denn welche Lust es ist, und, nicht wahr, welches Vergnügen für den ergriffenen Geist, die gewaltige Masse der Gebirge wie ein Schauspiel zu bewundern und das Haupt gleichsam in die Wolken zu erheben. Ich weiß nicht, wie es zugeht, daß durch diese unbegreiflichen Höhen das Gemüt erschüttert und hingerissen wird zur Betrachtung des erhabenen Baumeisters«, schwärmte Konrad Gesner, ein junger Schweizer, der im Jahr 1541 als einer der ersten Menschen die reine Lust am Bergsteigen ohne höheren Zweck schriftlich festhielt. Gesner sprach von den Bergen als »irdischem Paradies« und war auch dahingehend Pionier, dass er die Wildnis der Berge – eigentlich Reich von Geistern und Dämonen – schon als Schöpfung Gottes anerkannte, die das Harmonisch-Schöne und Schrecklich-Schroffe gleichermaßen umfasste. Von wegen Teufel also. Noch an der furchterregendsten Felswand zeigte der himmlische Baumeister, wozu er imstande war. Allerdings musste er erbost darüber sein, wie die Menschen sein Werk verschandelten.

Als wir am Ruhetag vor dem Gipfelversuch neben dem Wohncontainer auf den Steinen hockten, da schien die Sonne mild und lieblich auf den Elbrus. Wir sogen die Bergluft ein und genossen die Aussicht, bis plötzlich ein Geruch in der

Nase biss, der an einen ganz anderen Ort gehörte. Chemisch roch es, ungesund scharf. Keine zwanzig Meter von unserer Baracke entfernt stieg Qualm auf. Wir liefen hin und stellten fest, dass dort Säcke mit Plastikmüll vor sich hin schwelten. Die Mitarbeiter der nahen Berghütte hatten den Unrat mit Spiritus übergossen und angezündet, nun war er nicht mehr zu löschen. Der Wind trug den giftigen Rauch den Berg hinauf, direkt zu uns, ließ ihn durch die Ritzen unserer Unterkunft bis in die Matratzen und Schlafsäcke ziehen. Ich konnte mir gut vorstellen, dass man in Schweden für ein derartiges Vergehen des Landes verwiesen und mit einer Wiedereinreisesperre belegt wurde. In der Schweiz dürfte einen die Strafe ruinieren, auch vom Deutschen Alpenverein wäre keine Milde zu erwarten. Am Elbrus störte die Umweltverschmutzung die Einheimischen nicht. Wir waren empört und konfrontierten unseren Guide, obwohl er nichts damit zu tun hatte. Viktor schaute verlegen, aber nur ein wenig, und erklärte die Müllverbrennung an Ort und Stelle mit der »russian mentality«, wozu uns nichts mehr einfiel. Es war ernüchternd. Wenn man danach suchte, fand man Abfälle in nahezu jeder Ritze zwischen den Felsen. Hier verrosteten Metallstreben, dort moderten Fässer, überall Konservendosen. Ein Hang nahe des Lagers glich einer offenen Mülldeponie. Als Kind hatte ich mich nicht getraut, auch nur ein Taschentuch in den Bergen fallenzulassen. Andererseits war unsere Empörung wohlfeil. Wir würden zwar die Plastikkanister zurück ins Tal bringen. Aber konnten wir sicher sein, dass die Verpackungen, aus denen unser Essen entnommen wurde, nicht ebenfalls in einem Sack landeten, der noch am Berg verbrannt wurde? Das konnten wir nicht, und wir gingen dem auch nicht nach. Wir waren eher Teil des Problems als Teil der Lösung. Aber wir konnten es in dem Moment nicht ändern. So war unser Gemüt kurzweilig erschüttert, aber nicht wegen des faszinierenden Schauspiels der Hochgebirgsnatur, sondern weil wir ihr etwas von ihrer Würde raubten, indem wir gekommen waren, um sie zu erleben. Das alte Dilemma des Tourismus.

»Nur, wo du zu Fuß warst, bist du auch wirklich gewesen«, lautet ein viel zitierter Aphorismus Goethes, der bis heute Gültigkeit auf Reisen hat. Die Berge machen es einem leicht, diesem Gedanken zu folgen, dort ist die Fortbewegung nur mithilfe der eigenen Beine möglich. Es sei denn, man befindet sich am Elbrus.

Zwischen dem Basislager oberhalb der Seilbahnstation und dem Westgipfel liegen ungefähr 1900 Höhenmeter. Der Aufstieg ist aber nicht vergleichbar mit dem Erklimmen eines Alpen-Dreitausenders vom Tale aus, was eine ähnlich lange Etappe wäre, denn er führt in Höhen über 5000 Meter. Die Wegstrecke ließe sich durch ein zusätzliches Hochlager entschärfen. Wer die Tour individuell mit dem eigenen Zelt plant, kann dieses dort aufschlagen, wo es ihm beliebt. Für die geführten Besteigungen hat sich jedoch eine andere, zufälligerweise sehr gewinnträchtige Aufstiegstaktik etabliert: Pistenraupen, sogenannte Ratracs, überwinden in der Gipfelnacht den unteren Teil des Gletschers und bringen

Bergsteigerinnen und Bergsteiger bis hinauf zum Pastuchov-Felsen auf 4700 Metern Höhe. Von dort sind es knapp tausend Höhenmeter bis zum höchsten Punkt, die ursprüngliche Strecke halbiert sich. Als wir am Berg waren, verlangten sie für den Pistenraupen-Shuttle 600 US-Dollar, ein stattlicher Preis, allerdings passten bis zu zwölf Personen auf ein Gefährt, entsprechend teilte sich die Summe auf. Wir diskutierten darüber, ob wir das Angebot nutzen sollten. Einerseits stellte sich die Frage, ob der maschinell beschleunigte Aufstieg die Höhenanpassung durcheinander brachte. Andererseits waren wir schon zum Pastuchov-Felsen aufgestiegen, hatten die erste Strecke also bereits aus eigener Kraft gemeistert. Entweder versuchten wir, den Berg *by fair means* ohne Raupe zu besteigen, aber riskierten dafür, aufgrund mangelnder Energiereserven vorzeitig umdrehen zu müssen. Oder wir ließen uns und zugleich das eigene Ego mit der Raupe fahren, um die Chance auf den Gipfel deutlich zu erhöhen. Eine persönliche Abwägung. »It's your climb«, hätte Viktor gesagt.

»Wenn du sehen kannst, wie du etwas tust, dann kannst du es tun. Wenn du dich nicht dabei sehen kannst, kannst du es nicht schaffen«, sagte einmal David Goggins, ein ehemaliger Elitesoldat, der keine hochtrabende Literatur schreibt, aber 240 Meilen am Stück läuft, um herauszufinden, wer er wirklich ist; ein Extremsportler, der andere Menschen dazu motivieren will, über ihre Grenzen zu gehen, damit sie Dinge erreichen, von denen sie immer nur geträumt haben. Unter Videos von Goggins im Internet stehen Sätze wie «Diamant ist jetzt offiziell das zweithärteste Material.« Die eigene Schwäche mit Willenskraft und Disziplin überwinden, das mag zunächst wie ein toxischer Ratschlag klingen, der nicht mehr zum Zeitgeist passt. Doch Goggins erzählt eine Geschichte, die tiefer geht. Wie jede Erzählung, der viele Menschen zuhören, handelt sie von Angst, Schmerz, Selbstbetrug, Suche, Identität und Selbstermächtigung. Dass in seinem Fall eine bis in jede Muskelfaser definierte Maschine mit superheldengleichen Fähigkeiten dabei herauskam, war nur eines von tausend möglichen Resultaten dieser Auseinandersetzung mit sich selbst. Wer Goggins zuhört, muss kein Sportler sein. Doch die Wahrscheinlichkeit nimmt zu, dass man sofort einen Marathon laufen will. Zweimal hintereinander.

Als ich von meiner Pritsche stieg und versuchte mich anzuziehen, ohne die anderen zu wecken, als ich in die Leihschuhe mit der Hartplastikschale schlüpfte, die besser gegen die Kälte isolieren als gewöhnliche Alpinstiefel, als ich nach draußen trat und die relativ milde, sicher fünf Grad warme Luft einsog, als ich mein Porridge löffelte und die Thermoskanne mit Tee füllte, als ich zu meinen Stöcken griff und zum klaren Nachthimmel hinaufschaute, da wusste ich vielleicht nicht hundertprozentig sicher, dass es klappen würde. Aber ich fühlte, dass es machbar war. Ich konnte es sehen.

Weil ich der einzige Maulheld gewesen war, der sich entschlossen zeigte, ohne Pistenraupe auf den Gipfel zu laufen, war gestern ein zweiter Bergführer mit der Seilbahn hinaufgekommen. Sascha legte ein mürrisches Gemüt an den Tag, das ich ignorierte. Vielleicht hatte es gestern Ehekrach gegeben oder sonst was. Ich nahm es ihm nicht übel, hatte aber auch keine Lust, mir die Laune verderben zu lassen. Wir liefen langsam los, ich konnte durch die Nase atmen. Über Schotter stieg der Weg zum nahen Gletscher an, wo wir Steigeisen anlegten. Den folgenden Anstieg kannte ich von den Akklimatisierungstouren, er würde vorbei an der Diesel-Hütte zum ersten Felsriemen führen, weiter bis zum Pastuchov-Felsen und von dort zu der verreckten, halb im Schnee versunkenen Pistenraupe auf 4900 Metern. Über der Ebene im Norden glaubte ich Blitze auszumachen, vielleicht war es nur harmloses Wetterleuchten, auf jeden Fall gingen dort Lichtstöße durch die Wolken, die hoffentlich kein Unwetter ankündigten. Nach kurzer Zeit hielten wir an, um etwas zu trinken. Sascha hustete in die Nacht. Hinter der letzten Hütte regte er die nächste Pause an, die ich nicht brauchte, mir wurde bloß kalt. Ich trug zwei Funktionsshirts unter der Hardshelljacke, meine Kleidung war darauf ausgelegt, in Bewegung zu bleiben. Die Spur im Schnee war so breit, dass ich sie nicht verfehlen konnte. Der Mond schien hell aufs Eis, ich sah die Stirnlampen der anderen Bergsteiger, die von verschiedenen Stützpunkten aufgebrochen waren, und irgendwann, als Sascha wieder stehen blieb, da lief ich einfach weiter und schaute eine Weile nicht zurück. Ich hatte kein schlechtes Gewissen, ich musste mein eigenes Tempo gehen, Sascha war immerhin der Bergführer und kein Amateur, den ich im Stich ließ.

Nach zwei oder drei Stunden hörte ich hinter mir die Pistenraupe, auf der Viktor mit Felix, Björn und der übrigen

Truppe den Berg hinaufrollte. Als das Gefährt mich überholte, reckte ich die Stöcke nach oben. Sie erkannten mich, glaubte ich, und grüßten zurück. Obwohl ich es genoss, allein durch die Nacht zu schreiten, wurde mir beim Gedanken, die anderen weiter oben zu treffen, seltsam warm ums Herz, eine freudige Euphorie stieg in mir auf. Ich legte an Tempo zu und schlug Kehren, weil die Hangneigung zugenommen hatte. Hinter dem Pastuchov-Felsen zog ich ein drittes Shirt über und trank den Rest aus meiner Colaflasche, der sonst gefroren wäre. Der Weg zur liegengebliebenen Pistenraupe war steil, aber mein Atem ging ruhig und gleichmäßig. Als ich stehenblieb, schaute ich nach rechts und sah die ersten Konturen am Horizont. Von Norden zog definitiv kein Gewitter rein. Vor uns lag der klare, strahlende Tag eines ausgedehnten Hochdruckgebiets, so tadellos, wie man ihn sich im Gebirge nur wünschen konnte. Ich verspürte das überwältigende Bedürfnis, meinen Bruder in den Arm zu nehmen, lief dem Morgen entgegen wie im Rausch, merkwürdig gerührt plötzlich, und weinte mit den ersten Strahlen der Sonne, aus einer Glückseligkeit heraus, die sich nicht zu erklären hatte mit irgendwelchen Schatten der Vergangenheit, aus denen ich nun heraustrat. Vielleicht stimmte es, was Khalil Gibran schrieb, dass niemand den Morgen erreichen könne, ohne den Weg der Nacht zu durchschreiten. Aber vielleicht war da manchmal einfach nur Licht. Die Route, nunmehr weithin einsehbar, querte vor dem Ostgipfel nach links zum Elbrus-Sattel. Hinter dem Gebirge schien die Welt ins Nichts zu stürzen.

»Steige nicht auf den Berg, um deine Flagge aufzustellen, sondern um die Herausforderung anzunehmen und die Luft und Aussicht zu genießen. Klettere hinauf, um die Welt zu sehen, nicht damit die Welt dich sieht«, sagte der bis dahin unbekannte Lehrer David McCullough Jr. in einer humorvollen Rede an seine Schüler der Wellesley High School in Massachusetts und schaffte es damit in die überregionalen Medien. Offenbar hatte er einen Nerv getroffen. Der Redner richtete sich an die träge, gepamperte, selbstgefällige Generation Anspruchsdenken, die vor ihm saß und lauschte, um ins sogenannte echte Leben entlassen zu werden; an Millenials, die aus seiner Sicht keine Mühen mehr in Kauf nahmen, um etwas zu lernen, nichts taten, weil sie es wichtig fanden oder auch nur genossen, sondern die sofort fragten, welchen Vorteil ihnen das im sozialen Rattenrennen um die eigene Einzigartigkeit bringe. Seine frohe Botschaft lautete: »You are not special.« Du bist nicht besonders. Steh vom Sofa auf und werde aktiv. Die amerikanische Unabhängigkeitserklärung benenne nicht umsonst das *Streben* nach Glück als eines der drei unveräußerlichen Rechte des Menschen. Man müsse aber schon selbst etwas dafür tun.

Als am Elbrus die Sonne aufging, hatte ich vier, fünf Stunden Aufstieg in den Beinen. Mag sein, dass manche während des stillen Meditierens höchstes Glück empfinden oder davon übermannt werden, während sie ein Brot mit Butter bestreichen. Ich halte es aber für wahrscheinlicher, dass Freude durch Bewegung entsteht. An einem Berg lässt sie nicht lange auf sich warten, weil der Weg zu ihr simpel ist: einfach laufen.

Mochte auch Verwirrung über das sonstige Leben bestehen, hier wusste ich, was zu tun war.

Bevor ich den Sattel zwischen Ostgipfel und Westgipfel erreichte, holte ich die Gruppe ein. So froh war ich, das Gesicht meines Bruders zu sehen, dass ich wohl merkwürdig wirkte, aufgeputscht von Emotionen, die ich mir selbst kaum erklären konnte. Felix sah leicht angeschlagen aus. So hoch war er noch nie zuvor gestiegen. Björn schon, damals am Chachani, aber ob ihm diese Erfahrung an diesem Tag half, wusste ich nicht. Wir liefen zum Sattel, durch den die Sonne eine Linie zog. Der Westgipfel strahlte schon, die innere Flanke des Ostgipfels lag noch im Schatten. Während wir eine Pause machten, und vielleicht genau deswegen, fuhr mein Kreislauf runter, unkontrollierbares Schütteln erfasste den Kiefer und den Brustkorb. Ich zog die Daunenjacke über, aber das einzige, was Linderung bringen konnte, war Bewegung. Also ließ ich Felix und Björn mit Viktor zurück und machte mich an den Aufstieg durch die Flanke hinauf zum Gipfelplateau, der sich überhaupt nicht mehr flockig weglief wie in der Nacht. Kraftlos fühlten sich die Beine an, wie beschwert durch leichte Gewichte. Nach fast zwei quälenden Stunden war der Aufschwung überwunden. Auf dem Plateau herrschte Gaudi, viele Menschen waren schon oben, und ich sah nun, womit sich der Auflauf erklärte. Am Elbrus fand ein Wettlauf der Nationen statt. Soldaten aus Russland, Georgien, Kasachstan, dem Iran und noch einer Reihe anderer Länder waren in Teams gegeneinander angetreten. Auf dem Gipfel entrollten sie ihre Fahnen, für Ruhm und das Vaterland, und ließen sich dabei fotografieren. Ich setzte mich in den Schnee und trank Tee. Die Sonne ließ den Firn grell aufleuchten, ohne Brille wäre man schneeblind geworden. Hinter Steinen und in den Fußspuren verharrten noch eisblaue Schatten. Der Morgen lag so klar über dem Berg, dass er jede Silhouette gestochen scharf zeichnete, all die dick eingepackten Körper, die sich auf den letzten Metern vorwärts bewegten wie in Slow Motion.

Birgit und Dirk erreichten den Gipfel. Mein Bruder und mein Freund seien umgekehrt, berichteten sie. In den Gipfelrausch mischte sich ein schales Gefühl der Ernüchterung. Ich hatte hier oben auf Felix und Björn warten wollen, nun würden sie nicht kommen. Wir konnten diesen Seven-Summits-Moment nicht teilen. Das würde auch den Tagen nach der Besteigung ihren Schwung nehmen. Es fühlte sich an wie die letzte wichtige Abschlussprüfung, nach der alle eskalieren wollen, aber dann fällt dein bester Freund durch. Enttäuscht machte ich mich an den Abstieg. Kurz darauf sah ich in einiger Entfernung zwei Gestalten, die sich träge durch den Schnee schleppten. Es waren Felix und Björn. Sie waren doch weitergegangen. Nun sahen sie aus, als könnten sie kaum noch laufen. Wir umarmten uns, setzten uns hin und aßen die letzte Schokolade. Dann liefen wir zusammen noch einmal los, die letzten Meter. Die Energiereserven schienen aufgebraucht, aber ein bisschen was ging noch. Wir mussten jetzt bloß noch sicher vom Berg kommen. Dann konnten wir an Moskau denken.

Sollte man mich einmal zitieren wollen, dann mit dieser bescheidenen Sentenz: Allein auf einen Berg zu steigen, mag besonders intensiv sein. Doch auf dem Gipfel ist es am schönsten mit Menschen, die einem lieb und teuer sind.

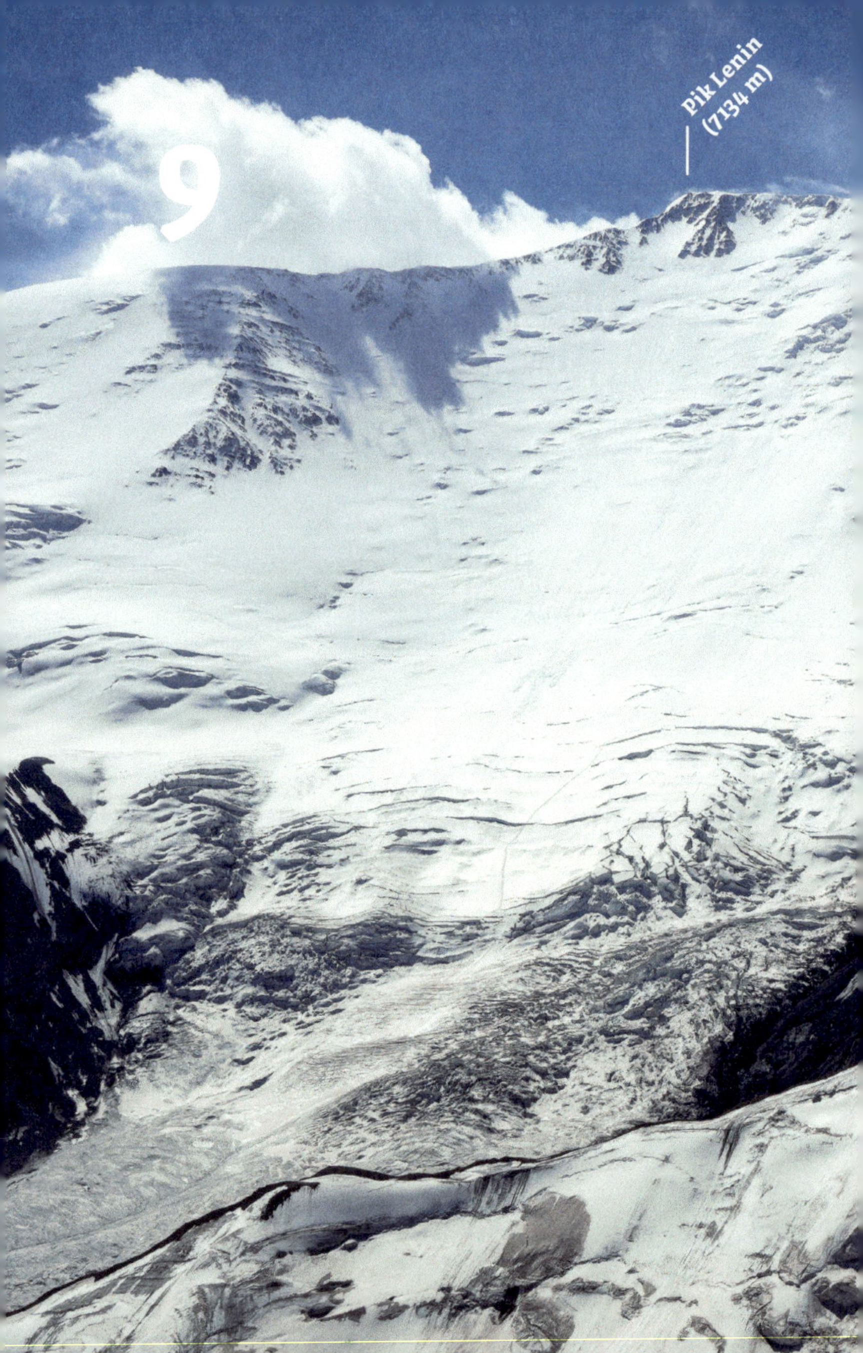
9
Pik Lenin
(7134 m)

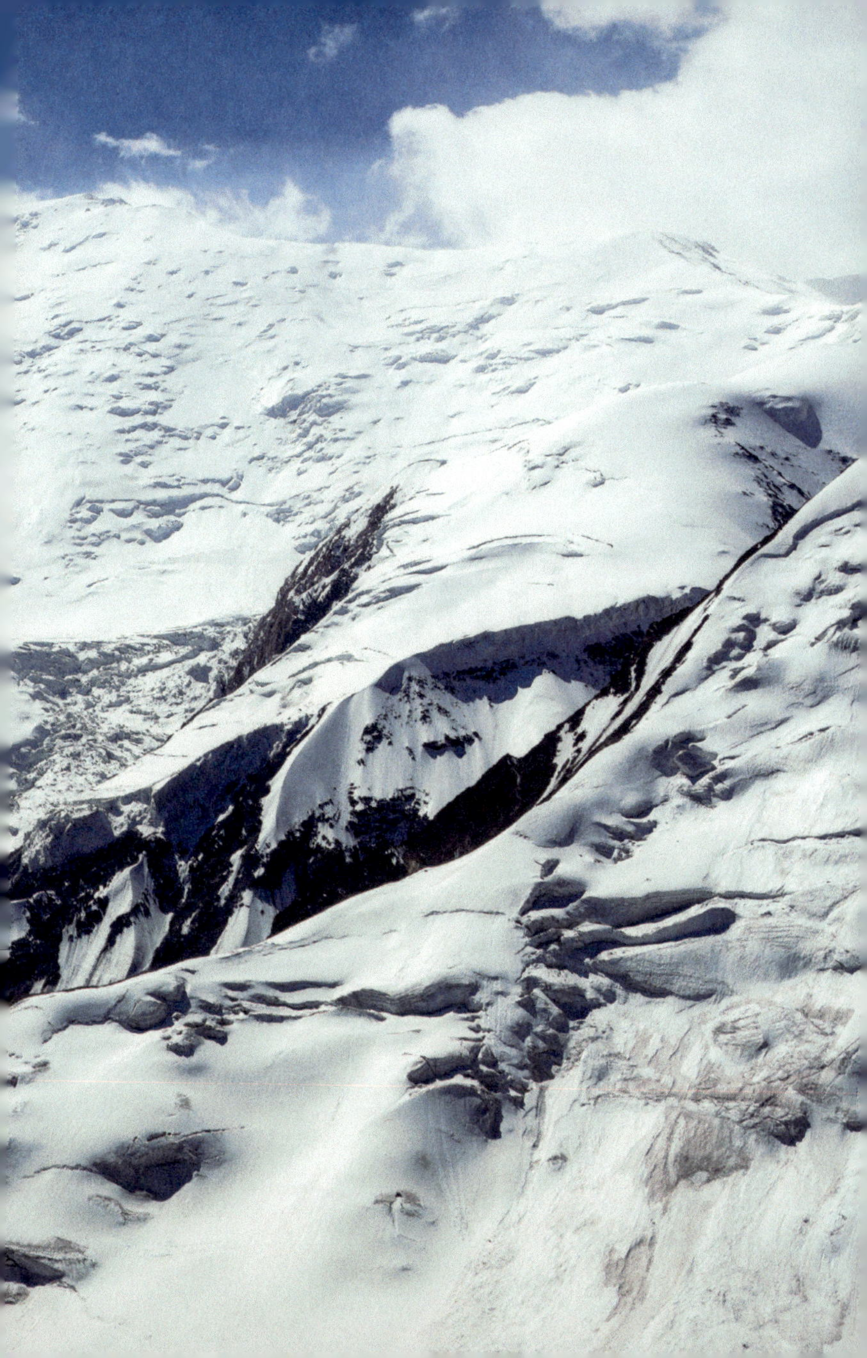

pamir

Oben

kirgisistan

2019

Als die kurvige Passstraße im Alaital auslief, schaute ich beiläufig aus dem Fenster des Wagens und blieb an der vereisten Wand am Horizont hängen. Hinter der baumlosen Hochlandsteppe südlich des Pamir Highways spannte sich die mächtige Transalai-Bergkette auf, vielleicht zwanzig oder dreißig Kilometer von uns entfernt, schwer zu sagen in der weiten Landschaft. Das Auge schätzte die Dimensionen zuverlässig falsch ein. Der Gebirgszug markiert die Grenze zwischen Kirgisistan und Tadschikistan und war vollständig von Schnee bedeckt, was im trockenen Klima Zentralasiens nicht auf kürzlich gefallenen Niederschlag zurückzuführen sein konnte, schon gar nicht im Sommer. Das weiße Band zwischen Erde und Himmel musste Vergletscherung sein. Niemals zuvor hatte ich höhere Berge gesehen, nicht mit den eigenen Augen. Der eisgepanzerte Transalai wirkte unnahbar und unerreichbar, als habe kein Mensch jemals einen Fuß darauf gesetzt, gleichwohl wollten wir in knapp zwei Wochen auf seinem höchsten Punkt stehen – auf dem Pik Lenin, 7134 Meter. Ein machbares Unterfangen auf dem Papier, sonst wären wir nicht hier, doch die praktische Durchführbarkeit wurde mit dem ersten Live-Eindruck sogleich infrage gestellt. Nur: Wie einfach oder schwierig etwas ist, lässt sich aus der Entfernung schwer einschätzen, Urteile aus der Distanz sind meistens falsch. Wir mussten näher ran.

Der geländegängige Kleinbus verließ die asphaltierte Straße, bog nach links ab und überquerte den Kysylsuu-Fluss über eine Brücke, an die sich eine staubige Schotterpiste anschloss. Wir stiegen aus, um uns die Beine zu vertreten. Ausgedörrte Gräser wuchsen unter einem hohen, wolkenlosen Himmel. Wir hatten bisher nur gesessen – erst im Flugzeug nach Bischkek, anschließend im Regionalflieger nach Osch, den ganzen Morgen im Bus – und setzten ungelenke Schritte auf der schattenlosen Ebene, atmeten Hochgebirgsluft, an die wir noch nicht gewöhnt waren. Manche Mitreisenden sahen fitter aus als andere, wobei das nichts heißen musste. Da war zum Beispiel Juri, den ich am Flughafen kennengelernt hatte, rasierter Schädel und Türsteherfigur. Der Ukrainer sprach kaum und kaute dafür umso mehr Kaugummi. Der Aconcagua-Aufnäher auf seiner Jacke verwies auf einen früheren Triumph, der höhentechnisch für den Pik Lenin qualifizierte. Jakub, ein knapp zwei Meter großer Feuerwehrmann aus Stettin, sah ebenfalls nicht danach aus, als haue ihn schnell etwas um. Sylvain, ein kerniger Bursche aus Kanada, überraschte mit dem Bekenntnis, noch nie auf Steigeisen gestanden zu haben. Ich konnte ihn mir gut als empathischen Ranger in einem Nationalpark vorstellen. Tristan, der Brite, hatte sich bereits im vergangenen Jahr am Pik Lenin versucht, aber wegen Knieproblemen abbrechen müssen. Dass er es noch einmal probierte, zeugte von gesundem Ehrgeiz, der aber nicht verbissen rüberkam, was ihn mir gleich sympathisch machte. Die Italiener schienen die meiste Erfahrung zu haben: Enrico kannte als Klettertrainer alle Knoten und Kniffe und war erst Anfang zwanzig, also unverwüstlich. Auch Luca, ein Priester, und Roberto, Triathlet mit dem Gesicht eines Giorgio-Armani-Models, strahlten die Ruhe erfahrener Alpinisten aus. Zur Mannschaft gehörten außerdem Mohamed, Andrei und Timur, drei Russen, dann Luis, Mitte fünfzig, in Brasilien geboren und in Brüssel zuhause, Plamen aus München, ein gebürtiger Bulgare, und Ann von den Philippinen, die einzige Frau im Team, sie lebte in Manila. Uns alle hatte eine Marke hergelockt, der universelle Strahlkraft innewohnte, die auf allen Kontinenten Gültigkeit beanspruchte: 7000 Meter.

Reiseveranstalter und Agenturen bewerben den Pik Lenin als leichten Siebentausender. An praktisch keinem anderen Berg der Erde sind die Chancen so groß, derart hoch hinaus zu kommen. Der Gipfel erfordere Fitness, Kondition und eine angemessene Höhenanpassung, weise auf dem Normalweg aber keine klettertechnischen Schwierigkeiten auf. Die Infrastruktur gilt als ausgezeichnet. Der Pik Lenin könne »von ambitionierten Bergsteigern ohne viel Hochgebirgserfahrung bestiegen werden«, so das Anforderungsprofil auf der Webseite meines deutschen Veranstalters. Eine gewagte Formulierung mit mehreren kritischen Variablen, wie ich fand. Welches Maß an Ambitionen brauchte es denn, um geringe Erfahrung zu kompensieren? War die sichere Bewegung im Hochgebirge nicht das Mindeste, um allein schon auf einen leichten Viertausender zu steigen? Konnte es einen leichten Siebentausender überhaupt geben oder war das eine fahrlässige Fehlannahme? Während sich mancher Anden-Sechstausender tatsächlich erwandern lässt, stellt ausnahmslos jeder Berg über 7000 Meter ein völlig anderes Kaliber dar, wegen der stärkeren Vergletscherung, den damit einhergehenden Gefahren (Lawinen, Eisschlag, Spaltenstürze) und vor allem deshalb, weil man den Körper eine deutlich längere Zeit großer Höhe aussetzt - aus sportlicher Sicht ist das der Grund, sich einmal im Leben an einem solchen Berg zu versuchen. Man will komischerweise dorthin, wo man nicht hingehört.

Der Kleinbus grub sich durch die Erde des Alaitals, entlang der Abflüsse des Schmelzwassers, die sich durch die Ebene bis zum Kysylsuu fraßen. Hin und wieder musste der Fahrer wegen der Furchen im Boden auf Schrittgeschwindigkeit drosseln, wir wurden durchgeschüttelt. Das Gelände stieg zunehmend an. Dann erreichten wir den Ausgang eines breiter ausgeschnittenen Tals, das in Nord-Süd-Richtung vom Gebirgszug herablief und in der Ebene ausmündete. Die Hügel trugen jetzt saftiges Gras, dazwischen kleine Seen, ein paar Jurten und halbwilde Pferde, die wohl Nomaden gehörten. Mit Erstaunen stellten wir fest, dass nicht nur die Straße bis zum Basislager führte, sondern auch eine Stromleitung. Auf der Wiese standen Reihen gelber Zelte für jeweils zwei Personen, ordentlich nummeriert, sie gehörten Ak-Sai Travel, der größten Agentur am Berg. Der Lagerchef registrierte unsere Gruppe und wies Unterkünfte zu. Der Zufall der ersten Unübersichtlichkeit brachte es mit sich, dass Luis mein Zeltpartner wurde. Er sprach mehrere Sprachen, ein wenig Deutsch auch, aber wir unterhielten uns auf Englisch. Er war ein freundlicher, zurückgenommener Mann, dessen Alter schwer zu schätzen war, wenn man es nicht kannte, mit der Angewohnheit, einfache Sachverhalte mühsam zu umschreiben und mit alltäglichen Entscheidungen länger zu hadern als nötig, zum Beispiel mit der Frage, was er am folgenden

Tag anziehen sollte. Seine ausgeglichene Art machte ihn zu einem angenehmen Mitbewohner, wobei es nicht schwerfiel, sich im Basislager des Pik Lenin wohlzufühlen. Zwischen den Schaumstoffmatratzen in den geräumigen Zelten stand eine Nachttischlampe für etwaige abendliche Lektüre, im Duschcontainer kam heißes Wasser aus der Leitung, und im Gemeinschaftszelt trug die Crew dreimal am Tag üppig auf, sodass alle bei Kräften blieben, sofern man sich nicht den Magen verdarb, was in früheren Jahren – das hatte ich gelesen – aufgrund mangelnder Hygiene noch um einiges häufiger vorgekommen war. Kaffee, Tee und Kekse standen den ganzen Tag über bereit. Morgens, mittags und abends wartete ein Büffet mit Suppen und Salaten, Brot und Aufschnitt, Pasta, Reis und Bulgur, Fisch und Fleisch, Quarkspeisen, Melonen und Kuchen. Ich hatte vier Kilo Müsliriegel, Schokolade und Nüsse dabei und fragte mich, wofür. Die Gefahr, vom Fleisch zu fallen, bestand auf dieser Expedition nicht. Im großen Zelt gab es einen kleinen Lagershop aus zwei Tischen und einem Regal. Neben Ausrüstungsgegenständen, Souvenirs und Markensnacks konnte man Cola, Wein, Wodka und Champagner für zehn Dollar kaufen. Und eine Flasche Jack Daniels, deren Preis offenbar Verhandlungssache war. Nur fair, die erfolgreiche Gipfelbesteigung angemessen zu begießen oder seinen Kummer zu ertränken. Das Lager hatte WLAN, der Code für eine Stunde kostete zwei Dollar. Mir war die Ausstattung fast zu viel des Guten, aber das sagte sich leicht am ersten Tag. Noch war uns der Frost nicht in die Glieder gekrochen, noch hatte uns die Kälte nicht ausgezehrt. Die Augustsonne auf 3600 Metern Höhe schien mittags kräftig, sodass wir in T-Shirts herumlaufen konnten. Wildblumen zierten die Wiesen, kein Windstoß blies durchs Tal. Nur das Rauschen des Flusses war zu vernehmen. Ich konnte mir kaum vorstellen, dass das Lager im Winter zwei Meter unter Schnee lag. Drei Nächte blieben wir, um uns zu akklimatisieren, bis wir in höhere Lager vorrücken wollten, und vor dem Gipfelversuch würden wir noch einmal ins Basislager zurückkehren. Das war keine Schikane, sondern Teil des Aufstiegplans.

Natürlich gibt es Spezialisten, die einen Berg wie den Pik Lenin im Alpinstil besteigen können, ohne fest installierte Hochlager, mit der nötigsten Ausrüstung auf dem Rücken und in einem Zug vom Basislager und wieder hinab. Für die meisten Gruppen kommt diese Taktik nicht infrage, weil sie außerordentliche Erfahrung im Höhenbergsteigen voraussetzt und sich das Risiko, sich ein lebensgefährliches Ödem in der Lunge oder im Gehirn einzufangen, deutlich erhöht. Letzten Sommer, erzählte man, hätten zwei Nordkoreaner in einer Tour auf den Gipfel hinauf gewollt und seien gestorben. Ungefähr ab einer Höhe von 7000 Metern kann der Körper auch bei vollständiger Ruhe nicht regenerieren und baut unweigerlich ab, weil die Sauerstoffsättigung im arteriellen Blut unter einen kritischen Wert fällt. Manche sprechen deshalb von der Todeszone, was etwas martialisch klingt, aber die Sache auf den Punkt trifft. Um den Pik Lenin erreichen zu können und sicher wieder herunterzukommen – eine Notwendigkeit, die manche im Gipfelrausch vergessen – würden wir den Expeditionsstil anwenden, eine Belagerungstaktik: Wir arbeiten uns Lager für Lager nach oben, langsam bis ins letzte Camp auf 6100 Metern, steigen dann wieder komplett ab und rasten zwei Tage im Basislager, um in einem zweiten, schnelleren Anlauf den Gipfel zu versuchen.

Die Erfolgsquote am Pik Lenin, der aufgrund der Witterungsverhältnisse überhaupt nur im Juli und August bestiegen wird, lag angeblich bei 20 Prozent. Es war aber nicht so, dass von zehn Bergsteigern, die im Camp 3 zum Gipfel aufbrachen, jedes Mal acht umkehrten, weil sie zu schlapp waren oder nicht mit der Höhe klarkamen – das war immer möglich, unabhängig vom Wetter. Nein, an einem klaren Tag ohne starken Wind konnte es regelmäßig die Mehrzahl der Aspiranten ganz hinauf schaffen. Doch wenn es eine Woche stürmte, schaffte es niemand.

Am ersten Morgen begrüßte uns Iwan, ein 58 Jahre alter sanftmütiger Russe, ursprünglich aus der Altai-Region. Dort war er einmal Ingenieur gewesen, doch seit zwanzig Jahren arbeitete er nun als Bergführer. Iwan hatte einen jungen Kollegen dabei, Aleksei, und mehrere Guides aus Nepal, die sonst im Himalaya an den Achttausendern ihr Geld verdienten, wo derzeit keine Saison war. Zusammen erstiegen wir den Ausläufer eines Bergkamms neben dem Camp. Die Sherpas bewegten sich in einem unglaublichen Tempo und hatten dabei genug Luft in den Lungen, um Scherze mit uns zu treiben. Nach knapp zwei Stunden standen wir auf der Gratschulter und schauten über die Ebene. Im Norden, auf der anderen Seite des Alaitals, verlor sich ein Gebirgszug, deutlich niedriger als die Transalai-Kette, im Dunst. Der Pik Lenin versteckte sich hinter der Flanke einer vorgelagerten Erhebung. Das Lager wirkte von hier oben, aus 4000 Metern, bereits winzig, verteilte sich miniaturhaft in der Landschaft, in einer Collage aus Wiesengrün, Staubgrau, Erzrot und Marineblau. Zum größten der kleinen Seen wollten wir morgen wandern, nur ein Spaziergang. Aber es sprach nichts dagegen, die Expedition mit der gebührende Ruhe anzugehen.

Zurück im Lager schaute ich zum unverhüllten Pik Lenin, dessen Nordwand unter einem stahlblauen Himmel senkrecht abzufallen schien. Die größten Spalten waren mit dem bloßen Auge zu erkennen. Die Eiswand war merklich näher gerückt, trotzdem hatte ich den Eindruck, dass wir uns noch immer bloß in der Nähe des Berges befanden, nicht am Berg. Unverändert wirkte der Gipfel der Welt entwachsen zu sein, irdischem Zugriff entzogen. Wir mussten noch näher ran. Doch so schnell ging das nicht. Warten zu können, lernte ich, ist auf einer Expedition wichtiger als Aktionismus, der nur Kraft kostet, die man später noch braucht.

Ein weiterer Tag im Basislager zog vorbei. Ich spürte, wie schon jetzt eine gewisse Ungeduld in mir aufstieg, obwohl ich wusste, dass Tatenlosigkeit zu diesem Zeitpunkt der sicherste Weg zum Erfolg war. Abends im Essenszelt studierte ich die Gesichter der Frauen und Männer, die von oben kamen. An der Haut und den spröden, aufgeplatzten Lippen waren sie leicht zu erkennen. Oft sah ich gleich, ob sie den Gipfel gepackt hatten oder nicht, dann strahlten entweder die Augen, dann strotzen sie vor Stolz, oder sie schauten verloren bis knurrig in der Gegend herum. Die abendliche

Zeremonie machte es nicht leichter. Der Lagerchef verlas die Namen derjenigen Bergsteigerinnen und Bergsteiger, die ganz oben gestanden hatten, und überreichte ihnen eine Urkunde und eine Halskette mit Pik-Lenin-Anhänger. Stets folgte kurzer Applaus. Dies war der unvermeidliche Moment, der vor Augen führte, ob die Mühen sich gelohnt hatten, denn dazu waren sie da: um die Genugtuung zu steigern. Erst dann hatten sie einen Zweck. Ich fragte mich, wie sich das anfühlen würde, nach drei Wochen am Berg leer auszugehen, die Anstrengungen umsonst durchstanden zu haben, letztlich gescheitert nach Hause zu fliegen. Ein unangenehmer Gedanke, der mir schlechte Laune machte. Dabei war es das Szenario mit der größten Wahrscheinlichkeit.

Für die Wanderung ins Camp 1 auf 4450 Metern Höhe war ein warmer, wolkenloser Morgen aufgezogen. Auf Wunsch brachten Pferde das Übernachtungsgepäck hinauf, drei Dollar pro Kilo, ich entschied mich dazu, alles selbst zu tragen, um mich an die Belastung zu gewöhnen, nahm die Kurzatmigkeit in Kauf. Oberhalb des ersten Lagers würde es keine Lasttiere mehr geben. Der Pfad führte zunächst oberhalb einer Klamm durch ein enges Seitental und näherte sich bald darauf in steilen Serpentinen dem sogenannten Pass der Reisenden. Wir schwitzten und atmeten schwer. Sobald wir die Scharte erreichten, pfiff ein kühler Wind unter die Kleidung. Hier deutete sich an, wie es sich weiter oben die ganze Zeit verhalten sollte: Entweder war es sehr heiß, also mittags im Zelt und beim Aufstieg über den Gletscher, der die Sonnenstrahlen reflektierte, oder es war kalt, also zu eigentlich jeder anderen Tageszeit und Gelegenheit. Vom Pass aus verlief der Weg auf der anderen Seite des Gratrückens talaufwärts, parallel zu den unteren Ausläufern des großen Lenin-Gletschers, der von Schutt und Geröll übersät war. Eigentlich hieß der Gipfel seit einigen Jahren Pik Unabhängigkeit, wobei der tadschikische Präsident auch diesen Namen schon wieder revidiert hatte. Die Bergsteigerwelt nennt ihn aber weiter Pik Lenin, eine Bezeichnung aus der Zeit der Oktoberrevolution in Russland.

Die Steigung war gemäßigt, das Gefälle links der Pfades aber nicht zu unterschätzen. Auf einem kurzen Teilstück rieten uns die Guides zu sprinten oder jedenfalls zügig zu marschieren, weil von rechts regelmäßig Steine herabstürzten. Die größte Herausforderung der Etappe war ein Wildbach, der bereits um die Mittagszeit so viel Wasser führte, das er selbst einen robusten Mann wie Juri von den Füßen holen konnte. Ein kirgisischer Junge – er mochte vierzehn sein – stand passenderweise mit seinem Pferd bereit, für die Passage durch den Bach wollte er fünf Dollar haben. Wir entschieden uns dazu, die Stiefel auszuziehen, und mithilfe der Stöcke durch das eiskalte Wasser zu waten, was im Rückblick nicht die klügste Entscheidung war. Später traf ich auf eine junge polnische Bergsteigerin, der an dieser Stelle ein rumpelnder Stein gegen den nackten Knöchel gestoßen war. So konnte eine Expedition enden, durch eine unsichtbare Bewegung im Wasser. Zum Glück rutschte niemand von uns aus.

In Camp 1 standen wir direkt vor dem Berg und schauten auf die knapp 3000 Meter hohe Nordwand, die wir allerdings nicht würden durchsteigen müssen. Die Route des geringsten Widerstands führte in einem Bogen nach rechts auf den Westgrat, auf dem sich Camp 3 befand, und von dort auf den Gipfel. Camp 1 wird auch als *advanced base camp* bezeichnet, was für Verwirrung sorgt, denn dann verschiebt sich die Nummerierung der anderen Lager. Es war nicht mehr ans Stromnetz angeschlossen, was aber auch niemand erwartet hatte. Die Zelte waren baugleich mit denen im Basislager, es gab keine Duschen mehr, aber tatsächlich noch WLAN, nunmehr für fünf Dollar die Stunde. Auch Camp 1 hatte einen Lagerchef, einen Arzt und eine Küchenmannschaft. Den soziale Treffpunkt bildete – neben dem Essenszelt – eine windschiefe, aus Holzplanken gezimmerte Terrasse, auf der es sich in seltenen Momenten der Windstille gut aushalten ließ, jedenfalls im Sonnenschein. Nachts herrschte strenger Frost.

Das Abendessen war nicht mehr ganz so gesellig. Man blieb im Anschluss nicht unbedingt zusammen sitzen, um noch etwas zu schwatzen, dafür zog die Kälte zu schnell in die Knochen. Juri, Andrei und Mohamed blieben ohnehin unter sich. Wenn sie sich nicht gut fühlten und annehmen mussten, dass man das in ihrem Gesicht sah, sprachen sie nicht und gingen früh ins Zelt. Für sie war dieser Berg kein Ort der Blöße, des Palaverns, der Ironie. Ganz anders Enrico, Luca und Roberto, die stets zu einem seichten Plausch aufgelegt waren, aber nie auf die Idee gekommen wären, sorgenvoll und ausufernd ihre körperliche Verfasstheit auszubreiten. Sie nahmen sich nicht ernst genug – ein Wesenszug, um den wir Deutschen die Italiener beneiden, seit wir über den

Brenner rollen. Wenn doch mal der Schuh drückte und etwas nicht so lief wie geplant, dann ließ sich das mit gleichmütigem Fluchen abhandeln: *Che cazzo, ma vaffanculo…* Wobei *che cazzo* im Grunde hieß: Halb so wild, nicht der Rede wert. Wie Ann sich unter Typen fühlte, die dauernd Kraftausdrücke benutzten, war nicht zu durchschauen, sie zeigte es nicht. Dafür sprach sie das beste Englisch, kannte beim Handy-Scrabble rätselhafte Wörter, die keiner sonst je gehört hatte, zum Beispiel *antler* oder *renal*. Tristan war der lustigste Mensch des Teams, was wohl an seiner britischen Herkunft lag. Er hatte einen Job in der Ölwirtschaft, war belesen, kannte die Weltlage, debattierte gerne und mit guten Argumenten. Trotzdem hielt ich es für plausibel, dass er regelmäßig mit ein paar Jungs allein deshalb in den Urlaub flog, um das Gesicht in die Sonne zu halten und jeden Tag gepflegt einen über den Durst zu trinken. Für solche Späße war der Pik Lenin nicht der richtige Ort.

Wir blieben drei Nächte in Camp 1, um uns weiter zu akklimatisieren. Am ersten Tag stiegen wir über einen eisfreien Grat auf den nahen Yuhin Peak, immerhin 5130 Meter hoch. Im Vergleich zum vereisten Riesen immer noch ein Steinhaufen. Wieder schien die Sonne satt vom Himmel, was mir langsam Sorgen machte. Nicht jetzt brauchten wir das gute Wetter, sondern in etwas über einer Woche. Jeder Sonnentag ging von unserem Schönwetter-Konto ab. Ein kauziger Brite, der allein am Berg unterwegs war, sah sich dazu verleitet, die Tagestour in einer Art Badeshorts zu absolvieren, in der er unmöglich nicht frieren konnte. Aber er ließ sich nichts anmerken. Oben vom Vorgipfel bot sich unverstellte Aussicht auf weite Teile der folgenden Route: der untere Gletscher mit den Spalten, die Querung nach Lager 2 mit der Lawinenzone, der Aufschwung auf die Schulter, schließlich der breite Westgrat. Vor dem Gipfel lagen noch Strapazen und Gefahren, die jeder von uns bereit war, in Kauf zu nehmen, bis zu einem gewissen Punkt, den jeder für sich selbst definierte. Nur manchmal, wenn es eng wurde, musste ein Bergführer diesen Punkt bestimmen.

Sobald man sich am Berg befindet, rückt die Frage nach dem Sinn und Zweck der Besteigung vollständig in den Hintergrund. Auf dem Pik Lenin wartete kein Schatz, wohl auch kein Schlüssel zum Glück. Weshalb wollte ich dort hinauf? Klar, ich wollte auf 7000 Metern stehen. Aber wieso genau suchte ich einen Triumph, dessen Tragweite sich in Höhenmetern berechnete – eine Einheit, die nur etwas bedeutete, wenn man ihr Bedeutung zumaß? Vielleicht genau deshalb. Auf einen Berg zu steigen, war schon immer eine triviale, aber wirkmächtige Metapher für das persönliche Streben, weil wir Dingen, die wir zählen können, eher große Bedeutung beimessen. Hoch hinaus, am besten höher als die meisten anderen, etwas erreichen, wozu nur wenige imstande sind – wer wollte abstreiten, dass viele ihr Leben diesem Ideal unterwarfen? So erklärte sich vielleicht die Faszination der Populärkultur für den Mount Everest: Wer dort oben stand, hatte sein Leben riskiert und das höchste aller Ziele erreicht. Heldenhaft! Dabei war der Mythos Everest längst zerbröckelt, seitdem sich jeder Amateur den Gipfel für 50.000 Dollar kaufen konnte, um ihn anschließend zu vermüllen. Der britische Schriftsteller Charles Montague hatte schon vor rund hundert Jahren erkannt: »Felsen zu erklimmen ist wie sonst das Leben auch, nur einfacher und sicherer.« Schwerer als die Besteigung eines anspruchsvollen Berges war zweifelsohne, immer wieder die langweiligen Hürden des Alltags zu meistern, dabei ein anständiger Mensch zu bleiben und sich selbst und andere nicht zu verarschen. Ruhm und Ehre konnte ich mir vom Pik Lenin nicht erhoffen, zumal es stets die Fraktion der militanten Kritiker geben würde, die im Höhenbergsteigen nichts als leichtsinnigen Egoismus erkennen. Denen braucht man nicht kommen mit wilden Geschichten von Abenteuer und Grenzerfahrung.

Am nächsten Tag bereiteten wir uns auf die Schlüsselstelle der Gipfeletappe vor, *the knife*, das Messer, ein steiler Aufschwung im Grat, an dem ein Fixseil für die Eigensicherung angebracht war. Dort hakte man sein Jumar ein, eine Steigklemme, die sich nach oben schieben lässt, aber im Falle eines Sturzes in die andere Richtung blockiert. Wir spazierten zum Gletscher, und die Sherpas brachten an einem kleinen Hang mit Eisschrauben ein Seil an, an dem jeder seine Fähigkeiten vorführte und bei Bedarf Hilfestellung bekam. Wie verantwortungsbewusst war es, sich an einem Siebentausender zu versuchen, wenn man diese Techniken nicht blind beherrschte? Die Fertigkeiten innerhalb der Gruppe gingen ziemlich auseinander. Mein letzter Hochtourenkurs lag schon ein paar Jahre zurück. Letztlich landet man bei der Frage, ob sich überhaupt jemand an einen Berg wagen sollte, an dem er ohne Führer nicht zurechtkommt, ob im Pamir oder in den Alpen. Ich fand es nicht fahrlässig. Sich als Auswärtiger von einem Einheimischen auf den Gipfel führen zu lassen, war ein etabliertes Prinzip des Alpinismus.

Der Weg ins Camp 2 war die gefährlichste Etappe des Normalweges. Wir wollten früh über die Gletscherspalten kommen, solange das Eis hart gefroren war, und durch den Lawinenkorridor, der mit fortschreitender Tageszeit gefährlicher wurde, da der Schnee im Hang antaute und leichter abrutschen konnte. Die Kälte hielt den Berg zusammen. Die Nacht war klar und mild. Über uns funkelte ein Sternenmeer, Eiswände schillerten silbern im Mondlicht wie Aluminiumfolie. Auf dem unteren Teil des Gletschers legten wir Steigeisen an und bildeten Seilschaften, die jeweils von einem Guide angeführt wurden. Ich ging mit Roberto und Sylvain, weil wir ungefähr gleich stark waren. Als wir im Gletscherbruch aufstiegen, kroch der Morgen milchig hinter dem Horizont hervor, im Rucksack der Schlafsack, die Isomatte, warme Kleidung, Thermosflasche, Gaskocher und Tütenessen für die Zubereitung der Mahlzeiten im Hochlager. Die Zelte standen schon in Lager 2. Das Gewicht zog an den Schultern. Beim Überschreiten einer Spalte verlor ich das Gleichgewicht und kippte zur Seite. Sherpa Mingma reagierte sofort und zog mich am Seil herüber. Mein Puls raste schneller als ohnehin schon. Auf Kniehöhe hatte ich mir mit dem Steigeisen ins Bein getreten, nicht nur die wasserdichte Überhose hatte ein Loch, auch die lange Unterhose. Aber es war nicht allzu groß. Wenig später, als die Sonne schon in den Hang fiel und die Flanke immer stärker aufheizte, folgte eine klaffende Spalte, die sich nur mithilfe einer Aluminiumleiter überschreiten ließ. Oberhalb der Spaltenzone führte der Weg noch ein gutes Stück den Hang hinauf, bevor er nach rechts abknickte und zum Lager querte. Zuhause hatte ich auf Youtube ein Video gefunden, das den Abgang einer Lawine oberhalb dieser Querung zeigte. Ein Schwede in Lager 2 hatte den Moment festgehalten, in dem die Schneemassen in ein knappes Dutzend Bergsteiger hineinrauschten. Laut den Berichten, die ich zu dem Unfall gefunden hatte, war niemand ums Leben gekommen, die Gruppe hatte nur ihre Ausrüstung verloren. Auf solch ein Glück wollten wir es nicht ankommen lassen. Allerdings konnten Sylvain, Roberto und ich kein allzu hohes Tempo machen, weil jeder von uns fünfzehn Kilo schleppte und das Atmen und somit auch das Gehen schwerfiel. Ich konnte spüren, dass weniger Sauerstoff in die Lunge gelangte. Kurz vor dem Ziel zogen sich noch einmal Spalten durchs Eis, die sich umgehen oder überschreiten ließen. Am frühen Nachmittag erreichte unsere Seilschaft schließlich Camp 2, das sich neben dem Gletscher einen brüchigen Hang voller Geröll hinaufzog. Es gab kaum ebene Liegeflächen, Steine bohrten von unten in die Zeltplanen. Die Lage erklärte sich durch einen Unfall im Jahr 1990. Damals hatte das Lager weiter unten auf dem Eis gelegen, in der Sturzbahn einer gewaltigen Lawine, die von einem Erdbeben ausgelöst worden war. Alle 43 Bergsteiger dort waren gestorben. So hatte man das Lager hochverlegt und schlief nun unbequemer, aber sicherer.

Ein nahes Rinnsal am Gletscher lieferte Frischwasser, sodass wir noch keinen Schnee schmelzen mussten. Der Weg zur Wasserstelle erforderte in dieser Höhe eine Anstrengung, die wir merklich spürten. Dafür bot das Lager unerwartete Privatsphäre, jeder konnte sich ein Einzelzelt aussuchen. Die Sonne sammelte sich unter der Plane, Wohlgefühl nach kalten Morgenstunden. Ich legte mich auf die Isomatte und ruhte mich aus, ließ die Stunden bis zum Abendessen windgeschützt dahinziehen. Wie die Gedanken hierhin und dorthin abdrifteten, kroch mir ein merkwürdiges Gefühl in den Brustkorb. Ich schluchzte wild, obwohl überhaupt nichts passiert war, dachte an die Familie und an die Freunde und war erfüllt von Wohlwollen, Solidarität, Liebe. Kein einziger kleinlicher Gedanke hatte noch Platz im Zelt. Wie kam es denn, dass ich ausgerechnet in den Bergen so nah am Wasser gebaut war? War das nicht langsam ein wenig albern? Mir fiel ein alter Spruch ein, den ich irgendwo gelesen hatte: Ein Mann, der niemals weint, ist wie ein Mann, der niemals schwitzt – er häuft eine Menge Gift in sich an. Vielleicht lag der Preis dafür, sein Leben stets souverän unter Kontrolle zu haben, in dem zunehmenden Unvermögen, sich von reiner Daseinsfreude überwältigen zu lassen. Der Berg, das wusste ich, ließ sich nie ganz kontrollieren. So lag ich da, kurzzeitig bewegt und ergriffen, aber nach fünf Minuten war die Empfindung schon verflogen, praktische Überlegungen befielen den Kopf. Das Wetter morgen sollte gut sein. Darauf kam es an.

Bekomme ich Luft? Kann ich laufen? Wunderbar, dann wären die wichtigsten Fragen des Tages geklärt. Zwei der simpelsten menschlichen Tätigkeiten wachsen sich jenseits der 5000 Meter zu einer kolossalen Aufgabe aus, mit der man vollends beschäftigt ist. Auf dem Weg ins Camp 3 mussten wir uns nicht anseilen, weil keine Spalten über der Route lagen. Gleich oberhalb des Nachtlagers wartete ein steiler Hang, der nur in engen Kehren zu bewältigen war. Oben schlug der Weg in nördliche Richtung ein und führte geradewegs auf die Gratschulter zu, die Tadschikistan vor unseren Blicken verbarg. Die Hangneigung flachte hinter dem ersten Steilstück wieder ab, allerdings nur für kurze Zeit. Vor dem Hochlager wartete eine steile Rampe aus Eis, die sicher eine Stunde in Anspruch nahm und keinerlei Abwechslung bot. Jeder Schritt das gleiche Bild: Schnee unter den Füßen. Nichts lenkte ab von der unvermeidlichen Anstrengung des Aufstiegs. Hin und wieder blieb ich stehen, um länger durchzuatmen, beschaute die frostige Welt aus Eis um mich herum – ein erbauliches Panorama, das mich keinen Meter höher brachte. Es war die leidige Dialektik der Pause, dass sie für den Moment eine Entlastung brachte, aber die verbleibende Wegstrecke jedes Mal hinauszögerte, die Strapazen bloß aufschob und damit verlängerte. Jeder Bergsteiger war auf diesem Abschnitt Einzelkämpfer, lief in seinem individuellen Rhythmus, lotete die für sich beste Taktik aus, um die Höhenmeter hinter sich zu bringen.

Ich erreichte Camp 3 um die Mittagszeit und sah Roberto und Sylvain schon in einer windgeschützten Mulde hocken. Auch Enrico, Tristan und Juri schlossen auf. Wir legten Sonnencreme nach, eingehüllt in Daunenjacken. Im Lager herrschte reges Treiben. Viele hatten das gute Wetter heute genutzt, um ihren Gipfelversuch zu wagen. Ich zählte die Zelte und kam auf ungefähr drei Dutzend, sie waren von kleinen Schneemauern umgeben. Der Westgrat des Pik Lenin lag nun direkt vor uns. Nur um das Gipfelplateau hatten sich dürre Wolken gehalten, die alles bedeuten konnten. Iwan hatte schlechte Nachrichten, ein Höhensturm sei angekündigt, wir könnten die Nacht nicht hier bleiben, müssten wieder ins Lager 2 absteigen. Dadurch würde uns eine Nacht auf 6000 Metern zur Akklimatisierung fehlen. Andererseits war die Aussicht auf Sturm auf dem ungeschützten Grat wenig verlockend. Eiskristalle flirrten durch die Luft, der Wind frischte schon auf. Bevor wir uns an den Abstieg machten, liefen wir auf die nahe Schneekuppe, der sie einen eigenen Namen gegeben hatten. Wer es nicht auf den Pik Lenin schaffte, bekam für die Besteigung des Razdelny Peak trotzdem eine Urkunde. Ein Trostpreis, aber auch eine nette Geste.

Unten im Lager am Gletscher waren die Guides damit beschäftigt, die Zelte mit Steinen zu beschweren, Verankerungen zu prüfen, zusätzliche Schnüre zu spannen. Wir hockten uns zusammen, warfen den Kocher an und bereiteten Suppe und Kartoffelbrei zu. Mit dem letzten Licht krochen wir in unsere Schlafsäcke, Dunkelheit fiel über den Berg. Der Tag hatte mich ordentlich in Anspruch genommen, sodass ich sofort einschlief. Ich konnte nicht sagen, wie lange ich geschlafen hatte, als mich lautes Flattern weckte. Der Wind riss an der Zeltplane und drückte sie ein. Ich bekam es mit der Angst zu tun, es könnte meine Behausung aus der Verankerung reißen, und schob den Rucksack auf die rechte

Seite des Zeltes, die dem Sturm ausgesetzt war, aber war nicht sicher, ob das ausreichte, also stemmte ich meine Arme gegen die Plane, um die Flanke zu stabilisieren. Zwei Stunden verharrte ich in dieser Position, während ohrenbetäubendes Pfeifen und Fauchen durch die Nacht fuhr wie Gekreische böser Geister. Irgendwann musste ich eingeschlafen sein, und als ich erwachte, war der Spuk vorbei. Ich trat aus dem Zelt und stieß auf Sylvain, der berichtete, wie der Sturm sein Zelt in der Nacht fortgerissen hatte, mit ihm selbst und seiner Ausrüstung darin. Er sei den Hang hinabgerollt, bis er sich an einem Felsbrocken habe festhalten können, dort habe er bis zum Morgen ausgeharrt. Absolut verrückt, sagte Sylvain, jedoch mit der ruhigen Stimme des unaufgeregten Rangers. Ich fand, er war erstaunlich gut beieinander.

Wenn eine Woche durchgehend die Sonne scheint, läuft etwas verkehrt. Ich hatte es geahnt: Je tiefer wir wieder abstiegen, umso mehr verschlechterte sich das Wetter. Die Sonne verzog sich, die Temperatur sackte ab, Wolken hüllten das Gebirge ein. Selbst im Basislager war es frostig, an T-Shirts nicht mehr zu denken. Als wir eines Morgens aus den Zelten traten, lag das Hochtal eingeschneit da. Die Gesichter der Bergsteigerinnen und Bergsteiger passten sich den äußeren Bedingungen an, legten sich jetzt häufig in Falten, brachten nur noch selten einen unbeschwerten Scherz heraus. Zwei Franzosen brachen notgedrungen ab, der Sturm habe ihr Zelt samt Ausrüstung in eine Gletscherspalte geweht. Drei österreichische Sunnyboys mit teurer Fotoausrüstung wollten den Berg eigentlich mit Skiern abfahren und sich dabei filmen, doch auf ihren verrückten Youtube-Film musste die Welt nun verzichten. Wie ausgefuchst oder erfahren jemand auch sein mochte, es zählte nicht mehr. Der Lagerchef händigte abends keine Pik-Lenin-Anhänger aus, nur noch Urkunden für den Razdelny Peak, die Freude darüber hielt sich in Grenzen. Ich bekam leichte Magenprobleme und war nicht der einzige. Luis blieb unschlüssig und zerfahren wie am Anfang, ständig sortierte er seine Sachen, war sich wieder einmal unsicher, was er anziehen sollte. Ich machte mir langsam Sorgen um ihn. Er hatte nur eine leichte Daunenjacke dabei, aber keine Expeditionsdaunenjacke, obwohl die auf jeder Liste mit empfohlenen Ausrüstungsgegenständen stand. »In deiner Jacke wirst du frieren«, sagte ich, »sie ist nicht warm genug«. Aber, beharrte er, im Outdoorladen in Brüssel habe man ihm zu *layering* geraten, zu vielen dünneren Schichten, die er übereinander ziehen könne. Ich erklärte Luis, dass dieses Prinzip vielleicht noch für den Aufstieg reichte, aber nicht für eiskalte Stunden des Wartens im Hochlager oder die Gipfelnacht. Er sah es nicht ein. Auf die Stimmung drückte, dass wir ständig froren, da wir uns nicht bewegten, was aber nun einmal der Plan war: Rast und Ruhe, Kräfte sammeln. Doch wofür? Bestand überhaupt noch eine Chance auf den Gipfel?

Zweimal täglich wurde der Wetterbericht im Zelt ausgehängt. Die Vorhersage kündigte für Höhen jenseits der 6000 Meter Windgeschwindigkeiten von rund 55 km/h in den kommenden Tagen an. Bei derartigen Böen war ein Aufstieg unmöglich. Wir hatten allerdings noch etwas Zeit, unser Gipfelversuch war für die Nacht vom 20. auf den 21. August vorgesehen. Diese Nacht - und wirklich nur diese Nacht - sollte laut Prognose klar sein, der Wind auf 15 km/h abflauen. Die voraussichtliche Nachttemperatur wurde auf minus 19 Grad geschätzt, durch den Windchill-Faktor gefühlt minus 27 Grad. Er habe die Sorge, das werde zu kalt sein, sagte Roberto, man könne es bei dieser Kälte nicht mehrere Stunden draußen aushalten. Tristan war der Meinung, die angekündigten Verhältnisse seien für den Pik Lenin normal, auf besseres Wetter könnten wir nicht hoffen. Meine Befürchtung war, dass sich das Wetterfenster verschob und wir zu früh oder zu spät dran sein würden. Immer wieder schaute ich auf den Wetterbericht in der Illusion, er könnte mir noch präzisere Informationen liefern, zum Beispiel die Eintrittswahrscheinlichkeit der Vorhersage, aber das tat er nicht.

Zum ersten Mal setzte ich mich wirklich mit der Aussicht auseinander, dass die Tour scheitern konnte. Natürlich könnte ich später behaupten, dass es mir um die Erfahrung gegangen war, nicht so sehr um den Gipfel selbst. Das wäre weise. Scheitern bringt uns weiter, nur dadurch kommen wir voran, das ist ein beliebter Gemeinplatz, dem ich irgendwie misstraute. Wer stolz vom Scheitern erzählt und wie viel Kraft ihm das gebe, der ist meist sowieso ein erfolgreicher Mensch, der hat leicht reden und die geistigen und emotionalen Ressourcen, um eine gute Geschichte daraus zu machen. Nein, das Scheitern fühlt sich nicht gut an. Im besten Fall zeigt es dir das persönliche Defizit, das dir am meisten im Weg steht, für das du somit am blindesten bist. Aber damit ist es noch nicht behoben. Vielleicht ist das Scheitern erträglicher, wenn es klaren Regeln folgt, von denen es im Gebirge einige gibt: Wenn das Wetter nicht passt, kannst du nichts machen, dann musst du absteigen, auch wenn du Reinhold Messner bist. Breche nicht auf, wenn ein Wetterwechsel angekündigt ist, du wirst dich in Gefahr begeben und könntest ins Verderben laufen. Bleibe im Zelt, wenn du dich angeschlagen fühlst, sonst reichen deine Kräfte womöglich nicht für den Abstieg. Wer diese Regeln beherzigt, scheitert womöglich gar nicht, weil er keinen Fehler begeht. In den Bergen scheitern viele eher, weil sie dumme Entscheidungen treffen oder ihre Kräfte überschätzen. Nur gab es in der Geschichte des Bergsteigens leider auch weniger eindeutige Situationen, in denen ein unglücklicher Umstand zum nächsten kam und beste Absichten schlimme Folgen hatten. Das macht es schon wieder kompliziert. Ich hatte eigentlich keine Angst davor, nicht den Gipfel zu erreichen, weil das nur bedingt in meiner Macht lag. Eher graute mir vor dem schalen Gefühl, meine Zeit verschwendet zu haben, alles umsonst auf mich genommen zu haben. Niederschmetternder als das Scheitern kurz vor dem Ziel wäre die Einsicht, der falschen Sache nachgejagt zu haben. Ein betrüblicher Gedanke, der über dem winterlichen Basislager hing und sich nicht allein dadurch verflüchtigte, dass er möglicherweise falsch war. Vielleicht war es in Ordnung zu scheitern, akzeptieren musste man es ohnehin. Aber vielleicht musste einem der Erfolg auch irgendwann Recht geben.

Auf dem Weg ins Camp 1 merkten wir, dass der Sommer in den letzten Zügen lag. Die meiste Zeit starrten wir in dichtes Grau, der Pik Lenin lag in Wolken. Wir wussten, dass das Wetter von jetzt an tendenziell nur noch schlechter würde und uns die Zeit davonlief. Im Camp war der Frost strenger, manches Zelt schon abgebaut und zu Tal gebracht. Ich sehnte mich nach einem Heizkörper, während sich Luis dazu durchrang, beim Lagerchef für 50 Dollar einen Daunenanzug auszuleihen. Auch im Camp 1 hing der Wetterbericht aus, unser anvisiertes Fenster lag noch immer in der gleichen Nacht. Jede Gruppe prüfte, ob der weitere Aufstieg noch sinnvoll war. Eine Deutsche aus einem anderen Team erklärte, nicht weitergehen zu wollen. Die Kälte, die klaffenden Spalten, das sei ihr langsam alles zu viel und doch deutlich anders als die Bedingungen am Aconcagua, den sie wohl schon bestiegen hatte. Erstaunlich, wie sehr es auf die Stimmung drückte, dass die Sonne nicht schien, wie man den Berg sofort als unberechenbarer wahrnahm. Ich versuchte mich warmzuhalten und mir die Zeit zu vertreiben.

Am Nachmittag kamen neben der Terrasse fünf Männer ernst zusammen, schulterten Rucksäcke und luden eine merkwürdige, weiße Schale aus Kunststoff auf. Mir erschloss sich erst nicht, wohin die Truppe um diese Tageszeit noch wollte, dann begriff ich, dass sie eine Trage geschultert hatten. In der Nordwand habe sich ein Russe in den Schnee gesetzt und sei nicht mehr aufgestanden, berichtete der Lagerleiter. Vielleicht das Herz. Wenn man genau hinschaute, konnte man den schwarzen Punkt im Hang erkennen. Der Bergungstrupp brach auf, um den Toten vom Berg zu holen. Ich sagte mir, dass das an jedem Berg hätte passieren können.

Als ich mir in der morgendlichen Dunkelheit die Steigeisen anzog, wurden meine Finger sofort taub. Ich kreiste mit den Armen, um die Durchblutung wieder anzuregen. Die Temperatur lag weit unter dem Gefrierpunkt, das Lager und die Bergflanke waren eingeschneit, feine Eiskristalle glitzerten im Mondlicht, als habe jemand Diamanten in der Landschaft ausgestreut. Unter der Windjacke trug ich meine dünne Daunenjacke, als zusätzliche wärmende Schicht, anders als beim ersten Aufstieg ins Camp 2 vor einer Woche. Im Gletscherbruch fiel irgendwann die Sonne über den Kamm, spendete aber keine Wärme. Immerhin war die Wolkendecke aufgerissen. Ich ging wieder mit Sylvain und Roberto am Seil, aber ihr Tempo war heute zu schnell für mich. Sobald ich anhielt, um mehr Luft in die Lungen zu bekommen, mussten auch sie stehen bleiben, was mich zusätzlich unter Druck setzte und aus dem Rhythmus brachte. Die Etappe fiel mir diesmal deutlich schwerer. Ich schleppte mich voran, hätte mich am liebsten immer wieder hingesetzt und zwang mich doch dazu weiterzulaufen. Als wir endlich das Lager erreichten, schienen meine letzten Reserven aufgebraucht zu sein. Ich legte mich ins Zelt und döste sofort weg. Als ich erwachte, fühlte ich mich aber besser. Tristan und ich kochten Nudelsuppe. Dann sahen wir, wie der aufgeregte Jakub das Camp erreichte. Der Pole hatte Blasen an den Fingern, weil er während des Aufstiegs lediglich dünne Wollhandschuhe getragen hatte. Seiner Schilderung nach hatte er schon früh das Gefühl darin verloren, diesen Umstand aber ignoriert. Der Lagerarzt bestätigte Erfrierungen ersten Grades. Jakub erklärte daraufhin immer wieder, dass er morgen wohl absteigen werde, so als ob ihm die Wahl bliebe. Die Nacht würde er natürlich noch in Lager 2 verbringen, denn der Abend nahte. Es stellte sich heraus, dass wir dieses Mal zu zweit in den Zelten schlafen mussten, weil sehr viele Bergsteiger im Camp waren, die auf das gleiche Wetterfenster hofften.

Wer mit wem in einem Zelt schlief, unterlag wieder einmal einem erratischen, unvorhersehbaren Prozedere, das es mit sich brachte, dass der hochgewachsene Jakub und ich das Zelt teilten. Luis war nirgendwo zu sehen. Die Zelte waren so klein, dass Jakub nur diagonal darin liegen konnte, wodurch mir ein schmaler Streifen an der kalten Plane auf abschüssigem Grund blieb. Ich musste die Beine anziehen und konnte mich kaum umdrehen. Weil Steine in die Hüfte drückten, wachte ich immer wieder auf. Eine Stunde vor Morgengrauen musste ich endgültig pinkeln, konnte mich aber nicht aufrichten, um die Urinflasche zu benutzen. Noch zehn Minuten blieb ich wütend liegen und zögerte das Unvermeidbare hinaus, dann kroch ich aus dem Schlafsack, zog mir Daunenjacke und Stiefel an und trat hinaus in die letzte, kälteste Stunde der Nacht. Der Himmel war klar, in den Felsen viel Neuschnee. Zurück im Zelt schlief ich noch einmal ein.

Als die Sonne ihre ersten Strahlen über den Berg schickte und ich aus dem Schlafsack kroch, fühlte ich mich wie gelähmt, hatte aber das Gefühl, eine letzte Widrigkeit gemeistert zu haben. Alle Wolken waren verflogen. Mit klammen Fingern packte ich meine Ausrüstung in den Rucksack und machte mich abmarschbereit. Das ganze Lager war auf den

Beinen, das gute Wetter schien alle anzutreiben. Jakub stieg mit einem Sherpa ab, wodurch wir einen Guide weniger hatten. Ich erfuhr, dass Luis bereits gestern umgekehrt war, weil er Probleme mit dem Atmen bekommen hatte und häufig stehen geblieben war. Bevor ich etwas aß, setzte ich meinen Körper in Gang, das schien mir für den Moment wichtiger zu sein. Unterwegs verzehrte ich ein Snickers, aus dem ich mit den Eckzähnen immer erst ein Stück herausreißen musste, um es dann im Mund zu schmelzen. Kein Gewölk am Himmel, nur die Sonne schien prall auf den Berg. Ich hatte schon schlechter gefrühstückt.

Um die Mittagszeit erreichte ich Camp 3 und bezog ein Zelt mit Sylvain. Wir hockten uns in Daunenjacken nach draußen, schmolzen Schnee und bereiteten Suppe und Kartoffelbrei zu, griffen zu Käse, Wurst und Schokoladenkeksen, stopften uns mit so vielen Kalorien voll, wie es der Appetit in dieser Höhe vertrug. Ann gesellte sich zu unserem frostigen Picknick, der Nachmittag ging windstill und heiter dahin. Ich fragte Iwan, wie das Wetter morgen werde, weil unsere letzte Vorhersage mehr als vierundzwanzig Stunden zurücklag. Der Russe antwortete mit dem milden, ihm eigenen Lächeln, das normalerweise alles bedeuten konnte, aber dieses Mal nur eines hieß: »It will be good.« Moment, wie war das? Mit einer derart eindeutigen Aussage hatte ich nicht gerechnet. Ich wusste, dass Iwan auch »It looks okay« oder »We have to see« oder »Maybe we can try« hätten sagen können, wenn das eine Spur realistischer gewesen wäre, denn kein Bergführer neigt dazu, falsche Versprechungen zu machen. Iwan aber hatte sich festgelegt: Das Wetter wird gut. Das konnte nur bedeuten, dass sich das Fenster mit dem moderaten Wind nicht verschoben hatte. Zum allerersten Mal hatte ich das Gefühl, dass der Gipfel eine greifbare Möglichkeit war. Ich hatte mir diesen Gedanken zuvor nicht erlaubt, um nicht zu enttäuscht zu sein, falls es nicht klappte, aber nun, da ich ihn zuließ, euphorisierte er mich, was wiederum voreilig war. Es konnten noch eintausend Umstände eintreten, die am Ende dazu führten, dass wir uns in einer bestimmten Situation für den Abstieg entschieden - eine Entscheidung, die in einer Minute gefällt war, aber in ihrer Konsequenz nur langsam ins Bewusstsein tröpfeln und zunächst danach aussehen würde, als könne man sie noch einmal überdenken, dabei würde sie bereits nach wenigen Schritten auf dem Weg zurück unrevidierbar sein. Wenn es ernst wurde, blieb nicht viel Zeit zum Überlegen. Oder es war bereits zu spät.

Tristan und Plamen erreichten das Lager nicht. Beide mussten ihre Gründe gehabt haben. Ann entschied sich dafür, im Camp zu bleiben und nicht zum Gipfel aufzubrechen. Das gleiche galt für Juri, der sensibel auf die Höhe reagierte und sich in der Nacht fünfmal übergeben hatte. Damit blieben noch acht Kandidaten übrig, die Russen, die Italiener, Sylvain und ich. Im Zelt legte ich die Sachen zusammen, von denen ich glaubte, dass sie mich bei gefühlt minus 27 Grad warm hielten: zwei Thermoshirts aus Merinowolle, ein Laufshirt, ein Fleecepulli, die Expeditionsdaunenjacke, lange Unterhose, Thermohose, wasserdichte Überhose, Wollsocken, Expeditionsstiefel, Mütze, Sturmmaske, Unterziehhandschuhe,

Daunenhandschuhe. Für die Thermoskanne kochten wir heißen Tee. Halb angezogen kroch ich in den Schlafsack und stellte den Handywecker auf zwei Uhr.

Als ich erwachte, fiel mir Eis in den Nacken. Die Atemluft war an der Innenseite des Zeltes gefroren. Ich wollte meine Kontaktlinsen einsetzen und stellte fest, dass auch sie eingefroren waren, fand das Feuerzeug und entzündete die Flamme, wofür ich die Handschuhe ausziehen musste. Die Finger schmerzten sofort, aber die Flüssigkeit taute auf. Kurz die Hände aufwärmen, raus aus dem Schlafsack und anziehen, vor dem Zelt die Steigeisen anlegen und den Eispickel am Rucksack befestigen: All dies dauerte eine ganze Stunde.

Wäre diese eisige Nacht ein Film, so könnte man sich ihn wie ein Störbild vorstellen, ein monochromes Flirren, immer nur für kurze Augenblicke von fetzenhaften Sequenzen unterbrochen, von einer Reihe an Momentaufnahmen.

///

Schritte in der Dunkelheit. Wir wissen, dass es erst abwärts geht, in den Sattel, bevor der Weg den ersten, langen Aufschwung des Westgrats nimmt. Wir haben die Route gestern den ganzen Tag vom Lager aus gesehen. Es ist schon nach drei Uhr. Stirnlampen flackern unruhig, vielleicht weil wir aufgeregt umherschauen und uns ungläubig versichern, dass wir tatsächlich aufgebrochen sind, nach all den Tagen des Wartens am Berg.

Zick zack, zick zack. Serpentinen, seit mindestens einer Stunde. Immer noch der gleiche Hang, er will nicht enden. Der Schnee von Felsen durchsetzt, die Steigeisen schrammen über Gestein. Die Schritte langsamer jetzt, die Steigung würgt den Brustkorb. Eiseskälte im Gesicht, aber die Daunenjacke hält den Körper warm. Ich atme schnell. Iwan geht voraus. Wir machen Pause, aber kaum jemand trinkt etwas. Ich habe einen Liter Tee dabei, nicht viel für einen Tag in dieser Höhe. Wind braust von oben herab, ich kann nichts erkennen in der Düsternis außer die anderen. Vor mir steht Roberto und schwingt abwechselnd seine Beine, geballte Fäuste. Ich weiß, dass er Bergstiefel ohne Innenschuh trägt, und denke, dass er friert. Meine Hände sind kalt, aber ich kann sie fühlen. Wir müssen uns bewegen.

Der Wind schneidet ins Gesicht wie Scherben. Der Hang liegt unter uns – und damit der natürliche Schutz vor den Böen, die jetzt über den Kamm fegen, als wollten sie alles, was nicht mit dem Boden verwachsen ist, einfach davonpusten. Sylvain sitzt auf einem Stein und sagt, er könne seine Zehen nicht mehr spüren. Sie seien zu kalt, einfach zu kalt. Einer der Sherpas zieht ihm den Stiefel aus und reibt den nackten Fuß. Ich schenke Tee aus meiner Thermoskanne aus, in gewöhnlichen Trinkflaschen ist das Wasser längst gefroren. Von der Kälte verzogene Gesichter im Kegel meiner Lampe, der Wind heult und jault. Ich ziehe meine Sturmhaube über. Der Morgen schickt noch kein Signal durch die allumfassende Schwärze.

Pause auf offener Fläche, ungeschütztes Terrain. Peitschen in der Luft. Sylvain steigt ab, ein Sherpa begleitet ihn. Timur, Luca, Enrico und ich laufen zusammen gegen den Wind an, der uns auslaugen will. Die anderen sehe ich nicht, auch nicht Aleksei. Iwan läuft voraus und macht immer wieder Pause. Ich weiß nicht, weshalb. Dann stehen wir da und frieren. Vielleicht geht es ihm nicht gut. Roberto sagt, ihm sei zu kalt, er werde umkehren. Iwan dreht sich um und schaut uns andere entschuldigend an. Auch er wird runtergehen. Wir sind ohne Bergführer. Morgenrot am Horizont, die Dämmerung zieht auf, vor uns eine Spur im Schnee.

Timur, Enrico und Luca müssen zurückgeblieben sein. Das »Messer« liegt hinter mir, das steile Stück mit dem Fixseil. Es ist hell. Die Spur, der ich folge, führt um einen Felsen herum. Sonst sehe ich nichts. Schnee und Eis. Ich bleibe stehen. Mein Bauch schmerzt unterhalb des Brustbeins, es fühlt sich an wie ein Krampf. Eine Reaktion auf die Höhe? Stimmt etwas nicht? Will der Körper mich warnen? Ich überlege, ob ich umdrehen soll, und versuche, einen klaren Gedanken zu fassen. Wahrscheinlich ist die Muskulatur durch das flache Atmen in der Kälte verkrampft. Ich nehme mir vor, ruhiger zu atmen. Schritt für Schritt. Die Fußspuren geben eine Richtung vor. Sie bewahren mich davor, fehlzugehen und erinnern daran, dass ich nicht der einzige an diesem Berg bin, auch wenn ich mich gerade sehr allein fühle, mutterseelenallein.

Ich sitze im Schnee und schaue auf sanfte, weiße Hänge. Die Sonne taucht die Umgebung in grelles Licht. Der Grat ist breiter jetzt, der Wind hat sich gelegt. Ich ziehe meine Sturmmaske vom Kopf und trinke einen halben Becher Tee, schiebe mir Schokolade in den Mund. Da kommt, einer Halluzination gleich, Enrico den Weg entlang und setzt sich zu mir. »This is so hard.« Er lächelt erschöpft. Was machen wir? Enrico schaut mich an. »I will go up«, sage ich. Er nickt. Damit ist es auch für ihn beschlossen. Ich kann nicht sagen, wie weit es noch ist. So schnell, wie wir bisher gelaufen sind, könnten wir schon jenseits der 6500 Meter sein. Spätestens um dreizehn, vierzehn Uhr müssen wir umkehren, egal, wo am Berg wir uns befinden. Das weiß ich. »Look, Enrico, it's only eight thirty. We have time.«

Enrico ist schneller als ich. Ich schleppe mich wieder alleine durch die Eiswüste, jeder Schritt eine Qual. Erstaunlich, dass ich den nächsten mache. Und dann noch einen. Irgendwann bin ich beim nächsten Felsriemen. Dann schaue ich nach vorne und sehe den nächsten Felsriemen. Das darf nicht wahr sein. Der Pik Lenin hat keine zackige Spitze, er fällt nach Westen und Osten in weiten Hängen ab. Ich sehe immer nur die nächste Schneekuppe, die mich entmutigt. Das ist die Tortur. Der Körper hält schon durch. Drei, vier Schritte, Atempause. Ich lehne mich nach vorne auf meine Stöcke, als könnte ich dadurch neue Energie schöpfen. Es passiert das Gegenteil, weil ich mich wieder aufrichten muss, was Luft kostet, die wenig hergibt in dieser Höhe. Der Mensch ist ein degeneriertes

Wesen auf 7000 Metern. Und doch bin ich gekommen. Woher diese Sehnsucht nach einem Ort, an dem man immer schwerer atmen kann? Um zu begreifen, dass nichts selbstverständlich ist und die Zeit begrenzt? Man weiß es doch. Aber man fühlt es selten in jeder Faser seines Körpers.

Ich schleppe mich durch eine Mulde bis zur nächsten Kuppe, von der ich den Verlauf des Weges weiter oben einsehen kann. Tatsächlich erblicke ich von dort einen Klecks Farbe, der den Punkt markieren muss, an dem es nicht mehr höher geht. Erst hier, eine Viertelstunde unterhalb des Gipfels, bin ich zum ersten Mal fest davon überzeugt, dass ich wirklich ganz oben stehen werde.

///

Und dann stand ich oben. Kein Gipfelkreuz wartete auf mich, sondern Lenin höchstselbst, in Form einer Büste, und natürlich Enrico, dessen Gesellschaft mir noch viel lieber war. Wir umarmten uns, und in diesem Moment der Umarmung merkte ich, wie sich meine Wahrnehmung wieder zu verändern begann. Acht Stunden hatte das Gehirn allein auf die Reize der unmittelbaren Umgebung und des Körpers reagiert, wie eine sehr primitive Maschine: Wo ist die Spur? Wie steil ist der Hang? Sind die Zehen warm? Soll ich noch einen Schritt setzen oder kurz stehenbleiben? Eine unstrukturierte Abfolge rudimentärster Abwägungen. Nun wurden die Gedankenprozesse wieder komplexer, verdichteten den Ereignisstrom und setzten die Geschehnisse in einen größeren Zusammenhang, was bedeutete, Emotionen nicht mehr als stupide Impulse zu verstehen, die unterbewusste Entscheidungen nach sich ziehen, sondern mit einem Sinn aufzuladen. Kurzum: Was bedeutete es jetzt, dass ich auf einem Siebentausender stand? Wie hatte sich das anzufühlen? Fürs erste war ich zu fertig, um etwas anderes als Erleichterung zu empfinden. Wir hatten erst die Hälfte des Weges geschafft, mussten alles wieder absteigen. Dabei passierten bekanntlich die meisten Unfälle. Wo waren die anderen?

Kurz nach mir erreichte Timur den Gipfel, der hochgewachsene, kluge Russe, der nicht allzu sehr aus der Puste zu sein schien. Dann tauchte Aleksei auf, Iwans Bergführer-Kollege. Er begleitete niemanden, ich verstand nicht, wieso. Andere Bergsteiger hatten sich auf dem Gipfelplateau eingefunden. Einer fotografierte Enrico, Timur, Aleksei und mich. Der Akku meiner Kamera hatte in der Kälte aufgegeben, aber Timurs funktionierte, mein Handy auch. Ich machte Fotos, nach Norden über die blasse, braune Ebene und nach Süden über Tadschikistan hinweg, wo sich die wilden Sechstausender des zentralen Pamirs bis zum Horizont erstreckten. Irgendwo dort zog sich der längste Gletscher außerhalb der Polargebiete durchs Gebirge, aber wir konnten ihn natürlich nicht sehen, weil ihn die Bergkämme abschirmten. Enrico, Timur und ich blieben eine Dreiviertelstunde auf dem Gipfel, mir kam es vor wie fünf Minuten.

Nach einer halben Stunde Abstieg stießen wir auf Luca, der sich wie in Zeitlupe den Hang hinaufkämpfte. Er sah fertig aus, doch bekräftigte weitergehen zu wollen. Aleksei war noch oben und konnte aufpassen, daher ließen wir Luca ziehen. Es war eine Wohltat, bergab zu laufen, durch eine Sonne, die jetzt um die Mittagszeit fast schon warm vom Himmel fiel. Erstaunlich, wie schnell wir vorankamen. Früher als erwartet erreichten wir das »Messer«, das im Abstieg keine Schwierigkeiten bereitete. Als wir das Lager 3 auf der Bergschulter erblickten, sah es aber immer noch winzig aus. Enrico und ich machten Tempo, Timur ließ es gemütlicher angehen und blieb zurück. Mehr und mehr verdrängte ein einziger, bestimmender Gedanke alle anderen Überlegungen – nicht mehr laufen müssen. Je schneller wir das Lager erreichen würden, umso eher stellte sich dieser Zustand ein. Der lange Hang wies wieder mehr Gefälle auf, wir mussten vorsichtige Schritte setzen, um nicht zu stolpern. Manchmal hatte ich das Gefühl, meine Beine könnten mir vor Schwäche wegbrechen, aber das passierte nicht. Ich hatte keinen Tee mehr und bemerkte, wie dehydriert ich war.

Unten im Sattel nahmen Enrico und ich die Rucksäcke ab und legten uns in den Schnee, als müssten wir keinen Meter mehr gehen, als fiele alle Last von uns ab. Wir wussten, dass das nicht stimmte, dass der Gegenanstieg zum Camp vor uns lag. Aber wie um alles in der Welt konnten wir jetzt noch einmal bergauf gehen? Das war ein Witz, aber kein guter. Weil es nichts brachte, die Mühsal weiter aufzuschieben, standen wir irgendwann wieder auf, setzten die Rucksäcke auf und uns erneut in Bewegung. Sofort hätte ich mich am liebsten wieder hingelegt. Ich nahm mir vor, immer fünf Schritte zu machen und dann eine kleine Pause einzulegen, in dem Wissen, dass die verbleibende Wegstrecke tatsächlich kürzer wurde, wenn ich das oft genug wiederholte. Und so war es. Enrico und ich erreichten das Camp, dreizehneinhalb Stunden nachdem wir in der Nacht aufgebrochen waren. Sherpa Mingma lief uns entgegen, mit einer Thermoskanne in der Hand, und schenkte heiße Schokolade aus, die nicht den Durst stillte, aber Energie lieferte. Ich wusste, dass es hier oben ein Versorgungszelt mit Vorräten gab, mein Körper verzehrte sich nach Flüssigkeit. Die große Flasche Fanta kostete zwanzig Dollar. Ich musste darüber nicht nachdenken.

Auf den Durst folgte der Hunger. Nach einer halben Stunde im Zelt hatten Enrico und ich genug Kraft, um den Kocher anzuwerfen, Schnee zu schmelzen und Kartoffelbrei zu machen. Sylvain und Roberto waren schon abgestiegen, weil sie keine weitere Nacht auf 6000 Metern verbringen wollten. Verständlich, aber schade. Der Nachmittag neigte sich dem Ende zu, da taumelte Luca ins Lager wie ein alter, gebrechlicher Mann. Ein Priester am Ende seiner Kräfte, der Herr musste über ihn gewacht haben. Auch Mohamed und Andrej hatten den Gipfel erreicht, aber seit unserer Trennung in der Nacht war ich ihnen nicht mehr begegnet.

Der Rückzug vom Berg brauchte Zeit, er gliederte sich in unterschiedliche Phasen, die jeweils etwas sehr Konkretes zum Ziel hatten. Nach der Gipfeletappe war es der Schlafsack gewesen, in einem sicheren Zelt, in dem ich zur Ruhe kommen konnte. Erst danach wünschte ich mir, dasitzen zu können ohne zu frieren, warme Sonne auf der Haut zu spüren.

Wenn wir Glück hatten, war das schon in Lager 1 möglich, nach dem Abstieg am nächsten Tag, wahrscheinlich aber erst im Basislager, und auch nur, sofern das Wetter noch etwas hielt. Zuerst mussten wir ein letztes Mal durch die Spaltenzone. Wenigstens blieb uns das steinige Lager 2 erspart, dort übernachteten wir nicht mehr. Den Gletscher brachten wir sicher hinter uns, nur einmal stolperte Andrej, weil ich das Seil nicht straff genug gehalten hatte, da schimpfte er, und ich entschuldigte mich. Dann war es schon vergessen. Euphorieschübe, als wir das Eis hinter uns gebracht hatten. Jetzt musste es mit dem Teufel zugehen, wenn uns noch etwas zustieß. In Lager 1 konnte nichts mehr schiefgehen. Wir waren in Sicherheit. Nicht mehr schwer tragen zu müssen, war das nächste Bedürfnis, das sich bemerkbar machte. Morgen würden die Pferde das Übernachtungsgepäck nach unten bringen. Wund brannten die Lippen, auf meinem Nasenrücken löste sich schon die Haut ab.

Während des Abstiegs freundete ich mich mit Christian an, einem Deutschen, dessen Frau ihn ursprünglich hatte begleiten wollen – Hochzeitsreise zum Pik Lenin! –, doch eine Verletzung hatte das verhindert. Wir kannten uns erst zwei Tage, aber sprachen bald über vieles, auch über Angelegenheiten, die schwieriger und komplexer waren als der Weg auf einen Berg. Es tat gut, in meiner Muttersprache zu reden, über die Tour und anderes, die Gedanken aus dem Gehirn auf die Zunge zu bekommen, damit sie dort zu Tatsachen wurden, zu denen man sich verhalten konnte. Noch eine kalte

Nacht und traumloser Erschöpfungsschlaf, dann ging es weiter talabwärts mit beschwingten Schritten und leichtem Gepäck. Die Luft hatte wieder eine milde, liebliche Würze, die Blumen kehrten zurück. Als wir das Basislager erreichten, saß Roberto auf einem Stuhl, das Hosenbein hochgekrempelt, verbunden der große Zeh, eine Erinnerung an die Gipfelnacht. Sylvain und Ann kamen uns entgegen und nahmen uns in Empfang. Tristan war schon abgereist, er hatte mir eine Nachricht hinterlassen. Gerne hätte ich noch einen Nachmittag mit ihm verbracht und über Gott und die Welt geredet. Auch Juri und Luis sah ich nicht wieder. Ann sagte, den beiden gehe es gut.

Mit geschlossenen Augen setzte ich mich in die Sonne, die Füße im Gras. Ich bemerkte, dass meine Zehen etwas taub waren, die Fingerkuppen auch, vor allem spürte ich die Wärme auf der Haut und hinter den Lidern. Das Wohlempfinden ging über die Abwesenheit von Entbehrungen hinaus, ich war angefüllt von freudiger Dankbarkeit. Vielleicht war es darum gegangen, am Ende so dazusitzen. Nachdem ich nicht mehr fror, wollte ich duschen, den Staub aus den Haaren spülen. Die Finger schrumpelten sofort, sie waren das Wasser nicht mehr gewöhnt, die offenen Lippen brannten. Und dann, als ich sauber war, wollte ich weg vom Berg, weil ich das Lageressen nicht mehr riechen konnte, Dill an jeder Speise. Und weil ich mich in ein richtiges Bett legen wollte. Nein, eine solche Tour endete nicht auf dem Gipfel, auch nicht mit einer Flasche Wein im Basislager, die Timur besorgte, sondern leise und still, mit dem Zufallen einer Tür.

Am nächsten Tag brachte uns der Bus zurück nach Osch, wo wir eine Nacht im Hotel blieben, bevor der Flieger nach Bischkek ging. Wir spazierten über den Markt zu einem Vergnügungspark mit ausgeblichenen Fahrgeschäften.

Der Inlandsflug war nur eine Stunde in der Luft, über der Hauptstadt flirrte die Steppenluft. Meine Freude, wieder hier zu sein und noch einen freien Tag zu haben, der sich angenehm ausdehnte. Um den Hals trug ich meinen Anhänger vom Berg, der mir noch ein paar Tage viel bedeuten würde. Die Werbeprospekte hatten natürlich Recht behalten, der Pik Lenin war keine alpinistische Großtat. Das Außergewöhnliche dieser Besteigung lag darin, dass sie für eine gewisse Zeit alles andere wieder außergewöhnlich machte: die Bettdecke im Hotel, die Tasse Kaffee am Morgen, die Schritte über den Asphalt, den Geschmack von gewürztem Fleisch, das Palaver an der Straßenecke, im Park auf einer Bank zu sitzen und das Treiben zu beobachten, wie ein Kind in den Springbrunnen steigt und jauchzt, unter alten, raschelnden Bäumen, in der satten Hitze eines Sommertages.

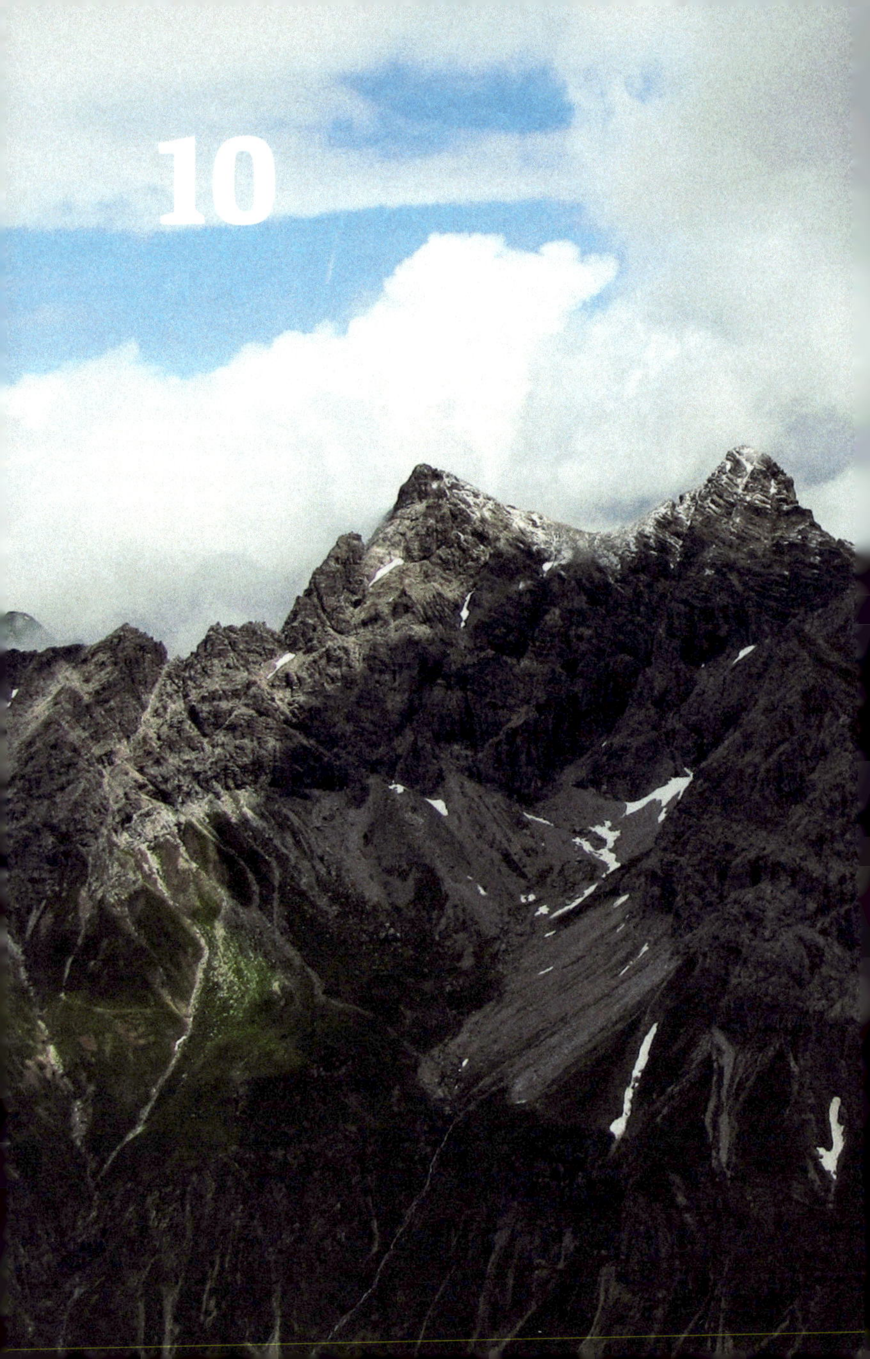
10

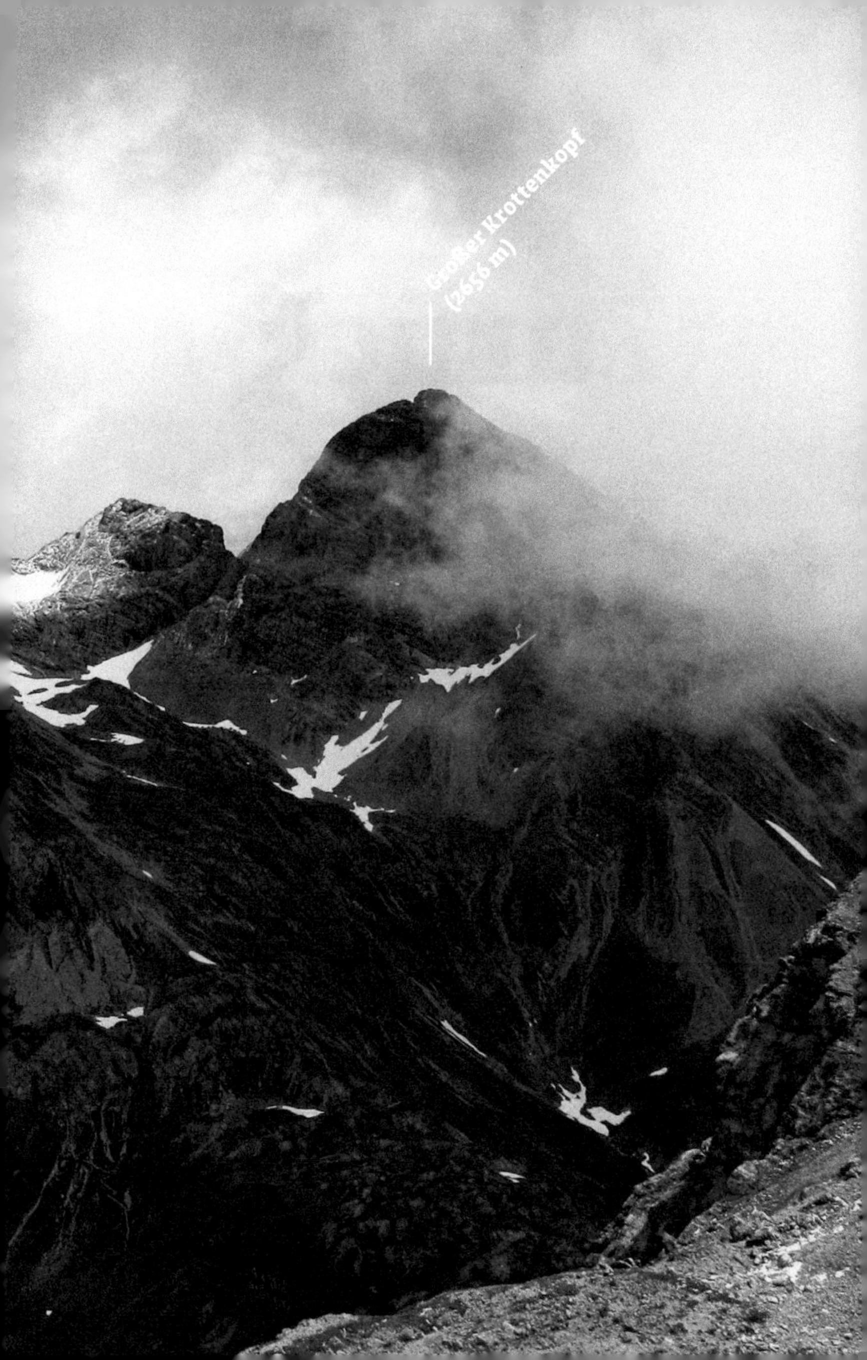
Großer Krottenkopf
(2656 m)

Zurück

allgäu

zur

bayern

Quelle

2020

Es ist schon hell, aber das Gebirge schirmt die Sonne noch ab. Der Wiesengrund und die bewaldeten Hänge liegen im Schatten. Allein hoch über dem Talschluss, beinahe verdeckt von einem vorgelagerten Grat, strahlt die Mädelegabel wie ein steinerner Wehrturm im ersten Licht. Am blassblauen Himmel hängt ein halber Mond.

Felix und ich sind früh aufgestanden, weil vortreffliches Wetter angekündigt ist, vorausichtlich das letzte Mal in dieser Woche. In unserem Quartier, dem Landgasthof Spielmannsau im Trettachtal, ist noch niemand wach. Wir laufen talaufwärts in den Morgen hinein, der gerade durch seine erfrischende Kühle schon erahnen lässt, dass wir mit einem heißen Nachmittag rechnen müssen, und folgen dem Weg zur Kemptner Hütte. In normalen Sommern sind hier unzählige Wanderer unterwegs. Einsteiger in großen Gruppen, selbsternannte Individualisten mit Zelt, zusammengenommen die unliebsamen Massen, von denen oft die Rede ist. Der Aufstieg zur Hütte bildet den Auftakt des überaus populären Fernwanderweges E5, von Oberstdorf nach Meran, einmal über die Alpen. An diesem Morgen sind wir allein. Die Route folgt dem Talboden durch den Wald, passiert mannshohe Stauden und knickt bald nach links ab, einen Hang hinauf, der in der Karte »das Knie« genannt wird, führt weiter an einer Kapelle vorbei und in den Sperrbachtobel. Tosend rauscht das Wasser durch die Klamm. Auf der gegenüberliegenden Talseite sind die Schatten jetzt schon weit hinab gesunken. Je heller das Licht von den Kämmen strahlt, umso schwärzer erscheinen die Niederungen. Schmal ist der Pfad entlang des Bachlaufs, der sich tief in den Fels gegraben hat. An dieser Stelle möchte man nicht fehltreten. Dann weitet sich die Klamm. Rechts oben sehen wir die Kemptner Hütte unter dem erleuchteten Kratzer, einem schroffen Gipfel, über dem noch immer der Mond steht. Durch die Wiesen geht es die letzten Meter bergan. Als wir die Hütte erreichen, blinzelt die Sonne über den Kamm. Wir ziehen die Masken über Mund und Nase und holen uns Kaffee und Müsli. Zeit für ein Frühstück auf der Terrasse. Wir sind warm gelaufen.

Das Mädelejoch markiert die Landesgrenze, dahinter verliert der Pfad einige Höhenmeter. Statt ihm weiter bergab ins Höhenbachtal zu folgen, nehmen wir eine Abzweigung nach links, steigen durch Grasmatten wieder aufwärts, vorbei an Enzian und Altschnee aus dem Winter. Noch immer keine Wolke zu sehen. An einer weiteren Gabelung liegt der Wegweiser am Boden, wir orientieren uns anhand der Karte. Ein gut ausgetretener Pfad bringt uns zum Übergang in Richtung Hermann-von-Barth-Hütte. Hinter der Scharte fällt der Weg abrupt ins nächste Hochtal ab. Wir folgen von hier jedoch links dem Grat, einem ausgesetzten Steig über Blockgestein und Geröll, der keine Nachlässigkeit duldet, wie wir etwas überrascht feststellen. Wir nehmen die Hände zu Hilfe. Noch eine steile Passage, noch ein konzentriertes Manöver, dann stehen wir auf dem höchsten Gipfel der Allgäuer Alpen, dem Großen Krottenkopf, der so groß nicht ist: Er misst gerade einmal 2656 Meter.

Viel hat sich relativiert seit dem Frühjahr. Vieles, was selbstverständlich erschien, ist nun Luxus. Was für ein

Geschenk, hier oben zu sein und all die nahen und fernen Bergspitzen zu betrachten, die niemand zählen kann. Lange war nicht einmal klar, ob Felix und ich verreisen können. Zuerst hatten wir an Österreich gedacht, an Tirol, so wie früher, aber das schien uns unnötig heikel angesichts der schwer vorhersehbaren Infektionslage. Daher fiel die Wahl auf heimische Berge, auf das beschauliche Allgäu. So jedenfalls hatte ich mir das Allgäu vorgestellt: zahm und lieblich, ein Terrain für Genusswanderungen, nicht für ernstzunehmende Bergtouren. Der Große Krottenkopf korrigiert diese Fehlannahme auf denkbar schönste Weise: Vom Gipfel schauen wir kilometerweit auf steile Abhänge, zackige Grate und ausgedehnte Schneefelder. Ein wahrlich hochalpines Panorama, wie ich es damals, vor vielen Jahren, zum ersten Mal im Zillertal sah. Tatsächlich fühlt es sich an, wie nach Hause zu kommen, obwohl wir im Urlaub sind. Die Bergwelt, die sich vor uns ausbreitet, ist noch die gleiche, aber die Welt ist eine andere geworden. Corona. Eine Pandemie bestimmt jetzt darüber, wie oft wir uns die Hände waschen, was wir einkaufen und mit welchen Menschen wir uns treffen. Verschwunden sind nicht nur Ausgehmöglichkeiten und herzliche Umarmungen sowie der Eindruck, dass der Weltenlauf zwar durchaus verworren, aber im Großen und Ganzen unter Kontrolle ist. Sondern auch die weiten Horizonte, die wir gerne in den Blick nehmen, weil sie uns daran erinnern, dass es stets mehr gibt als wir für den Moment sehen. Wochenlang endete unsere Welt vor Supermarktregalen mit Mehl und Flüssigseife. Toubkal, Aconcagua, Muztagata:

Exotisch und wunderbar entrückt klingen die Namen dieser Gipfel, die mich wohl noch reizen würden, aber momentan unerreichbar sind. Das Allgäu geht gerade erst wieder, ein bescheidener Anfang. Auf dem Krottenkopf fühlt es sich keineswegs an wie ein Kompromiss.

Das Virus hat die Welt ausgebremst und damit viele unserer Ambitionen, diesen scheinbar natürlichen Antrieb, immer noch einen draufsetzen zu wollen, als vermeintlich logischen nächsten Schritt: der angestrebte Karrieresprung, das nächste Großprojekt, eine weitere spektakuläre Reise. Der noch etwas höhere Berg. Wo sehen Sie sich in fünf Jahren? Wo willst du noch hin? Häufig schon wurde ich gefragt, ob ich eines Tages auf den Mount Everest steigen würde. Dafür bin ich nicht reich genug, antworte ich dann immer, aber damit geben sich die Interessierten selten zufrieden. Sie haken nach: Was wäre, wenn du die Möglichkeiten dazu hättest? Würdest du es dann tun? Eine interessante Frage, die zeigt, dass der höchste Berg der Welt das ultimative Endziel darzustellen scheint, einen Fixpunkt, zu dem man sich verhalten muss. Weil man nirgendwo sonst auf unserem Planeten dem Himmel näher ist, geht von diesem Gipfel eine luzide Faszination aus, die sich auch Menschen erschließt, die selbst nicht in die Berge gehen. Darin zeigt sich ein kognitives Muster, das wir alle verinnerlicht haben: Oben sein ist gut und erstrebenswert, unten sein ist schlecht. Der Everest ist somit der heilige Gral des Bergsteigens, top of the world. Die Tibeter nennen ihn Qomolangma, Mutter des Universums. Ihr unbedingt einmal auf den Buckel zu steigen, mag anmaßend erscheinen, wenn man ein religiöser Mensch ist oder die Hybris unserer Spezies grundsätzlich kritisch sieht. Zu dieser Gruppe gehöre ich allerdings nicht. Ich bin mir im Gegenteil sicher, dass es ein einmaliges Abenteuer ist, auf den Everest zu steigen, wenn man tatsächlich dazu in der Lage ist und das Risiko selbständig handhaben kann. Für mich wäre das somit nichts.

Dass kommerzielle Expeditionen heutzutage sogar zahlungskräftige Bergsteigerinnen und Bergsteiger auf den Everest bringen, die ihre Steigeisen falsch herum anziehen, ist ohnehin ein Wahnsinn. Aber auch grundsolide Alpinisten sind auf die von den Sherpas installierten Hochlager und Fixseile angewiesen, auf einen reibungslosen Ablauf ihrer gebuchten Expedition. Ganz gleich, wieviel Erfahrung sie mitbringen, auf dem Südgrat am Hillary Step drohen sie im Stau zu stecken. Jede Stunde, die sie an der berüchtigten Schlüsselstelle ausharren müssen, bringt sie der Entkräftung und Unterkühlung näher, weil ihnen die Luft ausgeht. Nur eine absolute Minderheit ist dazu in der Lage, die 8849 Meter ohne künstlichen Sauerstoff zu erreichen. Da fände ich es doch reizvoller, einen Berg zu erklimmen, der tausend Meter niedriger ist, aber dafür aus Kraft meiner eigenen Lunge und ohne die Gefahr, in der Todeszone in der Falle zu sitzen. Abgesehen davon wäre ich am Everest vollständig auf meinen persönlichen Guide angewiesen und in einer Notsituation mit Sicherheit überfordert. Wie reizvoll ist aber eine Bergtour, auf der meine Eigenleistung – überspitzt gesagt – nur noch darin besteht, selbst die Füße zu heben und nicht zu kollabieren?

Das Bergsteigen hat mich immer dann in einen Rausch versetzt, wenn ich gerade nicht stundenlang in die Fußstapfen eines Bergführers getreten bin, ohne selbst nach rechts und links zu schauen. Sondern dort, wo die Verantwortung ganz bei mir lag, wo ich selbst den richtigen Weg finden und ohne Hilfe bewältigen musste. Das waren Touren wie in jenem lang vergangenen Sommer, als ich allein auf den Olperer im Zillertal stieg, bei Nebel und Nieselregen. Oder als ich in einem grenzwertigen Kraftakt von vierzehn Stunden vom Höllental auf die Zugspitze kletterte, und dann weiter über den kompletten Jubiläumsgrat. Gipfel wie Elbrus und Pik Lenin, die ich im Rahmen meiner Fähigkeiten nur auf organisierten, geführten Touren besteigen wollte, gewannen dadurch an Größe, dass ich in der Gipfelnacht die längste Zeit auf mich gestellt war.

Im Flow zu sein bedeutet, vollständig aufzugehen in einer Herausforderung, die uns alles abverlangt, ohne uns zu überfordern. Ein rauschhafter Zustand vollster Konzentration ohne Angst, die Kontrolle zu verlieren. Ich schätze, es ist dieser Modus des Welterlebens, der mich und viele andere auf Berge steigen lässt: mit jeder Zelle des Körpers im Moment existieren, intensiv am Leben sein. Auch ohne die Metapher von der Droge oder Sucht zu bemühen, kann man nachvollziehen, dass es für manche Bergsteigerinnen und Bergsteiger verlockend ist, die Grenze, an der die Kontrolle endet, immer häufiger zu überschreiten, um sich vielleicht noch ein kleines bisschen lebendiger zu fühlen. Der verstorbene Schweizer Extrembergsteiger Ueli Steck sagte über seine ungesicherte Solo-Durchsteigung der Annapurna-Südwand: »Wenn man wirklich mit dem umgehen kann, dann wird man so konzentrationsfähig, das kann man sonst so im Leben nie erreichen, weil einfach dieser Druck vom Absturz da ist. Und wenn du den positiv nutzen kannst, dann wirst du wirklich fast ein bisschen übermenschlich.« Ich möchte mir nicht anmaßen, Stecks Beweggründe zu bewerten. Aber für das Spiel mit dem Tod hänge ich persönlich zu sehr an den Dingen, die unten im Tale auf mich warten.

Wer aber nun endgültig der Meinung ist, Bergsteiger seien Spinner, die viel riskieren für nichts, der möge innehalten und in den Spiegel schauen. Dreht sich nicht auch unser Alltag oft um den Aufstieg? Nicht auf einen Berg natürlich, sondern beruflich und gesellschaftlich. Und müssen wir uns nicht auch damit auseinandersetzen, was wir für diesen Aufstieg bereit sind zu leisten und zu opfern? Landen wir am Ende nicht bei den gleichen zwei Fragen: Wann ist es genug? Und: War es all die Mühen und den Stress wert? Für mich muss es keineswegs der Everest sein. Aber der Krottenkopf allein hätte mir auch nicht gereicht.

Wie angekündigt kippt das Wetter. Von nun an regnet es häufig, manchmal einen halben Tag ohne Unterlass. Wenn Felix und ich auf dem Balkon unserer Pension sitzen, dann hören wir den Tropfen zu wie einer therapeutischen Melodie. Die Sicht reicht nur bis zum Waldrand. Verlockend gemütlich ist das Bett an solchen Tagen, aber wir haben in den vergangenen Wochen nur herum gesessen. Lockdown, #stayathome. Wir wollen uns bewegen.

An einem trüben Morgen nehmen wir den Wanderweg vom Gasthof Spielsmannau ins Traufbachtal. Anfangs folgt die Route dem wilden Traufbachtobel, um dort, wo das Tal sich wieder weitet, auf eine alte Straße zu stoßen, die zur bewirtschafteten Traufbergalpe führt, dem einzigen Ausflugsziel. Niemand ist dort heute zu Gast. Wir laufen weiter durch den Schnürregen. Das Tal ist nicht lang und liegt eingezwängt zwischen steilen Almwiesen, die im Nebel verschwinden. Kühe, die niemals vom Weltentrubel erfahren werden, stehen im tropfnassen Gras und schauen genügsam auf uns herab. Ja, wo wollen die denn hin? Der Forstweg endet wenig später vor dem Talschluss, auf der anderen Seite des Traufbachs verläuft sich der Pfad auf einer Wiese. Felix und ich setzen uns auf Steine und schauen hinauf zu den Wasserfällen, die über die Felswände hinabstürzen, als würden sie direkt aus den Wolken fließen. An der Baumgrenze schälen sich letzte, widerstandsfähige Fichten aus dem Nebel. Ich frage mich, ob man einen Steig hinauf finden könnte, der womöglich zu einem geheimen Übergang führt, den nur die uralten Götter kennen, die an diesem verwunschenen Ort zu Hause sein müssen. Würzige Luft und das Rauschen des Wassers, ansonsten Stille. Ich bin davon überzeugt, wer die Berge liebt, der mag sie auch bei Scheißwetter. Oder vielleicht gerade dann.

Auf dem Rückweg entdecken Felix und ich einen Hochsitz unweit des Weges. Durch eine schlammige Wiese laufen wir hinüber und klettern in den Unterstand, um eine vom Regen geschützte Mittagspause einzulegen. Unsere Kleidung ist mittlerweile klamm. Felix hat den Kocher dabei, heiße Suppe wärmt uns wieder auf. Dazu gibt es Graubrot, Landjäger und Käse am Stück. Besser geht es kaum, finden wir, und machen uns wieder auf den Weg. Weiter unten im Tal, etwa auf Höhe der Alm, entdecken wir einen abzweigenden Pfad, der den Traufbach überquert und auf der anderen Seite steil den Hang hinaufführt, in den Wald hinein. Wo dieser Weg wohl endet? Zurück in der Spielmannsau schauen wir in der Karte nach. Eine schwarz gestrichelte Linie, die man leicht übersieht, führt vom Talgrund hinauf zu einer winzigen Alm namens Hierenalpe. Dort knickt sie in südöstliche Richtung ab und führt auf den Kamm, der das Traufbachtal vom Sperrbachtobel trennt. Der Pfad verläuft offensichtlich direkt auf dem Grat, über Krummenstein und Fürschießer bis zum Fürschießer-Sattel. Dort trifft die hauchdünne, schwarz gestrichelte Linie wieder auf eine dicke, rot gestrichelte: den Wanderweg 433 zur Kemptner Hütte, die wir schon kennen. Laut der Legende in der Karte markiert eine schwarz gestrichelte Route einen nicht näher definierten Steig. Dabei handelt es sich meist nicht um einen markierten Wanderweg, sondern um einen Trampelpfad durchs Gelände, wie ihn früher vielleicht Jäger oder Kristallsucher genutzt haben. Eine derart abseitige, in Vergessenheit geratene Route scheint uns in den sonst so vorbildlich erschlossenen Allgäuer Alpen die perfekte Wahl für den nächsten Tag zu sein.

Als wir am Morgen aus dem Frühstücksraum des Gasthofs nach draußen schauen, sehen wir vor allem Wolken. Aber es regnet kaum. Wir sind nicht allzu spät aufgestanden, aber auch nicht in aller Herrgottsfrühe und taxieren die Wegstrecke auf ungefähr fünf bis sechs Stunden reine Gehzeit. Keine halbe Stunde brauchen wir durch den Tobel hinauf zur Abzweigung zum Steig. Ein Mann von der Traufbergalpe gegenüber beobachtet uns, wie wir die Forststraße verlassen und den Bach überqueren. Ich bilde mir ein, dass er skeptisch schaut. Sogleich führt der Weg steil durchs Gelände bergan. Serpentinen bringen uns eine Almwiese hinauf in einen Wald, ihre Spur wird oft verdeckt von Gräsern und Farnen. Es zwitschert aus den Bäumen. Der Pfad ist jetzt besser zu erkennen, weil am Waldboden weniger Pflanzen sprießen als im offenen Terrain. Wanderzeichen gibt es wie erwartet nicht. Je höher wir aufsteigen, umso stärker neigt sich der Hang, fünfzig Grad dürften es stellenweise sein. Manchmal ist der Steig durch Stämme und Latten verstärkt worden. Bald lassen wir das Waldstück hinter uns und laufen wieder durch nasse Wiesen, die hier oben niemand trimmt. Rechts von uns fällt die Böschung zu einem Wildbach hin ab, den wir weiter oben überschreiten müssen. Wir finden den Abstieg ins Bachbett. In der Querung auf der anderen Seite wird es schwierig. Der gesamte Hang steht voller brusthoher Stauden und Brennnesseln wie ein alpiner Dschungel. Blätter so groß wie Teller verdecken den Boden und somit auch den Pfad. Schon nach wenigen Minuten haben wir die Spur verloren. Abschüssig und schlüpfrig ist der Untergrund. Die Stöcke helfen, aber Felix rutscht aus und landet im Matsch. Weglos schlagen wir uns durchs Gestrüpp, diagonal zum Hang und immer ein wenig höher, in Richtung der Stelle, an der unsere

Orientierung die Hierenalpe verortet. Tatsächlich finden wir irgendwann auf einen Pfad zurück. Die Alm stellt sich als winzige Hütte heraus, kaum größer als ein Gartenschuppen. Als wir durch die Fenster hinein lugen, sehen wir einen Raum mit Bett, Tisch und Stühlen. Alles wurde in bester Ordnung hinterlassen. Mit einigen Vorräten ließe es sich in diesem verborgenen Refugium wunderbar aushalten, sollte im Tal ein Bürgerkrieg oder die Zombie-Apokalypse ausbrechen. Wir stellen für eine Weile die Rucksäcke ab und trinken etwas. Neben der Hütte sticht der Pfad in einen kleinen Nadelwald, der ein kurzes Stück weiter oben auf dem breiten Kamm endet, der sich bis zum Fürschießer-Sattel zieht. Wir entdecken den Steig, der den begrünten Grat hinaufführt, aber können den Weg nicht weit einsehen. Der Blick verliert sich bald im Nebel.

Anfangs ist der Grat noch breit, weiter oben wird er schmaler. Rechts fällt er abschüssig über Schrofen ab, auf der linken Seite stehen Büsche. Alpensalamander hocken im regennassen Gras, das von Wildblumen durchsetzt ist. Als wir uns umsehen, zeichnen sich die umliegenden Berge schemenhaft in den Wolken ab. Aber es wird heute nicht mehr aufreißen, das ist sicher. Wie wir so auf dem einsamen Nebelgrat tapfer dahinschreiten, muss ich wieder an die Hobbits denken, die ihr gemütliches Leben im Auenland hinter sich lassen, um ein Abenteuer zu erleben, wenngleich unfreiwillig. Wie diese menschenverlassene Landschaft hier können in Tolkiens Welt auch die Hügelgräberhöhen ausgesehen haben, wo finstere Grabwichte hausen. Damit müssen Felix und ich nicht rechnen, aber ein bisschen fühlt es sich an, als wären wir unbemerkt durch ein Portal geschritten und in Mittelerde herausgekommen. Unsere Karte stimmt allerdings noch, der Krummenstein ist nicht mehr fern. Die Steigung zieht an. Als wir eine markante Felsstufe erreichen, läuft der Kamm plötzlich eng zusammen. Der Aufschwung ist nur kurz, doch unmittelbar rechts und links des Wegverlaufs fällt der Grat in die Tiefe ab. Die Steine sind nass und von feuchten Grasbüscheln durchsetzt. Trockenen Fußes haben wir so eine Passage schon Dutzende Male mühelos bewältigt. Ein Fehltritt wäre höchst unwahrscheinlich. Aber bei Nässe auch nicht auszuschließen.

Wir überlegen nicht lange herum. Felix wird in drei Monaten Vater, wir wollen nichts riskieren. Eine leichte Enttäuschung hält maximal bis zur Hierenalpe an. Nicht die Umkehr selbst bedauern wir. Es ist bloß so, dass das Gelände im Abstieg besonders unangenehm ist. Da wäre der Rückweg über die Kemptner Hütte komfortabler gewesen. Ein anderes Mal, wenn das Wetter besser ist, können wir die gesamte Strecke über den Grat zurücklegen und, wer weiß, vielleicht Felix' kleinen Sohn mitnehmen. Sicher wäre es ein Tag, den er nie vergisst.

Auf Dauer lassen sich die Berge nur genießen, wenn man ab und zu bereit ist, einen Rückzieher zu machen. Das habe ich mittlerweile gelernt. Nicht immer war es ganz leicht. Man könnte der Meinung sein, dass das Gebirge elementare Prüfungen für uns bereit hält, Lektionen fürs Leben, wenn wir uns nur auf den Weg machen und uns den alpinen

Herausforderungen stellen. Berge sind stille Meister, heißt es, und machen schweigsame Schüler. Meist gelingt es nicht, einem Berg seinen Willen aufzuzwingen, und wenn man es doch wagt, riskiert man mehr, als gut für einen wäre. Diese Unterweisung macht auf angenehme Weise demütig. Überhaupt erscheint das Prinzip einer Bergbesteigung auf geradezu lächerlich plumpe Weise von symbolischer Natur zu sein. Das Streben nach Höherem, der Gipfel als Zielmarke, Durchhalten oder Aufgeben, Ankommen oder auf der Strecke bleiben. Aber ich bin mir nicht sicher, ob der Berg wirklich als Metapher taugt. Wer es schafft, unter großen Entbehrungen auf einen schwierigen Gipfel zu steigen, hat dadurch noch nicht das Rüstzeug gewonnen, gegen alle Widerstände ein Start-up aufzubauen oder ein guter Partner oder Freund zu sein. Selbst eine außergewöhnlich heroische Expedition taugt nicht als Eignungstest für die Schwierigkeiten des Alltags. Die Weisheit wird uns im Gebirge nicht mal eben mundgerecht aufgetischt wie ein Tiroler Gröstl. Zwar eint alle Berggeherinnen und Berggeher das Bedürfnis, eine schöne Landschaft nicht bloß ruhend zu betrachten, sondern durch die Bewegung aus eigener Kraft zu erleben – sonst könnte man die Seilbahn nehmen. Doch auf den meisten Wegen, Hütten und Gipfeln zeigen sich die menschlichen Charaktertypen in Normalverteilung: die Ruhigen und die Lauten, die Gemütlichen und die Gehetzten, die Verschlossenen und die Zugänglichen, die Nörgler und die Genügsamen, die Bitteren und die Heiteren. Man nimmt seinen Charakter mit zum Berg und in aller Regel in gleicher Konstitution wieder mit hinunter.

Für mich erklärt sich die Anziehungskraft der Berge gerade dadurch, dass all die komplexen Anforderungen des übrigen Daseins dort in gesunde Ferne rücken. Das Gebirge ist eine eigene Welt mit simplen Gesetzmäßigkeiten, auch wenn es zu unklugen Entscheidungen verleiten kann, für die man im Nachhinein nach plausiblen Rechtfertigungen sucht. Sofern man sich jedoch nicht unnötigerweise in Gefahr begibt, sind Niederlagen im Grunde folgenlos. Sie verlangen nicht nach mühsamen Begründungen, zu denen wir häufig neigen, wenn wir unserem Umfeld darlegen, warum dieses oder jenes hochgesteckte Vorhaben nicht geklappt hat. Es ist überaus entlastend, dass es im Gebirge selten um mehr geht, als einen Gipfel zu erreichen oder trockenen Fußes die nächste Hütte, wobei selbst das oft nicht gelingt. Umkehren ist vollkommen in Ordnung, nicht schmerzvoll und schamhaft, wenn man einmal akzeptiert hat, dass es hin und wieder unvermeidlich ist. Wie der Regen. Niemand muss dann mit Genugtuung oder Spott rechnen. Missgunst findet unter Bergsteigerinnen und Bergsteigern kaum Verbreitung. Am Berg haben alle das gleiche Ziel, das nicht dadurch an Bedeutung verliert, dass man es mit anderen teilt. Einen heiklen Trampelpfad im Nebel zu finden ist vielleicht nervenaufreibend, aber unendlich viel einfacher als den richtigen Weg durchs Leben. Ich wünsche mir manchmal, jeder Aufbruch ließe sich mit der gleichen Unverzagtheit angehen wie eine Bergtour. Trotzdem hilft es immer, auf einen Gipfel zu steigen. Denn von dort oben sieht man klarer, was unten zu tun ist. So kommt man gerne wieder, wenn mal wieder alles verworren erscheint und die eigenen Sätze komplizierter werden und doch nichts mehr erklären. Um die innere Unordnung in Ordnung zu bringen, wann immer das nötig ist. Dann steigt man auf eine hübsche Bergspitze, schaut in die Ferne und erinnert sich daran, dass das Leben meistens kompliziert, aber das Glück immer einfach ist.

Glossar

ABSTURZGELÄNDE Ein Terrain, in dem einfaches Stolpern lebensgefährliche Folgen haben kann. Tückisch: Auch relativ harmlos aussehende Grasflanken können bereits Absturzgelände sein.

ACONCAGUA Mit 6961 Metern der höchste Berg Südamerikas. Als höchster Gipfel außerhalb Asiens zählt er zu den →Seven Summits.

ACHTTAUSENDER Einer der vierzehn Berge im Himalaya und Karakorum, die höher als 8000 Meter sind. Der bekannteste ist der →Mount Everest. Bislang (Stand Juni 2021) haben es lediglich 39 Menschen geschafft, alle Achttausender zu besteigen. Reinhold Messner war 1986 der erste Mann, dem das gelang, und zugleich der erste, der dies ohne künstlichen Sauerstoff schaffte. Die Südkoreanerin Oh Eun Sun war 2010 die erste Frau, eine ihrer Besteigungen gilt jedoch als umstritten. Gerlinde Kaltenbrunner war 2011 die erste Frau, die alle Achttausender-Gipfel ohne Flaschensauerstoff erreichte.

AKKLIMATISIERUNG Die Anpassung des Körpers an den geringeren Sauerstoffgehalt der Atemluft in größeren Höhen. Mit zunehmender Höhe nehmen der Luftdruck und der Sauerstoffpartialdruck in den Lungenbläschen ab, die Sauerstoffsättigung im Blut sinkt. Akklimatisierung bedeutet, den Körper durch langsames Aufsteigen an die veränderte Umwelt anzupassen. Dieser Prozess ist individuell und kann nicht durch Sport trainiert werden. Schlägt die Anpassung fehl, wird man →höhenkrank.

ALPINSTIL Die Besteigung eines Berges wie in den Alpen üblich, also ohne vorab installierte Lagerkette, unterstützende Hochträger und präparierte Fixseile. Die Bergsteigerinnen und Bergsteiger tragen ihre gesamte Ausrüstung selbst. Das Ziel ist es, durch Leichtigkeit schnell voranzukommen. Mittlerweile werden auch die höchsten und schwierigsten Gipfel der Welt im Alpinstil bestiegen. Diese kühne Herangehensweise ist absoluten Profis vorbehalten. Deutlich weiter verbreitet ist der →Expeditionsstil.

BLOCKGESTEIN Hochalpines, felsiges Terrain, das im Gegensatz zu feinem Schutt durch gröbere Felsbrocken geprägt ist, die jedoch recht porös sein können.

BUHL, HERMANN (1924-1957) Österreichischer Ausnahme-Alpinist und Erstbesteiger des →Nanga Parbat. Den Gipfel erreichte er 1953 im Alleingang, berauscht von Pervitin. Außerdem bestieg er zusammen mit Kurt Diemberger, Fritz Wintersteller und Marcus Schmuck 1957 zum ersten Mal den Broad Peak.

APER Ist ein Grat oder Gletscher aper, so hat er keine Schneeauflage. Die Ausaperung von Bergflanken kann gerade im Spätsommer vermehrt zu Steinschlag führen. Auf aperen Gletschern ist der Vorteil, dass viele Spalten freiliegen.

AUSGESETZT Eine Passage, die durch →Absturzgelände führt.

COULOIR Eine von Felsen begrenzte und mit Schnee und Eis gefüllte Rinne in einer Wand oder an einem Hang.

DOMINANZ Der Abstand eines Gipfels zum nächstgelegenen Punkt gleicher Höhe. Je dominanter ein Berg, umso selbstständiger die Erhebung. Der →Aconcagua hat die größte Dominanz aller Berge (16.534 Kilometer).

ERNSTHAFTIGKEIT Eine schwer zu definierende Maßeinheit für die Anforderungen eines Berges, die über die technische Schwierigkeit der Route hinausgehen. Faktoren sind etwa die Sicherungsmöglichkeiten, die klimatischen Bedingungen oder die Möglichkeit des Rückzugs bei einem Wettersturz.

EXPEDITION Eine Bergtour auf einen besonders hohen Gipfel jenseits der 6000, 7000 oder 8000 Meter, die eine aufwendige Logistik mit meist mehreren Hochlagern und zudem eine gründliche Akklimatisierung erfordert.

FIRN Schnee, der mindestens ein Jahr alt ist. Durch weiteren Druck entsteht daraus irgendwann Firneis. Oft wird darunter allgemein Altschnee verstanden.

GLETSCHER (AUCH FERNER ODER KEES) Die sich bewegenden Eismassen markieren die nivale oder glaziale Höhenstufe. Etwa in den Tropen Südamerikas sind Berge erst ab rund 4500 Metern Höhe vergletschert. Durch die permanente Fließbewegung von Gletschern ergeben sich besondere alpine Gefahren wie Spalten und →Séracs.

GLETSCHERSPALTE Riss in der Gletscheroberfläche, die durch die Bewegung des Eises entsteht. Liegt sie unter Schnee verborgen, drohen →Spaltenstürze.

GRÖDL Leichtsteigeisen mit vier bis sechs Zacken, die sich zum Überschreiten von Schneefeldern, vereisten Stellen und flachen Gletschern eignen.

HOCHALPIN Landschaft des Hochgebirges, die höhere Anforderungen an die Kondition und Trittsicherheit stellt als das Wandern unterhalb der Baumgrenze.

HOCHTOUR Eine Bergtour auf einen hochalpinen, in der Regel vergletscherten Gipfel, die meist Ausrüstung wie Seil, Steigeisen und Pickel bedarf.

HÖHENKRANKHEIT Körperliche Symptome wie Kopfschmerzen, Schwindel und geistige Verwirrung, die bei mangelnder →Akklimatisierung und einer Unterversorgung mit Sauerstoff auftreten. Die akute Bergkrankheit kann schon in Höhen ab etwa 2500 Meter auftreten. Deutlich gefährlicher sind an hohen Bergen Hirn- und Lungenödeme, die unbehandelt schnell zum Tod führen.

KAR Kesselförmige Eintiefung in einem Berghang unterhalb der Kammlinie, die durch kurze Gletscher geformt wurden. Oft voller Schutt und →Blockgestein.

MALLORY, GEORGE (1886-1924) Berühmter britischer Bergsteiger, die an mehreren Everest-Expeditionen teilnahm, um den höchsten Berg der Welt erstzubesteigen. Beim dritten Versuch kam er ums Leben, seine Leiche wurde 1999 gefunden. Lange wurde diskutiert, ob Mallory als erster Mensch den Gipfel erreicht hatte.

MESSNER, REINHOLD (*1944) Südtiroler Extrembergsteiger, der als erster Mensch alle vierzehn →Achttausender bezwang. Er war zudem der erste Bergsteiger, der einen Achttausender (den →Nanga Parbat) überschritt und – mit Peter Habeler – den Mount Everest ohne Sauerstoff bestieg. Mit Hans Kammerlander gelang ihm die Doppelüberschreitung von zwei Achttausendern, von Gasherbrum II und Hidden Peak. Diese Tour wurde nie wiederholt.

MOUNT EVEREST Mit 8849 Metern der höchste Berg der Erde. Im Jahr 1953 wurde der Gipfel von Tenzing Norgay und Edmund Hillary zum ersten Mal bestiegen. Heute ist der Berg das Ziel vieler kommerzieller Expeditionen, die Dramen an seinen Hängen produzieren jedes Jahr Schlagzeilen. Der →K2, die →Annapurna und der →Nanga Parbat sind jedoch deutlich gefährlicher.

NANGA PARBAT Berühmt-berüchtigter →Achttausender im Karakorum-Gebirge in Pakistan. Der 8126 Meter hohe Berg ging als „Schicksalsberg der Deutschen" in die Geschichte ein. Die Nationalsozialisten wollten unbedingt, dass als erster Mensch ein Deutscher auf dem Berg steht. Die Erstbesteigung gelang jedoch erst 1953 →Hermann Buhl.

NORMALWEG Die am häufigsten begangene Route auf einen Berg mit den in der Regel geringsten technischen Schwierigkeiten.

SCHROFEN Felsiges, von Gras durchsetztes, zumeist steiles Gelände.

SÉRACS Eistürme, die an der Abbruchkante von steileren →Gletschern entstehen. Benannt wurden sie nach dem gleichnamigen französischen Käse.

SEVEN SUMMITS Die jeweils höchsten Gipfel der sieben Kontinente. Dazu zählen →Mount Everest (Asien), Kibo (Afrika), Denali (Nordamerika), →Aconcagua (Südamerika), Mount Vinson (Antarktis) sowie – je nach Auflistung – Mont Blanc oder Elbrus (Europa) und Mount Kosciuszko oder Puncak Jaya (Australien). Deutlich schwieriger zu besteigen sind übrigens die Seven Second Summits, die zweithöchsten Berge der sieben Kontinente.

SCHARTE Einschnitt in einem Bergkamm oder Grat. Auf alpinen Höhenwegen bilden Scharten häufig die Übergänge von einem Tal ins andere.

SCHLÜSSELSTELLE Die objektiv schwierigste Stelle einer Route. Für die Bewertung des Schwierigkeitsgrads existieren verschiedenen Skalen wie die UIAA-Skala. Der III. Grad zum Beispiel bedeutet nach dieser Skala eine mittlere Schwierigkeit, die geübte Kletterer gerade noch ohne eine Seilsicherung überwinden können.

SPALTENSTURZ Das Einbrechen in eine →Gletscherspalte, wenn die Schneeauflage oder Schneebrücke durch das Gewicht der Person nachgibt. Um sich vor den Folgen eines Spaltensturzes zu schützen, bildet man auf Gletschern eine Seilschaft.

STECK, UELI (1976-2017) Schweizer Extrembergsteiger, der sich unter anderem durch Speed-Besteigungen großer Wände wie der Eiger-Nordwand einen Namen machte. Die Annapurna-Südwand durchstieg er alleine in einer Tour vom Basislager bis zum Gipfel. Auf einer Erkundungstour am Nuptse stürzte er zu Tode.

TODESZONE Höhenlagen ab ungefähr 7000 bis 7500 Metern, in denen der Körper auch bei vollständiger Ruhe nicht mehr regenerieren kann und ein Überleben nur für kurze Zeit möglich ist. Oft sind damit auch erst Höhen ab 8000 Meter gemeint.

WECHTE Überhängender Schnee auf der steilen Abbruchkante eines Grats. Einige Bergsteiger kamen dadurch zu Tode, dass eine Wechte unter ihnen wegbrach.

Literatur

Die historischen Angaben und Zitate im Kapitel »Der Berg ruft« stammen aus:

PETER GRUPP: *Faszination Berg. Die Geschichte des Alpinismus,* Köln-Weimar-Wien, 2008

Die Zitate Alexander von Humboldts im Kapitel »Der Berg ruft« sind entnommen dieser Ausgabe:

ALEXANDER VON HUMBOLDT: *Über einen Versuch den Gipfel des Chimborazo zu ersteigen,* Frankfurt am Main, 2006

Die Erläuterungen zum Shinto im Kapitel »Tokyo Nights, Fuji Heights« sind entlehnt aus:

ERNST LOKOWANDT: *Shinto. Eine Einführung,* München, 2001

Bildnachweis

S. 8: Cactus26; S. 30, S. 90, S. 142, S. 168, S. 198, S. 218: Philipp Laage; S. 58: Sergey Pesterev; S. 116: Robin Noguier; S. 260: KaukOr; Autorenfoto: Johannes Klaus

Danke

Ich danke Tito, Samuel, Richard, Jesus, Carlos, Wily, Luis, Levan, Viktor, Iwan, Mingma, Hubert und den anderen Bergführern, die mich auf großartige Gipfel geführt haben – und vor allem wieder sicher runter. Ich danke Felix, Björn, Basti, Jan, Konrad, Marc und Manuel für die gemeinsamen Touren. Ich danke den Menschen, die sich manchmal Sorgen gemacht haben, für ihr Verständnis. Ganz besonders danke ich meinen Eltern für die Sommer in Mayrhofen, ohne die ich vielleicht niemals in die Berge gegangen wäre. Was für eine betrübliche Vorstellung!

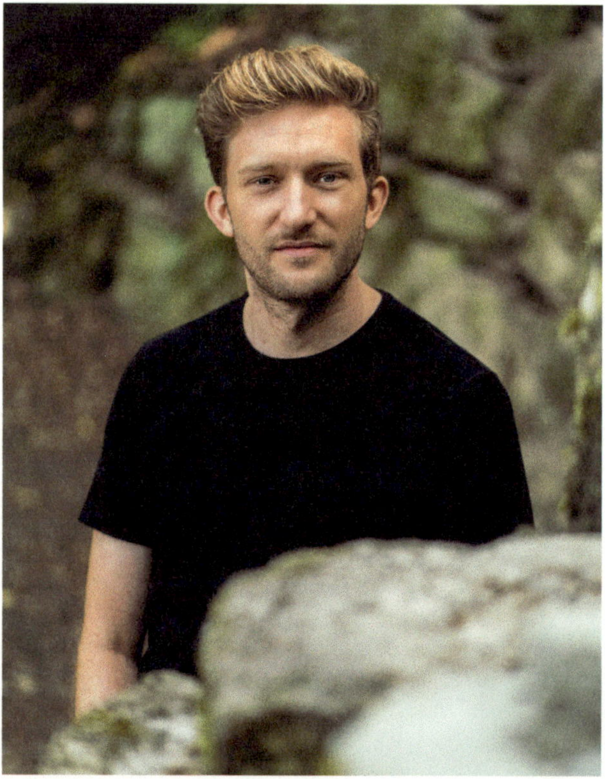

Philipp Laage, geboren 1987 in Hagen, lebt als Journalist und Autor in Berlin. Sein erstes Buch »Vom Glück zu reisen« erschien 2019 bei *Reisedepeschen*, außerdem Beiträge für die Anthologien »The Travel Episodes« (fünf Bände, *Malik National Geographic*) und »Fahrt ins Blaue« (*Diogenes*). *philipplaage.de*